现代保险学教程

COURSE IN MODERN INSURANCE

万弋芳◎主编　谢海东　漆文萍　李　晶◎副主编

中国经济出版社
CHINA ECONOMIC PUBLISHING HOUSE
北京

图书在版编目（CIP）数据

现代保险学教程 / 万弋芳主编 . -- 北京 ： 中国经济出版社，2022. 5
ISBN 978-7-5136-6926-9

Ⅰ. ①现… Ⅱ. ①万… Ⅲ. ①保险学 - 高等学校 - 教材 Ⅳ. ① F840

中国版本图书馆 CIP 数据核字（2022）第 078331 号

责任编辑 耿 园
责任印制 马小宾
封面设计 华子图文

出版发行 中国经济出版社
印 刷 者 北京艾普海德印刷有限公司
经 销 者 各地新华书店
开 本 710mm × 1000mm 1/16
印 张 19.75
字 数 354 千字
版 次 2022 年 5 月第 1 次
印 次 2022 年 5 月第 1 次
定 价 58.00 元
广告经营许可证 京西工商广字第 8179 号

中国经济出版社 网址 www.economyph.com 社址 北京市东城区安定门外大街 58 号 邮编 100011
本版图书如存在印装质量问题，请与本社销售中心联系调换（联系电话：010-57512564）

前言

Preface

改革开放40多年来，我国保险业取得了举世瞩目的发展成绩。当前，我国已经成为世界第二大保险市场，保险市场体系不断完善，对国民经济的贡献越来越大，在服务经济发展、参与社会治理、提供风险保障、构建和谐社会等方面发挥着越来越重要的作用，保险的社会影响力和社会关注度显著提高。

保险业的高速发展，需要大批优秀保险人才的加入。伴随着中国保险业的经营观念发生质的变化，政府将一系列关系国计民生的重要社会保障项目托付给商业保险。同时，互联网技术与社会经济发展深度融合，保险业对具备新思想、新观念、新知识、新能力的新型人才的需求更加迫切。

鉴于此，本教材作者在总结多年保险学教学经验的基础上，紧密结合保险市场发展的最新动态，以高校教育实际需求为导向，以最新保险法规条例和相关政策为指导，广泛参阅大量国内外相关论著并发展创新，花费一年多时间完成了本教材。

本教材坚持了知识体系的完整性、内容的连续性、案例的新颖性，同时提高了专业内容的实用性。本教材的显著特点在于内容的精与新。作者根据自己的教学经验，精心设计教材内容体系，注重与社会需求的契合及学生能力素质的提升，与现有的保险学教材存在显著不同。例如，基于当前保费收入结构中人身保险占比已远超财产保险这一事实，本教材对财产保险只是有选择性地详细介绍部分险种，对人身保险则有较大拓展，特别是对创新型的人寿保险进行了细致描述；另外，充分考虑保险行业的新情况，如环境责任保险与公众责任保险的分离、互联网保险的发展等，将最新行业发展动态写入教材，以增强知识的时代性。

本教材由万弋芳担任主编，负责全书写作大纲的拟定与编写组织工作。谢海东、漆文萍、李晶担任副主编。各章编写分工如下：第一、三章由漆文萍编写；第二章由漆文萍、刘中慧（第五节）编写；第四章由李晶编写；第五章由李晶、万弋芳（第四、五节）编写；第六、七章由万弋芳编写；第八章由谢海东编写；第九章由万弋芳（第一节）、谢海东（第二节）、洪卉（第三节）编写；第十章由谢海东编写。

本教材在编写过程中参阅了大量国内外有关论著，在此一并表示诚挚的感谢。

由于编者水平有限，书中不足之处在所难免，恳请广大读者批评指正。

编　者

2021 年 11 月

目录

Contents

第一章
风险与风险管理

学习目标

通过本章的学习，理解风险的含义、特征以及分类，了解风险管理的含义及程序，掌握风险管理的方法、可保风险的定义和特征。

案例导入

人类自诞生起就面对着各种自然灾害的侵扰，如何应对风险也是人类一直探索的课题。2020 年美国西海岸持续遭受森林野火肆虐，范围包括加州、俄勒冈州和华盛顿州。整个加州共发生 8800 多起山火，7000 多幢建筑物被毁，累计过火面积超过 1.6 万平方公里，造成 31 人死亡。其中 8 月 16 日爆发的奥古斯特复合大火，过火面积达 87 万英亩（约合 3520.77 平方公里），相当于半个上海，成为加州历史上最大的一次野火。2020 年 2 月 12 日，澳大利亚一场始于 2019 年 7 月 18 日、燃烧了 400 公顷、210 天的大火终于完全熄灭。数月以来，大火造成至少 33 人、超 10 亿只动物死亡，2500 多间房屋和 1170 万公顷土地被烧毁。从印度洋沿岸的印度、孟加拉国和缅甸，到喜马拉雅山下的不丹和尼泊尔，再到西太平洋的日本，亚洲多国在 2020 年夏季都遭遇了严重的暴雨和洪灾。印度至少 9 个邦出现灾情，上百万人受灾；孟加拉国官员直言该国三分之一的国土淹在水下；日本的“令和 2 年 7 月暴雨”在九州地区引发洪水和山体滑坡，造成至少 70 人死亡。[①]

除了自然灾害，各种意外事故和疾病也一直是威胁人类健康生存的重大风险。正是风险的存在，使保险成为可能。那么，什么是风险？风险具有哪些特征？又该如何对风险进行管理呢？让我们一起通过本章的学习，探寻问题的答案。

---

① 2020 年，世界发生了多少灾难？[N/OL]. 中国应急管理报，(2020-12-31)[2021-12-04]. https://baijiahao.baidu.com/s?id=1687564685302404070&wfr=spider&for=pc.

第一节 风险的基本概念

一、风险的含义

“风险”一词的英文是“risk”，来源于古意大利语“riscare”，意为“to dare”（敢），含有冒险的意思，是利益相关者的主动行为。从不同的角度出发，风险可有不同的含义，经济学家、统计学家和风险管理师对其都有不同的理解。[①]一般认为，风险代表结果的不确定性，如果一个事件可能引发多种结果，就是存在风险的。在不同场合，不确定性可能表现为几种不同的状态。

第一，只会带来损失的不确定性。暴雨、海啸、龙卷风等自然灾害只会给人类社会带来损失，但它们何时发生、一旦发生会导致多大损失，都是不确定的。这一类只会带来损失的风险，我们通常称之为纯粹风险。

第二，只会带来收益的不确定性。科学适当的锻炼对每个人都是有益的，但是每个人从中获益的程度是不确定的。这一类只会带来收益的风险，我们称之为收益风险。

第三，既可能带来收益，也可能引发损失的不确定性。创业、购买彩票、投资股市等活动既可能带来收益，也可能引发损失，并且收益和损失的程度不能确定。这一类既可能带来收益也可能引发损失的风险，我们称之为投机风险。

作为风险管理的重要方法之一，保险的主要作用是补偿损失，所以，保险的研究对象主要是纯粹风险。

尽管在经济学中，风险和不确定性常常混用，但严格来说，两者是有区别的。风险通常意味着出现某种结果的概率具有一定准确性，而不确定性则常被用于无法计算概率的情况。

---

① 黄崇福，刘安林，王野. 灾害风险基本定义的探讨［J］. 自然灾害学报，2010（6）：8-16.

二、风险的特征

常言道，天有不测风云，人有旦夕祸福。这句话从某个角度体现了风险的特征。概括起来，风险的特征包括以下几个方面。

（一）客观性

尽管人们可以在一定的时间和空间内通过发挥主观能动性来改变风险发生的条件或者减轻风险发生的后果，但风险是不可能被消灭的。风险的存在不以人的主观意志为转移。同时，正因为风险具有客观性，人们可以通过不同的方法对风险的大小进行测度，并采取不同的措施来进行风险管理。

（二）普遍性

风险无时不有、无处不在。人们在每天的生产和生活中，时时处处面临各种自然灾害和意外事故的威胁。尚不能准确预测的地震等自然灾害、经常发生的交通事故、报纸上每天可见的意外事故报道，无时无刻不在提示我们风险的存在。

（三）可变性

在汽车被发明之前，交通事故并不是威胁人身安全最主要的意外事故，而在电被发明之前由于使用蜡烛、煤油灯等照明而引发的火灾现在已并不常见。所以，风险的性质、大小以及种类并不是一成不变的，而是随着社会的发展而不断变化的。

（四）可测性

尽管风险意味着不确定性，但随着人类社会的发展和进步，我们已经可以在概率论和数理统计的基础上，利用数学方法来计算风险发生的概率、损失的程度以及损失的波动性。比如，《中国人寿保险业经验生命表（1990—1993）》显示，31 岁男性的死亡概率大约是 1‰。

三、风险的构成要素

风险包括三个构成要素：风险因素、风险事故和风险损失。

（一）风险因素

风险因素是引发风险事故或者导致损失扩大的原因和条件。风险因素越多，引发事故的可能性就越大。根据性质的不同，风险因素可分为有形风险因素和无形风险因素两大类。

有形风险因素也称物质风险因素，是指引发风险事故或者导致损失扩大的物理条件，通常指一种客观条件，与人的心理状态无关。比如，雪天路面结冰，容易引发交通事故，路面结冰就是一个有形风险因素。同一个风险因素可能导致一种风险事故，也可能导致多种风险事故。而一种风险事故可能由一个风险因素引发，也可能由多个风险因素引发。比如，质量不合格的饮水机，可能在使用过程中发生故障，也可能给人体健康带来危害。而一栋建筑物倒塌，可能是因为建筑材料不合格，也可能是因为建筑设计不合理。

无形风险因素也称人为风险因素，是指与人的心理或者态度相关的风险因素，通常是一种非物质形态的因素。包括道德风险因素和态度（心理）风险因素。

道德风险因素是指个人怀有不诚实的心态或者不良企图，从而可能引发风险事故或者导致损失扩大的情形。比如，故意制造虚假事故妄图从保险公司获得赔偿等。在保险实践中，道德风险因素主要表现为投保人或被保险人企图利用保险牟取不正当利益。所有的保险业务都存在道德风险。对于保险人来说，道德风险很难控制，可以尝试通过严格核保来尽量规避。

态度（心理）风险因素是指由于个人粗心大意或者漠不关心的心理，可能引发风险事故或者导致损失扩大的情形。比如，车主下车时忘记关车窗，导致车内物品失窃的可能性增加；在拥挤的公路上忘记示意而直接变道，会增加交通事故发生的可能性。

（二）风险事故

风险事故是引发损失或者导致损失程度增加的事件，是引致损失的直接原因。比如，房屋因为火灾而烧毁，火灾就是风险事故；车辆因与其他车辆碰撞而损毁，碰撞就是风险事故。导致财产损失的常见风险事故包括风暴、冰雹、龙卷风、地震等自然灾害，以及火灾、爆炸、盗窃等意外事故。

（三）风险损失

风险损失是指经济价值的减少或者灭失。在保险实践中，我们常常谈论的是可以用货币来衡量的、非预期的、非计划的经济价值的减少。比如，意外发生的车祸导致的财产损失属于风险损失。而企业按照计划提取的固定资产折旧，属于计划内可预期的经济价值减少；经常出现在民事侵权纠纷中的精神损害，因为无法用货币衡量，也不属于保险的讨论范畴。

四、风险的种类

在现实生活中，我们会面临各种各样的风险。根据不同标准，我们可以对风险进行分类。根据风险是否与人的心理相关，可以将风险分为客观风险和主观风险；根据风险的影响不同，可以将风险分为基本风险和特定风险；根据风险损害的对象不同，可以将风险分为财产风险、责任风险、信用风险和人身风险。

（一）客观风险和主观风险

1. 客观风险

客观风险也叫风险度，指的是实际损失与预期损失之间的相对差值。比如，财产保险公司长期承保某区域内 1 万栋房屋的火灾保险，平均每年有 1% 即 100 栋房屋发生火灾。但很少会有每年恰好有 100 栋房屋失火的情况。事实往往是在一些年份中，有多于 100 栋的房屋失火，比如 110 栋，而在另一些年份中，失火的房屋数量少于 100 栋，比如 90 栋。那么，与预期将失火的 100 栋房屋相比，就会有 10 栋或者 10% 的差值，这个差值就被称为客观风险。

客观风险随着暴露于风险中的风险单位数量的上升而下降。实际上，客观风险与作为观察对象的风险单位的数量的平方根成反比。在前面的例子中，投保的房屋是 1 万栋，客观风险是 10%。而如果投保的房屋有 100 万栋，同样预计平均每年有 1% 的房屋发生火灾，那么预计失火的房屋就是 1 万栋，但实际损失与预期损失的差额仅仅是 100 栋。客观风险变为 100/10000 或者 1%。所以，随着预计失火房屋数量的平方根从第一个例子中的 10 增加到第二个例子中的 100，客观风险下降到之前水平的 1/10。[①]

客观风险可以用一些离差测度的方法来进行计算，比如标准差或者协方差。因此，保险人能够根据大数法则来预测其未来的损失。大数法则表明，随着风险单位数量不断增加，实际损失与预期损失会越来越接近。

2. 主观风险

主观风险是指个人对所面对的不确定性的心理评估，往往是一种主观判断。比如，在外用餐喝醉了的司机，仍然决定要自己开车回家。这名司机就需要评估安全到家而不被警察逮捕的不确定性，这种心理上对不确定性的判断就被称为主观风险。

主观风险因个体差异而不同。主观风险高的人行为可能更加保守和谨慎，而主观风险低的人行为可能更加冒险和冲动。

（二）基本风险和特定风险

1. 基本风险

基本风险是指非个人原因引起的风险。基本风险的损失往往波及很大范围，不能由特定的社会个体预防或者控制。比如战争、地震、洪水等都属于基本风险，一旦发生往往影响很大。

2. 特定风险

特定风险是指个人原因引发的风险。特定风险往往由特定因素引起，后果一般只与特定的个人或部门有关。比如火灾、盗窃、车祸等导致人身伤害或者财产损失的风险都属于特定风险。

（三）财产风险、责任风险、信用风险和人身风险

1. 财产风险

财产风险是指财产遭受损毁、灭失或者贬值的可能性。个人或者单位所有、使用或者保管的财产都有发生这类风险的可能性。比如建筑物有遭受火灾、洪

---

① 乔治·E. 瑞达，迈克尔·J. 麦克纳马拉. 风险管理与保险原理（第十二版）[M]. 刘春江，译. 北京：中国人民大学出版社，2015：4-5.

水、地震的风险。

2. 责任风险

责任风险是指个人或者团体的过失或侵权行为造成他人的财产损失或者人身伤害，根据法律规定负有经济赔偿责任的不确定性。比如，专业技术人员的失职、公共场所的内在缺陷、产品质量不合格等都可能产生责任风险，进而导致责任损失。

3. 信用风险

信用风险是指在经济交往的过程中，权利人和义务人之间，一方违约导致另一方经济损失的风险。比如在国际贸易中，卖方已经按要求发货，买方在收货后却拒绝按合约约定付款。

4. 人身风险

人身风险是指人因为早逝、疾病、残疾、失业或者失能而遭受损失的不确定性。这种风险可能导致人们经济收入减少或者支出增加，影响本人或者亲属的生活安定。

第二节　风险管理

在对风险的概念有了初步认识之后，我们需要运用合适的方法对风险进行管理，来减少风险给生产生活带来的危害。

一、风险管理的概念

风险管理是指经济单位主体通过对风险进行识别和评估，采用合理的经济和技术手段，主动地、有目的地、有计划地对风险加以处理，以尽可能小的成本争取最大的安全保障和经济利益的行为。

二、风险管理的主要环节

经过多年的发展，风险管理已形成一套较为成熟的方法和体系。风险管理的过程通常包括以下几个主要环节。

（一）确定风险管理目标

风险管理有一些重要目标，可被分为损前目标和损后目标。

1. 损前目标

损前目标是指在风险管理过程中，设立在损失发生之前的期望目标。主要包括经济上可行、减少担忧和履行法律责任。

（1）经济上可行

经济上可行，意味着经济主体应该采用最经济的方法为可能发生的潜在损失做好准备。这些准备包括对安全计划的成本、需要支付的保费和采用不同方法应对损失产生的相关成本的分析。

（2）减少担忧

有些风险损失会给经济主体带来担心和恐惧，在损失发生前应采用适当措施，减少精神上的忧虑，以免带来不良后果。

（3）履行法律责任

经济主体应该在法律框架内进行风险管理，完成法律规定的义务。一个良好的风险管理计划不仅要控制或转移自身的风险，还要以履行法律责任为目标。

2. 损后目标

风险管理并不能完全消灭风险，一旦发生风险损失，就需要损后目标帮助我们渡过难关。损后目标主要包括生存目标、稳定收益目标、持续发展目标和社会责任目标。

（1）生存目标

损失发生以后，经济主体面对的第一个挑战就是生存下去。成功的风险管理可以帮助企业或个人在损失发生后的一段时期内继续生存。

（2）稳定收益目标

在满足基本的生存要求之后，经济主体可能会希望运用风险管理的具体方法，保证收益的持续和稳定，当然，因为可能会产生大量其他费用，这个目标并非总能够达到。

（3）持续发展目标

在获得稳定收益之后，经济主体可能还希望实现持续增长。为此，经济主体必须对宏观和微观环境进行科学分析，建立和实施完善的持续发展计划。

（4）社会责任目标

社会责任目标是指在损失发生以后，经济主体不仅可以维持自身的生存，还可以最小化给社会带来的负面影响。

（二）风险识别

在采用具体的风险管理方法之前，经济主体必须意识到其可能面临哪些风险。不同经济主体面临的风险不完全相同，有些风险十分明显，有些则很容易被人们忽视。为了防止忽略一些重要风险，风险管理者需要拥有实践经验和专业知识，也需要对经济主体的历史和现状有充分的了解。以企业为例，常用的风险识别方法有以下几种。

1. 生产流程分析法

生产流程分析法又称流程图法，是指在生产工艺中，从原料投入到成品产出，通过一定的设备按顺序连续地进行加工的过程；也可以指非制造企业运作的各个环节。该种方法强调根据不同的流程，对每一阶段和环节，逐个进行调查分析，找出可能存在的风险。

2. 专家调查法

专家调查法是指进行风险管理的企业围绕可能面临的风险，征询有关专家或权威人士的意见和看法。调查对象只限于专家这一层次。调查是多轮次的，一般为3~5次。每次都请调查对象回答内容基本一致的问卷，并要求他们简要陈述理由。每轮次的调查结果经过整理后，会在下一轮调查时向所有被调查者公布，以便他们了解其他专家的意见，以及自己的看法与其他专家意见的异同。

3. 财务报表分析法

财务报表分析法是指根据企业的资产负债表和损益表、资产目录等相关营业报表，对企业固定资产和流动资产的分布及经营状况进行分析研究，来确定企业可能面临的潜在损失。

4. 分解分析法

分解分析法是将一个复杂的事物分解为多个比较简单的事物，将大系统分解为具体的组成要素，分析其中可能存在的风险及潜在损失的威胁。其中，失误树分析方法是以图解表示的方法来调查损失发生前种种失误事件的情况，或对各种引起事故的原因进行分解分析，具体判断哪些失误最可能导致损失风险的发生。

5. 保单汇编分析法

保单汇编分析法通常通过收集、整理、分析各保险公司的保单条款来进行。一般来说，保险公司的保单都详细阐明了保险责任和除外责任，风险管理者可以通过保单汇编来了解所面临的各种风险。

风险识别还有现场调查法、损失统计法和事故分析法等其他方法。企业在识别风险时，可以交叉使用各种方法。

（三）风险评估

风险评估是指经济主体对各种可能风险的损失概率和损失程度进行估算，进而评价风险对预定目标的不利影响及其程度，可以为选择合适的风险处理方法和进行风险管理决策提供依据。

对于某个特定风险的评估通常可以从三方面展开：损失概率、损失程度和损失的变异性。

1. 损失概率

损失概率是指在一定时间和范围内，实际发生损失或预期发生损失的数量与所有可能发生损失的数量的比值，通常用分数、小数或者百分比来表示。比如，100 辆汽车中有 5 辆发生碰撞事故，则损失概率为 5%。

2. 损失程度

损失程度是指标的物发生一次风险事故的平均损失额度，是由损失金额按其发生概率进行加权平均得到的结果。通常，发生损失的频率和损失程度呈反比关系。损失程度大的风险事故并不时常发生，而经常发生的风险事故，往往损失程度较小。1941 年，美国著名安全工程师海因里希（Herbert William Heinrich）分析了机械事故的资料，提出了著名的海因里希法则（Heinrich's Law）。即在机械事故中，死亡或重伤、轻伤或故障以及无伤害事故的比例为 1∶29∶300。也就是说，每发生的 330 起意外事故中，有 300 起未产生人员伤害，有 29 起造成人员轻伤，有1起导致死亡或重伤。这个统计规律说明了损失频率和损失程度之间的关系。

3. 损失的变异性

损失的变异性也称损失的波动程度，可以理解为实际损失与预期损失的偏离程度，经常用损失变量的方差或者标准差来衡量。某种损失的波动程度越大、不确定性越大，则损失的变异性越大，风险也就越大。

（四）风险处理

风险处理是在经过风险识别和风险评估之后，针对风险问题选择合适的措施或者措施组合，并加以实施的过程，是风险管理中的关键环节。根据具体处理方法针对性的不同，可以将风险处理分为控制型风险处理和财务型风险处理。控制型风险处理包括风险回避和损失控制，而财务型风险处理包括风险自留和风险转移。

1. 风险回避

风险回避也称风险规避或风险避免，是指放弃采取某种行动，以避免与其相联系的风险及其损失的一种风险处理方式。它是一种最彻底也最消极的风险处理方式，通常在某行动可能导致的风险及其损失很大时采用。比如，考虑到在海边游泳时有溺水的危险，就不去海边游泳。

虽然风险回避试图从根本上消除隐患，但这种方法也具有很大的局限性。首先，并不是所有风险都可以回避或应该回避。如个人可能遭受的意外伤害和疾病，无论如何小心翼翼，这类风险终归无法彻底消除。其次，风险回避可能会带来不经济的后果。如害怕飞机失事而不愿乘坐飞机，可能会影响出行效率。通过规避某行动而使潜在损失不发生，同时也可能失去风险带来的收益。

2. 损失控制

损失控制是指试图在损失发生之前降低损失发生概率，以及在损失发生后减轻损失程度的措施。具体可以分为损失预防和损失抑制两种方法。

（1）损失预防

损失预防是指对风险进行综合分析，采取预防性措施，来防止风险事故的发生。损失预防强调采取相关行动，在事故发生之前，减少损失发生机会。通常可以采用编制损失预防计划、执行损失预防措施来实现。比如，为了免遭洪水侵袭，修建拦河大坝。

（2）损失抑制

损失抑制是指采取相关技术手段，在风险事故发生时，尽量降低风险损失的方法。比如，在建筑中安装自动喷淋系统，就是为了在意外失火时，能够迅速施救，以降低可能带来的损失。又如，分离风险单位以使一个风险不会损毁所有风险单位。像在建筑内不同位置设置防火墙，就是为了在某处发生火情之后，能迅速将火势隔离在特定区域，避免进一步蔓延。

3. 风险自留

风险自留又称风险承担，是指由经济主体自己承担特定风险导致的部分或全部损失。风险自留有时为主动自留，有时为被动自留。主动的风险自留指的是经济主体已经认识到可能产生的风险损失，并计划保留全部或部分损失的情形。比如，企业虽然知道有被盗的风险，但考虑到地处市区，治安状况良好，所以未作特别防范。而被动的风险自留是指，经济主体事先并未认识到可能的风险损失，没有采取应对措施。比如，某化工厂完全没有意识到有发生有害气体泄漏的可能性，所以事发之后只能被动承受这起安全事故带来的后果。

在运用了风险自留之后，一旦发生损失，经济主体往往可以用当期净收益、未提存准备金、已提存准备金或信贷限额来偿付损失。

一些大型集团内部会设立专业的自保公司。这是由母公司拥有的，为给母公司面临的损失提供保障而成立的保险公司。其优点是可以节省开支，运用保费收入进行投资的收益全部归企业支配使用。但因为其保险技术和分散风险的能力不如专业保险公司，一旦发生巨灾风险，后果可能非常严重。

4. 风险转移

风险转移是指经济主体通过合理的措施，将风险损失从一个主体转移到另一个主体。这种方法转移的是损失，而非风险本身。风险转移是应用范围最广、最有效的风险管理手段。

风险转移分为保险和非保险转移两种方式。保险是经济主体通过购买保险将可能发生的风险损失转移给保险人来承担，以确定的支出代替损失程度的不确定性。非保险转移的常见形式有公司组织、合同安排、委托保管、套期保值等。

公司组织是指采取公司这种组织形式，使企业成为一个独立的法人，将股东的个人财产和企业的财产分离。企业如果经营失败，股东的损失仅限于他们对该企业的投资部分。可见，公司是转移风险的一种形式，这种形式不会阻止损失的发生，但它将风险从股东个人转移到了公司。

合同安排是指通过签订买卖或者担保合同，将一方可能产生的损失转移给另一方。比如市场上销售的家用电器，往往都有维修保证合同，如果消费者在使用产品的过程中出现了质量问题，维修费用由制造商来承担。这就是将承担修理费用的风险从购置家电的主体转移给了家电制造商。

委托保管是指将经济主体的财物交给他人进行保护、服务和处理等。这种安排通常规定，受托人只对因自己的过失造成的财产损失向委托人负赔偿责任。

套期保值又称对冲交易，是指交易人在买进（或卖出）实际货物的同时，在期货交易所卖出（或买进）同等数量的期货交易合同的操作。套期保值者将价格变动可能带来的损失转移给了交易对手。

（五）风险管理评估

风险管理是一个动态的过程。在实施了风险处理方法之后，需要全程跟踪检测其执行情况，以便对所采用方法的实用性和效益进行分析和评估，以确定风险管理目标是否达到或者风险管理的中间环节是否需要调整。特别是对风险管理成本、安全计划、损失预防计划必须进行专门监督，对损失记录也必须检查，从而发现风险发生频率和严重性方面的变化。

三、风险管理与保险

我们已经知道，保险是进行风险管理的重要方法之一。正因为风险无时无处不在，才催生了保险这种风险管理方法。所以，风险与保险之间有着密切的联系。

（一）风险管理与保险之间的关系

风险是保险产生的前提和基础，风险的发展是保险发展的客观依据。风险随着社会经济的发展和科学技术的进步而不断发生变化，促使保险业不断根据形势变化，设计新险种，开发新业务，最终获得持续发展。

保险作为风险管理中传统有效的方法，可以帮助人们减轻风险的损失后果。

同时，保险人作为专业部门，可以积极参加社会防灾防损。所以保险是社会化风险管理的重要组成部分。

风险管理与保险之间尽管有着密不可分的联系，但仍然存在一些区别。最主要的区别表现在，尽管管理对象都是风险，但风险管理的对象包括投机风险，而保险主要针对纯粹风险。因此，无论从性质还是形态上看，风险管理都远比保险复杂和广泛。

（二）可保风险

在保险发展进程中，风险的复杂性往往与商业保险的营利性存在冲突。如果保险人不加选择地满足各种风险转移要求，就可能使自己陷入危险的境地。因此，保险人需要将保险划分为可保风险与不可保风险，其中可保风险才是保险人可以接受和保险客户可以转嫁的风险。

可保风险需要满足以下条件。

1. 风险损失可以确定和用货币计量

商业保险是一种商品交易行为，风险的财务转嫁与责任的承担都是通过相应的货币计价来完成的，这决定了不能用货币来计量的风险不是可保风险。但是，人的身体机能和生命的价值衡量具有特殊性。一个人因伤残或死亡所蒙受的损失是难以用货币来计量的，但在保险中，可以通过双方协商约定的保险金额来确定。因此，从某种意义上说，人身伤亡也可以用货币来计量损失。

2. 损失的发生是意外的和偶然的

保险针对的损失是非预期、非计划的损失。对于必定会发生的风险，如机器设备的折旧和自然损耗风险，保险人是不予以承保的。要求损失具有偶然性的主要原因是防止道德风险的发生，以及作为保险运作基础的大数法则，是以随机事件为前提的。对于单个主体无法预知的风险及其损失的大小，保险人可通过大量的统计资料分析，找出其中的规律性，从而将偶然的、不可知的风险损失转化为可预知的费用支出，顺利实现保险经营的全过程。

3. 大量标的具有遭受损失的可能性

任何一个可保风险，都需要大量独立同分布的标的存在。因为保险需要大数法则作为保险人设立保险基金的数理基础。在大量风险事故的基础上，保险人才能通过大数法则计算风险概率和损失程度，最终确定保费。

4. 风险应有引发较大损失的可能性

如果风险事故可能引发的损失程度是轻微的，客户就不需要通过保险来获得保障，因为从经济角度来看是不合理的，客户可以通过风险自留的方法来处理。同样，针对这种损失轻微的风险，保险人也是不会承保的，因为保险人付出的成本可能高于客户的实际损失，也就是说，保险人只能收取很低的保费，而无法从该业务中获益。

5. 特大灾难一般不会发生

当保险人承保了某种风险，从总体上说，保险标的必然遭受损失，但遭受损失的保险标的占所有标的的总数的比例是很小的。只有这样，保险人才能以每个投保人缴纳的相对较少的保费来弥补这些损失。如果发生特大灾难，使得大量标的遭受损失，保险人就可能无法偿付。比如，某一地区突然爆发战争，其影响面非常广，发生损失的标的数量巨大，保险人就无法按合约规定进行偿付。

一般来说，可保风险必须符合上述所有条件。但现实生活中，即使有的风险只满足其中几个条件，也可以成为可保风险。因此，我们应该辩证地理解可保风险的概念，而不应将其绝对化。

综合训练

一、选择题

1. 风险评估通常包括（　　）几方面的内容。

A. 损失概率　　B. 损失程度　　C. 损失的变异性　　D. 损失原因

2. 酒店安装自动喷淋系统属于风险处理方法中的（　　）。

A. 风险回避　　B. 损失预防　　C. 损失抑制　　D. 风险自留

3. 某建筑工程队在施工时偷工减料导致建筑物塌陷，则造成损失事故发生的风险因素是（　　）。

A. 物质风险因素　　B. 心理风险因素　　C. 道德风险因素　　D. 思想风险因素

4. 以下属于风险特征的有（　　）。

A. 客观性　　B. 普遍性　　C. 可变性　　D. 可测性

5.（　　）是经济主体对各种可能风险的损失概率和损失程度进行的估算。

A. 风险识别　　B. 风险评估　　C. 风险自留　　D. 风险回避

6. 以下属于基本风险的有（　　）。

A. 火灾　　B. 盗窃　　C. 战争　　D. 车祸

7. 根据风险损害的对象不同，可以将风险分为（　　）。

A. 财产风险　　B. 责任风险　　C. 信用风险　　D. 人身风险

8. 在家中安装防盗门属于风险处理方法中的（　　）。

A. 风险回避　　B. 损失预防　　C. 损失抑制　　D. 风险转移

9.（　　）是引发风险事故或者导致损失扩大的原因和条件。

A. 风险事故　　B. 风险因素　　C. 风险损失　　D. 风险要素

10. 以下属于投机风险的有（　　）。

A. 创业　　B. 购买彩票　　C. 投资股市　　D. 车祸

二、简答题

1. 简述风险的构成要素。
2. 简述风险的分类。
3. 风险处理方法有哪些？
4. 风险管理的主要环节有哪些？

三、案例分析题

某企业在生产经营中可能会遇到以下风险：① 原材料价格上涨导致生产成本增加；② 火灾、雷击、爆炸等意外事故导致厂房、设备及产品损失；③ 通风条件不达标导致员工健康受损；④ 产品质量不合格造成消费者财物甚至人身损害；⑤ 市场萎缩导致产品无法销售出去；⑥ 门卫离岗导致仓库被盗。

试根据所学知识，分析以上所列风险哪些能向保险公司转移，哪些不能向保险公司转移？为什么？

第二章

保险概述

学习目标

通过本章的学习，理解保险的概念，了解关于保险的学说，掌握保险的分类，理解保险的职能和作用，了解保险的产生与发展过程，以及我国保险业的发展历程。

案例导入

1347 年 10 月，热那亚的几位商人想要将一批羊毛制品从热那亚港运到马尤卡港。虽然航程不长，但 10 月下旬航海季即将结束，海上风浪较大，没人愿意冒如此大的风险出海运货。商人们也深知这一点，但是这批货物太重要了，他们想通过这批货物在航海季结束前大赚一笔，于是重金悬赏经验丰富的船长承担这项任务。重赏之下必有勇夫。一位名叫巴萨罗穆·巴索的船长自告奋勇地来到这几位商人面前，表示他可以出海运货。这位船长深知此时出海是相当危险的，根据他对风向的掌握，必须尽快抵达目的地，不然就会遭遇更加恶劣的天气。船长如果按规定时间安全抵达目的地，就将获得酬劳；如果货物遭遇损失，他将承担货物价值双倍的赔款。尽管这位船长经验丰富，但为了稳妥起见，他还是找到了当地的大商人乔治·勒克维伦，向他介绍了自己的情况，并向他寻求对策。乔治·勒克维伦是热那亚有名的担保人，凭借其财力为海上运输风险作担保，船长平时也帮助乔治·勒克维伦运输货物。基于对这项航海运输任务的了解，乔治·勒克维伦信任这位伙伴，答应为船长担保风险，两人签订了转移风险的契约。根据契约内容，船长先行向乔治·勒克维伦支付一定的酬金，如果船长在 6 个月内平安抵达目的地，乔治·勒克维伦就获得这部分酬金，并不予退还；如果船长在运输过程中遭遇损失，乔治·勒克维伦就为船长承担赔偿，以及由此产生的诉讼费用。这种相当不成熟的契约形式被认定是保险单的原始形态，这个案例被誉为现代海上保险的起源。①

保险是如何经历漫长的岁月，从最初的朴素思想发展为种类繁多的现代形式的？应该如何定义保险？其具体种类又有哪些？让我们一起通过本章的学习，探寻问题的答案。

---

① 董波 . 世界保险史话［M］. 北京：中国金融出版社，2020.

第一节 保险的概念

“保险”一词，由英文单词“insurance”翻译而来。英文最初的解释是“safe guard against loss in return for regular payment”，即定期缴纳费用以在遭受损失时获得补偿。这个描述在一定程度上反映了保险的特性，比如保险是一种风险转移、一种事后行为、一种经济补偿等。但对保险应该如何准确定义，学界一直存在争议。

一、有关保险的学说

因为研究角度不同，世界各国的学者对保险的定义也各不相同，归纳起来大致可分为损失说、非损失说和二元说。

（一）损失说

损失说以“损失”为核心，主要从损失补偿的角度来剖析保险机制，强调没有损失就没有保险，认为保险是“损害填补”和“损失分担”，有损失才有保险的必要。损失说的主要理论分支包括损失赔偿说、损失分担说、危险转移说和人格保险说。

1. 损失赔偿说

损失赔偿说的代表人物是英国的马歇尔（S. Marshall）和德国的马修斯（E. A. Masius）。马歇尔认为，保险是当事人一方收受商定的金额，对对方遭受的损失或发生的危险予以补偿的合同。马修斯则认为，保险是约定当事人的一方，根据等价支付或商定，承保某标的物发生的风险，当该项风险发生时，赔偿对方损失的合同。损失赔偿说认为保险是一种合同行为，也认同保险的特征就是损失赔偿。

2. 损失分担说

损失分担说的代表人物是德国的瓦格纳（A. Wagner）。瓦格纳不拘泥于从法律角度对保险性质所作的传统解释，而是更多地从经济意义上阐述保险的性质。

他认为，保险不仅是一种法律关系，还是一种经济补偿制度。保险的实质就是多数人基于互助合作分担个别人在财产上遭受的不利结果的经济行为。可以看到，瓦格纳赋予了损失以较广泛的含义，试图解决损失补偿说在人寿保险问题上的矛盾。瓦格纳强调该学说“适用于任何组织、任何险种、任何部门的保险，适用于财产保险和人身保险，甚至还可适用于自保”。

3. 风险转移说

风险转移说的代表人物是美国的维兰特（A. H. Willet）。他认为，保险是为赔偿资本的不确定损失积聚资金的一种社会制度，通过把多数人的个人风险转移给他人或团体来实现。

风险转移说从风险管理的角度来阐述保险，强调保险是一种风险转移机制，任何团体或个人都可以以支付一定的费用为代价，将生活中的各种风险转移给保险组织。保险组织则汇集了大量的同质风险，从而实现风险的均摊。风险转移说能够解释现实中许多投保人的投保动机。很多风险事故可能带来十分巨大的损失，必须通过保险将这类风险转移出去。但是该学说和损失赔偿说一样，强调损失是保险的基础，没有反映人身保险的特征。[①]

4. 人格保险说

人格保险说的代表人物是美国保险学者休勃纳（S. S. Huebner）。他认为，人的生命与财产一样，具有可以用货币来衡量的价值，因而人寿保险也是一种损失补偿。

（二）非损失说

非损失说认为损失说并不能全面反映保险的属性，应该从其他角度寻找能全面解释保险概念的学说。非损失说包括保险技术说、欲望满足说、相互金融机构说和共同财产准备说等不同学说。

1. 保险技术说

保险技术说的代表人物是意大利的费方德（C. Vivante）。他认为，保险必须设立保险基金，并且要确保实际支出保险金的总额和全体投保人缴纳的净保险费总额相等。这需要通过特殊技术来达成。保险的特性就在于运用这种特殊技术，

① 宋国华．保险大辞典［M］．沈阳：辽宁人民出版社，1989.

科学地建立保险基金。这样，就没有必要再纠结保险合同是否以损失赔偿为目的。德国的克劳斯泰和日本的近藤文二等学者，也是该学说的支持者。

2. 欲望满足说

欲望满足说由意大利学者戈比（U. Gobbi）于1894年提出，德国学者马纳斯（A. Manes）作了进一步阐述并成为这一学说的代表。支持此种学说的学者认为，意外事故的发生，必然造成经济上的损失或资金上的短缺，引起人们弥补这些损失或短缺的欲望，而保险恰好能满足这种欲望。保险就是专门满足保险事故引起的对财产或金钱的欲望的经济手段。这些学者的共同意图在于扩大损失补偿说在人身保险方面的影响。[①]

3. 相互金融机构说

相互金融机构说的代表人物是日本学者米谷隆三。他认为，所有经济活动都是通过货币收支来表现的。在保险中，保费的收取和赔款的支付也都使用货币进行，保险作为应付经济不安定的善后措施，也主要是通过调整货币收支来进行的。所以，保险是建立在互相合作基础上的金融机构，和银行一样具有融通资金的功能。

4. 共同财产准备说

共同财产准备说的代表人物是日本学者小岛昌太郎。他认为，保险是为了保障社会经济和人们生活的安宁，将多数经济单位集合起来，根据大数法则建立共同财产准备，以补偿意外事故所引起的经济损失。

（三）二元说

二元说亦称“择一说”或“不能统一说”，代表人物是德国学者爱伦贝格（V. Ehrenberg）。他认为，因为性质不同，财产保险和人身保险不能作统一的解释，而应分别给予不同的定义。他给出的保险定义为：当事人的一方获得报酬后，当发生合同规定的、未必发生或发生时期的作用不确定的事故时，承担弥补因此产生的损失或支付约定的金额或养老金的义务，有计划地大量缔结具有这样内容的合同。他还指出，保险合同不是损失补偿的合同，就是以给付一定金额为目的的合同，二者必择其一。这个学说流行于各国保险法学界，并为各国保险立法普遍采纳。

---

① 宋国华. 保险大辞典［M］. 沈阳：辽宁人民出版社，1989.

二、保险的定义

本教材认为，无论何种形式的保险，都可以将其概括为：保险是集合具有同类风险的众多主体，通过大数法则科学计算费率，聚资建立保险基金，在发生保险事故或约定事项时，由保险人向被保险人或受益人提供相应经济保障的一种行为。这可被称为广义保险的定义。

而狭义保险，即商业保险的定义，可以参照《中华人民共和国保险法》第二条的规定："本法所称保险，是指投保人根据合同约定，向保险人支付保险费，保险人对于合同约定的可能发生的事故因其发生所造成的财产损失承担赔偿保险金责任，或者当被保险人死亡、伤残、疾病或者达到合同约定的年龄、期限等条件时承担给付保险金责任的商业保险行为。"

三、保险与其他类似活动的比较

为了加深对保险本质的理解，我们可以将保险与有相似之处的其他活动进行简单的比较。

1. 保险与赌博

保险与赌博的相似之处：第一，两者都是非等价交换关系，也就是说，对于参与保险或赌博的主体来说，其支出和收益并不相等。第二，是否获得回报都有赖于偶然因素，或者说，两者都面临风险。

保险与赌博的不同之处：第一，两者面对的风险性质不同。保险面对的是纯粹风险，而赌博面对的是投机风险。第二，两者的风险来源不同。保险面对的风险是一种客观存在，与是否参加保险无关；而赌博面对的风险来源于参加赌博活动本身，如果主体不参加赌博活动，则不会面对相应的投机风险。第三，赌博是非生产性的，赢者的收益来自输者的损失，并不产生社会贡献；而保险主体有着共同的利益，保险带来的防灾防损以及损失赔付，产生了积极的社会效益。

2. 保险与储蓄

保险与储蓄都体现了有备无患的思想，尤其是一些人寿保险产品具有长期储蓄的性质。但两者属于不同的经济范畴。首先，保险是以众人的储蓄补偿少数人的损失，体现互助合作的性质；而储蓄使用本金加利息的方式，与每个储户保持对等关系。其次，保险的目的是应对意外灾害事故损失，而储户的心理主要是希望储蓄金可以保值增值，再用于各种可能的用途。

3. 保险与救济

保险与救济都可以补偿灾害损失，都具有互助合作的性质。但它们也存在不同：第一，保险是合同行为，双方都要受到合同条款的约束；而救济是慈善行为，双方并不一定受到合同的约束。第二，保险以投保人缴纳保险费为前提，保险人承诺赔偿给付，双方是对价交易；而救济行为则是单方面的付出，双方没有对价作为基础。

第二节　保险的分类

根据不同的标准，可以将保险分为不同种类。常见的有以下几种分类方式。

一、按保险性质不同划分

按照性质的不同，保险可以分为商业保险、社会保险和政策保险。

商业保险是指通过订立保险合同运营，以营利为目的，由专门的保险企业经营的保险形式。商业保险大多数是由当事人自愿缔结的合同关系。投保人根据合同约定，向保险公司支付保险费；保险公司根据合同约定的可能发生的事故因其发生所造成的财产损失承担赔偿保险金责任，或者当被保险人死亡、伤残、疾病或达到约定的年龄、期限时承担给付保险金责任。

社会保险是指国家通过立法强制实行的，由劳动者、企业（雇主）或社区以及国家三方共同筹资，建立保险基金，对劳动者因年老、工伤、疾病、生育、残疾、失业、死亡等丧失劳动能力或暂时失去工作时，给予劳动者本人或供养直系亲属物质帮助的一种社会保障制度。社会保险的主要项目包括养老保险、医疗保险、失业保险、工伤保险、生育保险等。

政策保险是指政府出于某项特定政策目的，运用普通保险技术举办的保险。例如，为辅助农、牧、渔业增产增收的种植业保险；为促进出口贸易的出口信用保险。政策保险通常由国家设立专门机构或者委托官方或半官方的保险公司具体承办。

二、按保险标的不同划分

保险标的亦称“保险对象”“保险项目”“保险保障的对象”，是依据保险合同当事人的要求确定的保险事故所致损失的载体。根据保险标的的不同，保险可以分为财产保险、人身保险、责任保险和信用保证保险。

财产保险是指投保人根据合同约定，向保险人交付保险费，保险人按保险合同的约定对所承保的财产及其有关利益因自然灾害或意外事故造成的损失承担赔偿责任的保险。财产保险有广义与狭义之分。广义财产保险是指以财产及其有关的经济利益和损害赔偿责任为保险标的的保险；狭义财产保险则仅指以物质财产为保险标的的保险。在保险实务中，后者一般被称为财产损失保险。

人身保险是以人的生命或身体为保险标的，在被保险人的生命或身体发生保险事故或保险约定期满时，依照保险合同的规定，由保险人向被保险人或受益人给付保险金的保险形式。人身保险包括人寿保险、意外伤害保险和健康保险。在财产保险中，保险人承担的是保险标的损失的赔偿责任，而在人身保险中，保险人承担的是给付责任，所以，人身保险常表现为定额给付。

责任保险是指保险人在被保险人依法应对第三者负民事赔偿责任，并被提出赔偿要求时，承担赔偿责任的财产保险形式。责任保险以被保险人对他人依法应负的民事赔偿责任为保险标的，在合同中一般不约定保险金额，而是规定赔偿限额。责任保险仅承保被保险人的过失侵权民事责任，对故意行为造成的损害不负责任。

信用保证保险是一种担保性质的保险，保险标的是合同双方权利人和义务人约定的经济信用。根据投保人的不同，信用保证保险又可分为信用保险和保证保险两种类型。信用保险的投保人和被保险人都是权利人，所承担的是权利人因义务人不履约而遭受损失的赔偿责任。例如，在出口信用保险中，保险人对出口人（被保险人）因进口人不按合同规定支付货款而遭受的损失负赔偿责任。保证保险的投保人是义务人，被保险人是权利人，当义务人不履行合同义务或有不法行为使权利人蒙受经济损失时，保险人承担对被保险人的赔偿责任。

三、按实施方式不同划分

根据保险实施方式的不同，保险可以分为自愿保险和强制保险。

自愿保险是当事人在平等互利和自愿的基础上确立的保险合同关系。投保人可自行决定是否投保，投保的具体保险产品、金额和期限等；保险人也可自行选择承保与否及相关承保项目和内容。商业保险绝大部分都是自愿保险。

强制保险又称法定保险，是政府以法令或政策形式强制规定投保人与保险人的法律关系。强制保险的一种形式是凡在规定范围内的险种，不管当事人双方自愿与否，都必须按规定办理保险；另一种形式是政府规定某些行业或个人从事经营或其他活动时，必须参加保险，否则不准从业。

四、按风险转嫁方式不同划分

根据风险转嫁方式的不同，保险可以分为原保险、共同保险和再保险。

原保险是指保险人与投保人之间直接签订保险合同建立保险关系，保险人对被保险人因保险事故所致的损失直接承担原始赔偿责任的保险。

共同保险简称“共保”，一般是指两个或两个以上保险人联合承保同一笔保险业务或共同分担同一笔损失的保险行为。共同保险总金额不超过保险标的的实际价值。若投保人投保的保险金额低于实际价值，其不足额部分应视作投保人自保。共同保险的保险费率、保险期限、保险责任等都由各保险人与投保人共同议定。若保险标的发生损失，各保险人按各自承保的比例分摊损失。

再保险亦称“分保”，是保险人在原保险合同的基础上，通过签订分保合同，将其所承保的部分风险和责任向其他保险人进行保险的行为。

五、按保险金额与保险价值的大小关系不同划分

根据保险金额与保险价值的大小关系不同，保险可以分为不足额保险、足额保险和超额保险。

不足额保险是指合同中约定的保险金额小于保险价值的保险。保险价值是保险标的物在某一特定时间和某一特定地域的实际市场价值。不足额保险或是因为

投保人出于主观意愿，仅以保险价值的一部分投保而产生；或是因为保险标的价值在合同订立后出现上涨，从而高于保险金额而产生。关于不足额保险合同的赔偿，我国保险法第五十五条第四款规定：“保险金额低于保险价值的，除合同另有约定外，保险人按照保险金额与保险价值的比例承担赔偿保险金的责任。”即

$$赔偿金额=损失金额\times\frac{合同中约定的保险金额}{保险价值} \tag{2-1}$$

足额保险是指合同中约定的保险金额等于保险价值。在足额保险的情况下，当发生保险事故造成保险标的全部损失时，保险人应依保险金额全部赔偿。如保险标的物存有残值，则保险人对之享有物上代位权，也可作价折归被保险人，在给付保险金中通常扣除该部分价值。当保险事故发生造成部分损失时，保险人应按实际损失支付保险金。

超额保险是指合同中约定的保险金额大于保险价值的保险。关于超额保险的法律后果，我国保险法第五十五条第三款规定：“保险金额不得超过保险价值。超过保险价值的，超过部分无效，保险人应当退还相应的保险费。”

六、按保险合同中是否约定保险价值划分

根据保险合同中是否约定保险价值，保险可以分为定值保险和不定值保险。

定值保险是一种事先在合同中明确标明保险标的价值的险种。在保险合同生效后，若发生保险事故导致财产损失，不论当时当地保险标的的实际价值几何，保险人都会将保险合同事先约定的保险价值作为计算赔偿金额的凭据，保险标的不须重新进行估价。在定值保险的情况下，发生保险事故后赔偿金额的计算公式为：

$$\begin{aligned}保险赔偿额&=损失程度\times 保险金额\\&=\frac{合同约定的保险价值-保险标的残值}{合同约定的保险价值}\times 保险金额\end{aligned} \tag{2-2}$$

通常情况下，定值保险合同多见于海上保险、国内货物运输保险、国内船舶保险及一些以不易确定价值的艺术品为保险标的的财产保险中。这样可以避免因

出险当时当地保险标的实际价值难以确定而带来的理赔不便。

不定值保险是指保险人与投保人在订立合同时，对保险标的的保险价值并不作书面约定，仅载明至保险事故发生后，按其实际价值计算损失的保险形式。在足额保险的不定值保险情况下，发生保险事故后赔偿金额的计算公式为：

$$\text{保险赔偿额}=\text{损失程度}\times\text{保险金额}$$
$$=\frac{\text{损失当时标的完好时的实际价值}-\text{保险标的残值}}{\text{损失当时标的完好时的实际价值}}\times\text{保险金额} \quad (2\text{–}3)$$

第三节 保险的职能和作用

一、保险的职能

保险的职能是指保险内在固有的功能，由保险的本质和内容决定。一般认为，保险的职能有基本职能和派生职能之分。基本职能是保险与生俱来的职能，不因时间的变化和社会形态的不同而改变。派生职能则是随着保险内容的丰富和保险业务的发展，在保险基本职能基础上产生的新职能。

（一）基本职能

分散风险、损失补偿或经济给付是保险的两大基本职能。保险从在人类经济生活中产生之时，就具有了这两项基本职能。保险的基本职能体现了保险活动的本质特征，反映了保险活动内在规定的基本内容。

1. 分散风险

风险对于单个组织或个人来说具有偶然性，但对于整个社会来说却是必然的。保险公司将众多可能遭受相同风险的被保险人集合起来，通过向各个相互独立的经济单位或者个人收取保险费来建立保险基金，以分摊少数不幸的被保险人遭受的损失。其实质是将被保险人实际发生的风险损失分散化，由全体投保人共同承担。

2. 损失补偿或经济给付

广义的财产保险在特定风险损失发生时，在保险有效期和保险合同约定的责任范围以及保险金额内，按其实际损失数额给予赔偿。这种赔偿原则使得已经存在的社会财富因灾害事故遭受的实际损失在价值上得到补偿，在使用价值上得以恢复，从而使社会再生产过程得以持续。

财产保险与人身保险是两种性质完全不同的保险。由于人的生命和身体机能的价值是无法用货币来计价的，所以，人身保险是按保险人和投保人双方的合同约定进行给付的保险。人身保险的职能不是损失补偿，而是经济给付。

（二）派生职能

随着保险内容的丰富和保险种类的增多，保险的职能也有新的发展，在基本职能的基础上产生了派生职能，主要包括以下几种。

1. 防灾防损职能

防灾防损是风险管理的重要内容。由于保险的经营对象就是风险，保险企业为了稳定经营，就需要对风险进行分析、评估和预测，判断哪些风险可作为承保风险、哪些风险可以进行时空上的分散等。而人为因素与风险转化为实际损失的概率具有相关性，通过人为的事前预防，可以减少损失。所以，在长期的实践过程中，保险派生出了防灾防损的职能。

2. 融资职能

保险的融资职能，是指保险资金融通或保险资金运用的职能。保险费用收取与保险金支付之间具有一定的时差，为保险人进行资金运用提供了可能。保险人为了稳定保险经营，也需要不断壮大保险基金，这就要求保险人对保险资金进行运用，以达到保值增值的效果。由此，保险派生出了融资职能。

3. 社会管理职能

保险是“精巧的社会稳定器”，社会的发展离不开保险。保险不仅可以弥补其他社会服务的缺陷，也可以充实政府在社会保障、公共秩序管理和经济后备方面的力量，促进社会经济良性运转。保险的社会管理职能是多层次的，具有完整性和系统性，主要包括社会稳定、经济调节、经济发展、公共管理和社会进步等功能。

二、保险的作用

保险的作用是保险职能在具体实践中呈现出的结果，是保险企业在履行保险职能过程中产生的现实的、客观的社会效果。我们可以从宏观和微观两个层面来考察保险的作用。

（一）保险的宏观作用

保险的宏观作用是指保险对整个社会经济的正面影响。保险能发挥“社会稳定器”作用，保障社会经济的安定，还能发挥“社会助动器”的作用，为资本投资、生产和流通保驾护航。具体来看，包括以下几个方面。

1. 保障社会再生产的正常进行

社会再生产过程由生产、分配、交换和消费四个环节组成。它们在时间上是连续的，但是这种连续性会因为各种灾害或意外事故而被迫中断。保险的经济补偿职能可以及时而迅速地发挥修补作用，从而保证社会再生产的连续性和稳定性。

2. 推动商品流通和消费

商品必须通过流通过程中的交换才能进入生产消费和生活消费，而在交换行为中存在着交易双方的资信风险和产品质量风险，保险为克服这些障碍提供了便利。

3. 促进科学技术向现实生产力转化

当代的商品竞争越来越趋向于高新技术的竞争，商品技术附加值比重越来越大。但是高新技术的研发伴随着新的风险。保险可以为采用新技术带来的风险提供保障，为企业开发新技术、新产品以及使用专利护航，从而促进先进技术的推广运用。

4. 有利于推动对外贸易发展，增加外汇收入

保险是对外贸易和国际经济交往中必不可少的一个环节。进出口商品的保险可以为商品所有人转移风险，有利于对外贸易的深入展开。此外，保险外汇收入是一种无形的贸易收入，对于增强国家的国际支付能力有积极的作用。

5. 有利于动员世界范围内的保险基金

单个保险人所能集中的风险量受到自身承保能力的限制，超过部分需要向其

他保险人分出（再保险）。因此，再保险机制或共保机制可以把保险市场上彼此独立的保险基金融为一体，共同承担某一特定的风险。这种行为一旦跨越国界，即可实现世界范围内的风险分散。

（二）保险的微观作用

保险的微观作用主要是指保险作为经济单位或个人风险管理的财务手段对微观主体的经济效应。表现在以下几个方面。

1. 有利于受灾企业及时恢复生产

在物质资料生产过程中，自然灾害和意外是不可避免的。保险赔偿具有合理、及时、有效的特点。投保企业一旦遭遇灾害事故损失，就能够按照保险合同约定的条件及时得到保险赔偿，获得资金，迅速恢复生产经营。

2. 有利于企业加强经济核算

保险作为企业风险管理的财务手段之一，能够把企业不确定的巨额灾害损失化为固定的少量的保险费支出，并摊入企业的生产成本或流通费用。企业通过缴付保险费，把风险损失转嫁给保险人，保证了企业财务的稳定。

3. 有利于安定人民生活

家庭是社会的基本单位，家庭的稳定是人们正常生产生活的前提和基础。但是，自然灾害和意外事故对家庭来说是无法消除的，参加保险是家庭风险管理的有效手段。

4. 有利于民事赔偿责任的履行

人们在日常生产和社会活动中随时可能发生民事侵权或其他侵权事件导致的民事赔偿或民事索赔。通过责任保险等不同形式的保险，具有民事赔偿责任风险的单位或个人可以通过缴付保险费的办法将风险转嫁给保险人，使被侵权人的合法权益得到保障，并顺利获得保险金额内的民事赔偿。

第四节　保险的产生与发展

一、海上保险的产生与发展

人类自诞生以来，就不断与各种自然灾害和意外事故抗争。人们在寻求防灾避祸之道的过程中萌生了保险思想，产生了一些原始的保险形态，之后进一步发展为现代保险。

中国是最早运用风险分散这一保险基本思想的国家之一。公元前4000—前3000年，中国商人们便想到将大米等货物分装到多艘货船上，以避免一船遇险导致货物全损。在清朝早期出现的镖局，是我国特有的一种原始形式的货物运输保险。而民间流行的各种丧葬互助会，如长生会、长青会、老人会和葬亲会等，则是人寿保险和养老保险的原始形态。

国外最早的保险思想产生于处在东西方贸易要道上的古巴比伦等文明古国，最早有保险记载的法规之一是汉穆拉比法典。它规定进行长途运输的商队，若货物在运输途中遇到抢劫或灾害而遭受损失，承运人可以不负赔偿责任，而由全体商队共同补偿损失。此外，古罗马的丧葬互助会、欧洲中世纪的基尔特制等也是国外早期保险的萌芽。

随着经济的发展，海上运输能够帮助人们把货物更快地运送到不同的地区，但也存在巨大风险。共同海损分摊原则是海上保险的萌芽。公元前916年制定的《罗地安海商法》中明文规定："凡因减轻船舶载重投弃入海的货物，如为全体利益而损失的，须由全体来分摊。"直至今日，共同海损分摊原则仍为各国海商法所采用。这个原则最早体现了海上保险分摊损失、互助共济的精神，因而被视为海上保险的萌芽。

11世纪末，在经济繁荣的意大利北部城市，特别是热那亚、佛罗伦萨、比萨和威尼斯等地，已经出现类似现代形式的海上保险。到14世纪，热那亚的海运保险业务从信贷体系中分离出来，出现了单独的保险合同。迄今发现的世界上最早的保险合同，就是1347年10月23日在热那亚签订的。

17 世纪开始，英国成为世界海上贸易中心，海上保险的中心也转移到英国。当代国际保险市场上最大的保险垄断组织之一——“劳合社”(Lloyd’s)就产生于英国，其演变历史也是英国海上保险发展的一个缩影。

二、火灾保险的产生与发展

火灾保险是继海上保险之后出现的又一种主要的传统保险。它的出现，将近代保险的业务范围由水险业务扩大到陆地即非水险业务。1591 年，德国汉堡的酒业协会成立了消防合作社。1676 年，46 个相互保险组织合并为汉堡火灾保险协会，然后合并为第一家公共保险公司——汉堡保险局。

现代火灾保险制度起源于英国。1666 年 9 月 2 日晚开始燃烧的伦敦大火蔓延到伦敦 80% 的城区，造成了大约 1000 万英镑的财产损失。1667 年，英国牙医尼古拉斯·巴蓬独资创立企业，开办了火灾保险业务。保险费根据房屋租金和结构计算，砌筑费率定为 2.5%，木屋费率定为 5%。这种差别费率方式至今仍在沿用，巴蓬因此被誉为“现代火险之父”。

随着人们需要的扩大，火灾保险承保的范围也日益扩展，承保责任由单一的火灾扩展到闪电、洪水、风暴等非火灾危险。发展至今，火灾保险的保险责任已得到大大扩展，通常以存放在固定场所并处于相对静止状态的财产物资为保险标的，由保险人承担保险财产因遭受各种自然灾害和意外事故而导致损失的经济赔偿责任。从保险业务来源角度看，火灾保险是适用范围最广泛的保险业务之一。

三、人身保险的产生与发展

15 世纪后期，欧洲的奴隶贩子把运往美洲的非洲奴隶当作货物进行投保。后来船上的船员也可投保，如遇到意外伤害，由保险人给予经济补偿。这些是人身保险的早期形式。

17 世纪中叶，意大利银行家伦佐·佟蒂提出了一项联合养老办法，这个办法后来被称为“佟蒂法”，并于 1689 年正式实行。佟蒂法规定每人缴纳法郎，筹集起总额 140 万法郎的资金，保险期满后，每年支付 10%，并按年龄把认购人分成若干群体，年龄高些的，分息就多些。佟蒂法的特点就是把利息付给该群体的生存者，如该群体成员全部死亡，则停止给付。

1693 年，著名的天文学家埃德蒙·哈雷，以德国西里西亚的勃来斯洛市 1687—1691 年按年龄分类的市民死亡统计为基础，编制了世界上第一张生命表，精确显示了每个年龄的死亡率，为寿险计算提供了依据。生命表的制定，在人寿保险发展史上是一个里程碑。

18 世纪 40—50 年代，辛普森根据哈雷的生命表，制成依死亡率增加而递增的费率表。之后，陶德森依照年龄差等计算保费，并提出了“均衡保险费”的理论，从而促进了人身保险的发展。1762 年成立的伦敦公平保险社就是根据保险技术基础而设立的人身保险组织。

1774 年，英国颁布了具有历史意义的人身保险法，要求投保人必须具有可保利益，以防止道德风险的产生，进一步促进了人身保险的健康发展。

四、责任保险的产生与发展

责任保险产生于 19 世纪的欧美国家，20 世纪 70 年代以后在工业化国家迅速得到发展。1880 年，英国颁布雇主责任法，当年即有专门的雇主责任保险公司成立，承保雇主在经营过程中因过错致使雇员受到人身伤害或财产损失时应负的法律赔偿责任。

1890 年海上保险公司开始经营产品责任保险，1896 年出现了职业责任保险，随后会计师责任保险、个人责任保险、农户及店主责任保险相继出现。

随着商品经济的发展，各种民事活动急剧增加，法律制度不断健全，人们的索赔意识不断增强，各种民事赔偿事故层出不穷，终于使责任保险在 20 世纪 70 年代以后的工业化国家得到了全面迅速的发展。首先是各种运输工具的第三者责任保险得到了迅速发展；其次是雇主责任保险成了普及化的责任保险险种。

五、信用保证保险的产生与发展

信用保险产生之前，经济活动中的信用风险往往由银行和商人来承担。18 世纪末、19 世纪初，出现了忠诚保证保险。该项保险的投保人一般是雇主，如果雇员的不忠诚行为使雇主蒙受损失，保险人将负有赔偿责任。19 世纪中期，英国又出现了保证公司，随后出现了合同保证保险，主要运用于工程建设。1919 年，第一次世界大战结束后，英国政府为保护本国与东方和中欧诸国的出口贸易，专门成立了出口信贷担保机构——英国出口信用担保局，逐步创立了一套完整的信用保险制度，之后各国纷纷效仿。

第二次世界大战后，出口信用保险业务在发达国家迅速发展。20 世纪 60 年代以后，随着经济发展和世界贸易的繁荣，众多发展中国家纷纷建立了自己的信用保证保险业务。

第五节　我国保险业的发展历程

一、新中国成立前的保险业

我国的现代保险制度发展至今，已有 200 多年的历史。1805 年，英商首先在广州开设广州保险社，又称谏当保安行。1862 年，美商旗昌洋行在上海设立扬子保险公司。外商人寿保险公司较早在中国开设的分支机构是 1884 年美商公平人寿保险公司在上海设立的分公司，1898 年美商永福人寿保险公司在上海设立。

19 世纪中期，上海已成为远东第一大商埠，海运业日益发达。1865 年，上海华商创办义和公司保险行，成为中国第一家民族保险公司，打破了外商独占中国保险市场的局面，标志着中国民族保险业的诞生。1872 年，洋务派首领李鸿章派浙江漕运督办朱其昂在上海设立轮船招商局，购置轮船承接运输业务。招商局引起了当时享有特权的外国航运企业的敌视，它们联手独占中国保险市场外的外商保险公司，以拒绝承保招商局的船、货或收取近乎敲诈勒索的高额保费等手段，试图扼杀新生的招商局。因此，李鸿章主张“须华商自立公司，自建行栈，自筹保险”。1875 年，轮船招商局获准创立保险招商局，自办船舶保险和货物运输保险业务。

1937 年淞沪会战后，在上海的中央信托局保险部迁往重庆，中国保险公司、太平保险公司、四明保险公司几家规模较大的保险公司也把业务重心转移到重庆，有的还在中国香港和新加坡设立分支机构。随着国民党政府迁至重庆，重庆逐渐成为这一时期保险业的中心。当时重庆有华商保险公司50余家，其中新设立的有20余家。

抗战胜利后，国民党官僚资本保险公司纷纷将总公司迁往上海，并对日伪保险公司进行接管，外商保险公司也在上海复业，上海又成为中国的保险业中心。

二、新中国保险事业的创立与发展

中华人民共和国的诞生开启了中国的新纪元，也揭开了中国保险史的新篇章。

1949年10月20日，中国人民保险公司正式成立，总公司设在北京，在各大区设立区分公司，由中国人民银行总行直接领导。在正式成立前召开的第一次全国保险工作会议上，确定了“保护国家财产、保障生产安全、促进物资交流、增进人民福利”的社会主义保险事业基本方针。

这一时期社会主义保险事业取得可喜成就，完成了对私营保险业的社会主义改造任务，在全国范围内建立了比较完整的社会主义保险体系，普遍设立了保险机构，制定了新的规章制度，恢复和开办了许多业务，培养了一大批保险干部，并与世界上大部分国家和地区建立了直接和间接的分保关系与货损、船损检验代理关系。

为了配合经济改革、对外开放政策，我国陆续开办了许多新险种，如建筑工程险、安装工程险、海洋石油开发险等。

1986年10月，作为恢复组建的我国第一家股份制综合性银行，交通银行上海分行开始经营保险业务，打破了我国保险市场上独家经营保险业务的局面。1991年4月，交通银行保险业务部按分业管理要求分离出来，组建中国太平洋保险公司，总部设在上海，是我国第一家全国性、综合性的股份制保险公司。

1994年11月，美国国际集团子公司美国友邦保险公司（AIA）在上海开设分公司，标志着我国保险市场迈出国际化的第一步。1995年6月，《中华人民共和国保险法》颁布，为规范我国保险市场提供了法律依据，也为发展我国保险市场创造了良好的法律环境。

1996年，中国人民银行又批准设立5家中资保险公司——华泰财产股份有限公司、泰康人寿保险股份有限公司、新华人寿保险股份有限公司、永安保险股份有限公司和华安保险股份有限公司。1996 年 11 月，我国第一家中外合资的人寿保险公司——中宏人寿保险有限公司在上海成立。

1998 年 11 月 18 日，中国保险监督管理委员会正式成立，中国保险业从此有了独立的监管机构，保险监管开始走向专业化和规范化。

2018 年 4 月 8 日，中国银行保险监督管理委员会正式挂牌。作为国务院直属事业单位，其主要职责是依照法律法规统一监督管理银行业和保险业，维护银行业和保险业合法、稳健运行，防范和化解金融风险，保护金融消费者合法权益，维护金融稳定。

近年来，中国保险业原保险保费收入逐年增加。2020 年，我国保险业保费收入 4.5 万亿元，同比增长 6.1%，提供保险金额 8710 万亿元，同比增长 34.6%，赔付支出 1.4 万亿元，同比增长 7.9%，有效支持了经济社会发展。截至 2020 年末，我国保险公司总资产 23.3 万亿元，同比增长 13.3%。

综合训练

一、选择题

1. 保险学说主要有（　　）三种。

A. 损失说　　B. 非损失说　　C. 二元说　　D. 三元说

2. 被称为“现代火险之父”的是（　　）。

A. 乔治·勒克维伦　　B. 爱德华·劳埃德

C. 尼古拉斯·巴蓬　　D. 本杰明·福兰克林

3. 保险的基本职能包括（　　）。

A. 分担风险　　B. 损失补偿或经济给付

C. 防灾防损　　D. 融资

4. 按照性质的不同，保险可以分为（　　）。

A. 商业保险　　B. 社会保险　　C. 政策保险　　D. 强制保险

5. 现代保险首先是从（　　）发展而来的。

A. 海上保险　　B. 火灾保险　　C. 人寿保险　　D. 责任保险

6. 按照是否足额投保，可以把保险分为（　　）。

A. 定值保险　　B. 不足额保险　　C. 足额保险　　D. 超额保险

7. 关于保险与赌博的关系，下列（　　）说法正确。

A. 二者都是以增进社会公众利益为目的

B. 二者都可能盈利、可能亏损

C. 二者都是变不确定因素为确定因素

D. 二者都面临风险

8. 按照风险转嫁方式的不同，可以把保险分为（　　）。

A. 原保险　　B. 再保险　　C. 自愿保险　　D. 共同保险

9.（　　）的保险标的是合同双方权利人和义务人约定的经济信用。

A. 财产保险　　B. 人身保险　　C. 责任保险　　D. 信用保证保险

10. 保险的微观作用包括（　　）。

A. 有利于受灾企业及时恢复生产　　B. 有利于企业加强经济核算

C. 有利于安定人民生活　　D. 有利于民事赔偿责任的履行

二、简答题

1. 简述商业保险、社会保险和政策保险的定义及区别。

2. 试分析保险与赌博、储蓄、救济等行为的异同。

3. 简述保险的职能。

4. 保险的宏观作用有哪些？

三、案例分析题

有一批货物出口，货主以定值保险的方式投保了货物运输保险，若投保时实际价值与保险人约定保险价值 100 万元，保险金额也为 100 万元，后货物在运输途中发生保险事故，出险时当地完好市价为 80 万元。问：

1. 如果货物全损，保险人如何赔偿？赔款为多少？

2. 如果部分损失，损失程度为 60%，则保险人如何赔偿？赔款为多少？

第三章

保险的基本原则

学习目标

通过本章的学习，理解保险利益原则、最大诚信原则、近因原则与损失补偿原则及其派生原则的含义及意义，掌握其基本内容，并能灵活运用保险的基本原则解决保险实践中遇到的问题。

案例导入

2016年5月，A贸易公司租用W销售有限责任公司的一座楼房作为办公地点。为预防经营风险，A贸易公司以此楼房为标的向X保险公司投保500万元火灾保险。X保险公司同意承保，并在2016年6月1日签发了保单。8个月后，租赁期满，A贸易公司将楼房退还给W销售有限责任公司。2017年4月，该楼房发生了火灾，造成损失20万元。A贸易公司根据保险合同的约定，向X保险公司索赔，但X保险公司经过调查后拒绝承担赔偿责任。

X保险公司为什么提出拒赔、拒赔是否合理，其实都与保险利益原则有关。保险利益原则与最大诚信原则、近因原则和损失补偿原则共同构成了保险的基本原则。这些原则分别是什么含义？确立这些原则有怎样的意义？具体又包括哪些内容？让我们一起通过本章的学习，探寻问题的答案。

第一节　保险利益原则

一、保险利益原则的含义

（一）保险利益的含义

保险利益又称“可保利益”或“可保权益”，是指投保人或被保险人基于保险标的而享有的、为法律所认可的利益或权益。通常，我们可以通过观察投保人或被保险人是否因保险标的的损害或丧失而遭受经济上的损失来判断保险利益存在与否。如果当保险标的完好时，投保人或被保险人可以从中获益，当保险标的的受损时，投保人或被保险人会遭受经济损失，那么就可以认定保险利益的存在。

（二）保险利益的要件

生活中并非所有利益关系都可成为保险利益，保险利益的存在必须满足三个要件。

1. 必须是合法利益

保险利益作为投保人或被保险人享有的利益，必须符合法律法规，符合社会公共利益。不法利益及违反公序良俗产生的利益，比如投保人利用贪污、盗窃、诈骗等非法手段取得的财产，均无保险利益。

2. 必须是可以用货币计量的利益

财产保险以补偿损失为目的，并且通常以支付货币的形式实现。如果不是经济上的利益，无法用货币来计算，就难以对损失进行补偿。人的身体机能和生命的价值衡量具有特殊性，一个人的伤残程度或死亡产生的损失是难以用货币来计量的，但在保险中可以通过双方协商来确定。因此，从某种意义上说，人身伤亡也可以用货币来计量损失。

3. 必须是可以确定和能够实现的利益

所谓“可以确定”是指被保险人对保险标的的现有利益或因现有利益而产生的期待利益已经确定。所谓“能够实现”是指未来应该能够产生的经济利益或客观的利益。

（三）保险利益原则的内容

保险利益原则是保险的基本原则之一。其本质内容是在签订或履行保险合同的过程中，投保人或被保险人对保险标的必须具有保险利益。《中华人民共和国保险法》第十二条第一款和第二款规定：人身保险的投保人在保险合同订立时，对被保险人应当具有保险利益。财产保险的被保险人在保险事故发生时，对保险标的应当具有保险利益。

二、确定保险利益原则的意义

保险利益原则的确定是为了防止保险活动成为一些人获取不正当利益的途

径，从而确保保险活动发挥分散风险、补偿损失的作用。因此，保险利益原则对于维护保险活动的正常进行有重要意义。

（一）有助于防止投机行为的发生

保险合同是射幸合同，当事人是否履行义务取决于保险事故是否发生，具有一定的投机性，这与赌博行为有相似之处。如果允许不具有保险利益的人以他人的生命或是财产作为保险标的，以自己作为受益方进行投保，那么一旦发生保险事故，被保险人就可以在没有任何损失的情况下，获取远远超过保险费的保险金。保险活动就变成了投机赌博行为，背离了其分散风险、补偿损失的职能。

（二）有助于防止道德风险的发生

道德风险是指被保险人为了获得保险金，故意促使保险事故的发生或在保险事故发生时放任损失扩大的行为。受益方是保险金给付的直接承受者。如果保险合同不以受益方具有保险利益为前提，那么为了获取保险赔偿，往往会出现故意侵害保险标的的行为，损害社会公众利益。

（三）保险利益原则规定了财产保险中保险保障的最高限度，并限制了赔付的最高额度

在财产保险事故发生以后，如果被保险人获得的损害赔偿超过保险利益，即获得和实际损失不相称的利益，就会损害保险人的合法利益，并且违背保险损失补偿职能的规定。

三、各类保险的保险利益

（一）财产保险的保险利益

财产保险的保险利益，是指投保人或被保险人对保险标的因保险事故的发生以致保险标的的不完全而受到损害，或者因保险事故的不发生而免受损害所具有的利害关系。具体包括以下三种利益。

1. 现有利益

指投保人（被保险人）对保险标的已经且可继续享有的保险利益，包括但不限于投保人（被保险人）对保险标的的所有权利益、占有利益、用益物权利益以及担保物权利益等。

2. 期待利益

指投保人（被保险人）在订立保险合同时对保险标的的利益尚未存在，但基于其现有权利而未来可获得的利益。如农民因耕种田地而可能获得的收获物。期待利益一般因现有利益而产生。没有现有利益，就不可能存在期待利益。

3. 合同利益

合同利益是基于有效合同而产生的保险利益。虽然有些合同并非以物权为对象，而是以财产为其履约对象。比如，以离岸价格出口货物的卖方，在未收到货款前，对该批货物具有经济利益。卖方如果发现买方有拒付货款的可能，即可行使中途停运的权利。在行使该权利后，自然对该批货物具有保险利益。

（二）人身保险的保险利益

人身保险以人的生命或身体为保险标的。人身保险的保险利益，是指投保人对被保险人的生命或身体所具有的利害关系，即投保人将因保险事故的发生而遭受损失，因保险事故的不发生而维持原有的利益。

实践中，人身保险的保险利益体现为投保人和被保险人之间的人身依附关系或者依赖关系。立法上关于人身保险的保险利益，总体上可以划分为利益主义原则、同意主义原则、利益主义和同意主义兼顾原则。

利益主义原则关注投保人与被保险人之间的利益关系，通常依据二者之间是否存在特定关系来判断。一般来说，投保人对自己的生命或身体具有保险利益。任何人对其自身的生命或身体都具有保险利益。因此，当投保人为自己的生命或身体投保时，其保险利益毋庸置疑。另外，投保人对有亲属血缘关系的人具有保险利益。亲属血缘关系主要是指配偶、子女、父母、兄弟姐妹、祖父母、孙子女等家庭成员。有些国家规定，具有保险利益的仅为直系近亲，有些国家规定的范围较大，只要是在同一家庭中生活的近亲属，就认为相互之间存在保险利益。同意主义原则一般规定，只要被保险人同意投保人为其投保，人身保险的保险利益就存在。

《中华人民共和国保险法》第三十一条规定："投保人对下列人员具有保险利益：（一）本人；（二）配偶、子女、父母；（三）前项以外与投保人有抚养、赡养或者扶养关系的家庭其他成员、近亲属；（四）与投保人有劳动关系的劳动者。除前款规定外，被保险人同意投保人为其订立合同的，视为投保人对被保险人具有保险利益。订立合同时，投保人对被保险人不具有保险利益的，合同无效。"可见，我国采用的是利益主义和同意主义兼顾原则。

四、保险利益的时效要求

在财产保险和人身保险中，对保险利益的存在时间有不同要求。

在财产保险中，保险利益的存在是保险合同有效的前提，但被保险人在保险合同订立时可以对标的没有保险利益，在事故发生时则必须具有保险利益，才能获得保险人的赔偿。只有保险事故发生时有保险利益存在，投保人或被保险人才有实际损失发生，保险人才可确定补偿的程度。如果保险利益在订立合同时存在但在事故发生时不存在，则投保人或被保险人对保险标的没有利害关系，就没有补偿可言，保险合同也就失效了。

人身保险强调在合同订立时必须具备保险利益，而在保险事故发生后进行给付时，对于投保人是否对被保险人具有保险利益则不作要求。这主要是因为人身保险的保险标的是人的生命和身体。保险合同生效后，被保险人的生命或身体受到伤害，获得保险金给付的是被保险人或者受益人，投保人不会因被保险人发生保险事故而享有领取保险金的权利。因此，在保险事故发生时，投保人是否对被保险人具有保险利益没有意义。所以，人身保险一般只要求在投保时具有保险利益，即使后来投保人对被保险人因离异、雇佣合同解除或者其他原因而丧失保险利益，也不会影响保险合同的效力，保险人仍负有保险金给付责任。

五、保险利益的变动

当保险合同的主体或者标的发生变动时，保险利益往往随之发生变动。保险利益的变动通常包括保险利益的转移和消灭。

（一）保险利益的转移

保险利益的转移是指保险利益随保险标的而转让给新的权利人。在法律规定的情况下（如继承、遗赠，或公司的破产、合并等），保险标的发生转移时，除合同另有规定者，保险利益当然随之转让给继承人、受让人或债权人。

在财产保险中，保险利益往往会因继承、让与、破产等而发生转移。通常情况下，保险利益随保险标的所有权的转移而同时转移。即该保险标的的继承人、受让人和债权人在被保险人死亡后、保险标的被出售或赠与后、保险标的被用于偿还债务后，对该保险标的具有保险利益。同时，原被保险人对该保险标的具有的保险利益消失。

按照保险法的规定，保险利益的转移不会影响到保险合同的效力，但一般要求被保险人或者受让人应当及时通知保险人，并办理保单转让手续。通常，保险人在接到投保人请求转移保险利益的通知时，在风险不增加的情况下可予以同意，若风险显著增加，则须重订保险费率，或终止合同。《中华人民共和国保险法》第四十九条规定："保险标的转让的，保险标的的受让人承继被保险人的权利和义务。保险标的转让的，被保险人或者受让人应当及时通知保险人，但货物运输保险合同和另有约定的合同除外。"

人身保险中保险利益的转移通常体现为因债权债务关系而订立的合同的继承和让与。除因债权债务关系而订立的合同的保险利益可随债权一同转让外，其他人身保险的保险利益不得因让与而转让。

（二）保险利益的消灭

保险利益的消灭是指投保人或被保险人失去保险利益。即在保险合同成立后，因为发生某种法律事实而引起投保人或被保险人丧失对保险标的所具有的利害关系。

财产保险中，如果保险标的非因保险事故灭失，保险利益归于消灭，保险合同也随之消灭。人身保险中，如果被保险人因人身保险合同除外责任规定的原因死亡，如合同成立两年后自杀，则保险利益消灭。

第二节　最大诚信原则

一、最大诚信原则的含义

最大诚信原则是民法中的诚信原则在保险法中的体现，要求在保险活动过程中，当事人一方向对方充分而准确地告知和保险相关的重要事实，同时绝对信守合同订立的约定与承诺。保险活动中对当事人的诚信要求高于一般的民事活动，故谓之“最大诚信”。实践中，这一原则体现为对投保方与保险人的一种法律约束，如果当事人违反该原则，就必须承担相应的法律后果。

最大诚信原则作为现代保险的四大基本原则之一，起源于海上保险。1906年，英国《海上保险法》作出如下规定：“海上保险是建立在最大诚信原则的基础上的保险合同，如果任何一方不遵守这一原则，他方可以宣告合同无效。”这也成为最大诚信原则的源头。《中华人民共和国保险法》第五条规定：“保险活动当事人行使权利、履行义务应当遵循诚实信用原则。”

二、确定最大诚信原则的意义

（一）有利于保险市场的健康发展

保险是经营风险和信用的行业。保险合同在履行上具有相对更长的延续性，特别是有些人身保险合同甚至长达十几年或几十年，因此保险合同无法在短期内体现其履行效果。另外，保险合同具有射幸性的特点，保险费与保险金额之间可能存在巨大差异，极易诱发道德风险。

同时，在保险买卖中，作为卖方的保险人关注的是买方的保险标的物的风险状况，这就有赖于投保人的如实告知；而买方——投保人更关注的是卖方——保险人在什么情况下履行赔付保险金的义务，这又有赖于保险人对保险合同条款的有关说明。所以，确定最大诚信原则，对于保险市场健康发展有重大意义。

（二）有利于保险人的稳健经营

保险是一种以集体行动降低风险威胁的重要经济制度，通过多数人参与的集合方式针对特定危险事故导致的损失依据概率论统计原理建立保障基金，公平分摊损失。保险经营的数理基础是大数法则。道德风险和逆向选择的存在将使得保险人实际承受的风险严重偏离大数法则，带来巨大和难以防范的经营风险。因此，最大诚信原则的确立有利于保险人的稳健经营。

（三）有利于保险法律的正确适用

最大诚信原则存在的目的之一在于维护不同群体之间的利益平衡。借助最大诚信原则，法院得以从具体个案事实背景出发，修正保险法具体规则的适用，维护保险人与被保险人之间的利益平衡。作为保险法的首要基本原则，最大诚信原则的正确适用有助于在保险合同纠纷中合理分配各方权利义务，并在纠纷发生时促使其公平公正地得以解决。

（四）有利于提高效率降低交易成本

保险合同大部分是格式合同，需要双方以最大诚信原则为根本，以条款内容为核心，进行充分的交流，完整、准确地向对方告知自己所掌握的、与保险合同相关的重要事实。显然，最大诚信原则的存在可以充分地鞭策合同各方当事人高效达成合作、降低交易成本。

三、最大诚信原则的基本内容

最大诚信原则是签订和履行保险合同所必须遵守的一项基本原则，最大诚信原则的内容主要通过保险合同双方的诚信义务来体现，主要包括如实告知、保证、弃权与禁止反言。

（一）如实告知

如实告知义务又称据实说明义务、如实披露义务，是指在保险合同订立前、订立时及合同有效期内，投保人对已知或应知的风险和与标的有关的实质性重要事实，向保险人作口头或书面的申报。保险人也应将与投保人有利害关系的实质性重要事实据实通知投保人。

最大诚信原则中所指的重要事实，一般是指影响当事人决定是否订立保险合同，以及以何种条件订立合同的事实。对于投保方和保险人来说，如实告知的内容和形式并不相同。

1. 投保人的如实告知

（1）投保人如实告知的内容

作为投保人，应如实告知的内容主要包括以下五个方面。

第一，在保险合同订立时根据保险人的询问，对已知应知的与保险标的及其风险相关的重要事实进行如实回答。

第二，保险合同订立后，在保险合同的有效期内，当保险标的的风险程度增加时，应及时告知保险人。

第三，保险标的发生转移或保险合同有关事项有变动时，投保人或被保险人应及时通知保险人，经保险人确认后可变更合同并保证合同的效力。

第四，保险事故发生后投保人应及时通知保险人。

第五，有重复保险的投保人应将有关情况通知保险人。

（2）投保人如实告知的履行方式

关于如实告知义务的履行方式主要存在两种制度。一种是无限告知主义，也称自动申告主义；另一种是有限告知主义，也称询问告知主义。各国（地区）在保险立法中对投保人的如实告知义务履行方式都有不同规定。我国保险法采用的是询问告知主义。依据法律，保险人就保险标的对告知义务人提出问询的，告知义务人应当如实告知。

2. 保险人的如实告知

保险人作为保险关系中的当事人之一，也应遵循最大诚信原则对如实告知义务的要求。保险人告知的主要内容有：

第一，保险合同订立时，保险人应主动向投保人说明保险合同条款的内容，特别是免除保险人责任的条款的内容，须明确说明。

事实上，保险人对合同条款的告知，在国际上有两种常用的形式：明确列示和明确说明。明确列示是指保险人只需将保险的主要内容明确列明在保险合同之中，即视为已告知投保人。在国际保险市场上，一般只要求保险人如此告知。明确说明是指保险人不仅应将保险的主要内容明确列明在保险合同中，还必须对投保人进行正确的解释。《中华人民共和国保险法》要求保险人应当向投保人说明合同的内容。对保险合同中的免责条款，应以书面或者口头形式向投保人作出明确说明。

第二，在保险事故发生时或保险合同约定的条件满足后，保险人应按合同约定如实履行赔偿或给付义务；若拒赔条件存在，应发送拒赔通知书并说明理由。

3. 违反如实告知义务的法律后果

如实告知义务是基于保险法最大诚信原则而设立的法定义务，当事人的不实告知将导致保险合同效力产生法律上的不利后果。

各个国家和地区在保险立法中对违反告知义务的法律后果规定不尽相同。《中华人民共和国保险法》第十六条规定：“订立保险合同，保险人就保险标的或者被保险人的有关情况提出询问的，投保人应当如实告知。投保人故意或者因重大过失未履行前款规定的如实告知义务，足以影响保险人决定是否同意承保或者提高保险费率的，保险人有权解除合同。前款规定的合同解除权，自保险人知道有解除事由之日起，超过三十日不行使而消灭。自合同成立之日起超过二年的，保险人不得解除合同；发生保险事故的，保险人应当承担赔偿或者给付保险金的责任。投保人故意不履行如实告知义务的，保险人对于合同解除前发生的保险事故，不承担赔偿或者给付保险金的责任，并不退还保险费。投保人因重大过失未履行如实告知义务，对保险事故的发生有严重影响的，保险人对于合同解除前发生的保险事故，不承担赔偿或者给付保险金的责任，但应当退还保险费。保险人在合同订立时已经知道投保人未如实告知的情况的，保险人不得解除合同；发生保险事故的，保险人应当承担赔偿或者给付保险金的责任。保险事故是指保险合同约定的保险责任范围内的事故。”

《中华人民共和国保险法》第二十一条规定：“投保人、被保险人或者受益人知道保险事故发生后，应当及时通知保险人。故意或者因重大过失未及时通知，致使保险事故的性质、原因、损失程度等难以确定的，保险人对无法确定的部分，不承担赔偿或者给付保险金的责任，但保险人通过其他途径已经及时知道或者应当及时知道保险事故发生的除外。”

可见，我国保险法依据投保人未履行如实告知义务的主观状态，结合未告知事实对保险人订立和履行合同产生的影响，规定了不同的法律后果。

对于保险人，《中华人民共和国保险法》第十七条规定："订立保险合同，采用保险人提供的格式条款的，保险人向投保人提供的投保单应当附格式条款，保险人应当向投保人说明合同的内容。对保险合同中免除保险人责任的条款，保险人在订立合同时应当在投保单、保险单或者其他保险凭证上作出足以引起投保人注意的提示，并对该条款的内容以书面或者口头形式向投保人作出明确说明；未作提示或者明确说明的，该条款不产生效力。"

（二）保证

保证是最大诚信原则的一项重要内容，指的是投保人向保险人担保某一事项的真实性或向保险人作出是否实施某种行为的承诺。在保险合同中，保证条款属于影响保险合同整体效力的一个基础性条款，是保险人用以控制和规避保险交易风险的通常措施。

根据保证的形式不同，保险保证可以分为明示保证与默示保证两种类型。明示保证是以文字或书面的形式在保险合同中载明，成为合同条款的保证，是保证的重要形式。明示保证又可分为认定事项保证和约定事项保证。认定事项保证也叫确认保证，该保证事项涉及过去与现在，是投保人对过去或现在某一特定事实存在或不存在的保证。约定事项保证又称承诺保证，是投保人对未来某一特定事项的作为或不作为，其保证事项涉及现在和将来。

默示保证是指虽未记载于保险合同之中，但投保人按照法律规定或者行业惯例应当遵守的承诺，多见于海上保险。在海上保险领域，法律通常会对船只的适航性保证或者合法性保证作出直接规定。例如，船舶各方面应当自航行起即符合航行要求；适航船舶须按预定的或习惯的航线航行，除非遇不可抗力才允许改变航道；投保的船舶保证不进行非法经营或运输违禁品等。

（三）弃权与禁止反言

弃权是指保险合同的一方当事人放弃其在保险合同中可以主张的权利，通常是指保险人放弃合同抗辩权与解约权。构成保险人的弃权必须具备两个要件：首先，保险人必须知道对方有违背约定义务的情况并因此享有抗辩权或解约权。其次，保险人须有弃权的意思表示，无论是意思表示还是事实行为，即无论是明示还是默示。

默示弃权可以从保险人的行为中加以推断。如果保险人知道被保险人有违背约定义务的情形，而作出下列行为的，一般被视为弃权或默示弃权。

第一，当投保人违背按期缴纳保险费或其他约定义务时，保险人原本应解除合同，但是，如果保险人已知此种情形却仍旧收受补缴的保险费，则证明保险人有继续维持合同的意思表示，视为其放弃本应享有的合同解除权、终止权及其他抗辩权。

第二，在保险事故发生后，保险人明知有拒绝赔付的抗辩权，但仍要求投保人或被保险人提出损失证明，因而增加投保方在时间及金钱上的负担，视为保险人放弃抗辩权。

第三，保险人明知投保人的损失证明有纰漏和不实之处，但仍无条件予以接受，则视为放弃对纰漏和不实之处的抗辩权。

第四，保险事故发生后，投保人、被保险人或受益人应于约定或法定时间期限内通知保险人，但如逾期通知，保险人仍表示接受的，则认为放弃对逾期通知的抗辩权。

第五，保险人在得知投保人违背约定义务后仍保持沉默，即视为弃权。具体来说，财产保险的投保人申请变更保险合同，保险人在接到申请后，在约定期限内未表示异议的，视为承诺。保险人于损失发生前，已知投保人有违反按期缴纳保险费以外的约定义务的，应在一定期限内解除或终止合同，如在约定期限内未作任何表示，则视为弃权。

禁止反言也称禁止抗辩，是指合同一方既已放弃其在合同中的某项权利，日后不得再向另一方重新主张这种权利，在保险实践中主要约束保险人。

禁止反言的目的是维护公平、公正，促成保险合同双方当事人达到预期的合同效果，其基本功能是防止保险欺诈行为。值得注意的是，弃权与禁止反言在人寿保险中有特殊的时间规定。保险人只能在合同订立之后一定期限内（通常为2年）以被保险人告知不实或隐瞒为由解除合同，超过规定期限没有解除合同的视为保险人已经放弃该权利，不得再以此为由解除合同。

第三节　近因原则

一、近因原则的含义

近因原则是各国在处理保险理赔时运用的一项重要的基本原则，虽然起源于海上保险，但已经广泛适用于所有保险业务的理赔中，是保险经营实务中处理赔案时必须遵循的原则之一。

近因原则的基本含义是：若引起保险事故发生，造成保险标的损失的近因属于保险责任，则保险人赔付；若近因属于除外责任，则保险人不赔付。即只有当承保风险是损失发生的近因时，保险人才赔付。

近因指导致保险标的损失的有效性和决定性因素。通俗来讲，近因与损失之间具有决定性的因果关系。

二、确立近因原则的意义

（一）有助于平衡保险双方的保险利益

在保险理赔过程中，近因原则是确定保险事故损失原因与损失结果之间因果关系的重要原则。在保险法律关系中，因为社会大众对保险的专门知识普遍缺乏了解，保险双方处于不平等的、信息不对称的地位，因此，各国的保险法多从保护社会公众利益角度出发，对保险机构从各方面加以监管和控制。但作为市场经济的主体，保险人的利益同样需要得到保护，违反近因原则，提出超出合理范围的索赔请求不应当被支持，否则被保险人毫无节制地滥施保险权利，将导致保险人无法正常经营，保险的功能无法实现，最终无法保障被保险人的利益。所以，近因原则是调节保险合同当事人之间利益冲突的平衡器。

（二）有助于防止道德风险的发生

近因原则强调法律后果和风险分摊的公平性、合理性，体现了公平合理的法律原则，倡导良好的价值取向。自保险制度诞生以来，道德风险就在各种保险中普遍存在，而且难以控制。近因原则的运用，可以有效阻止被保险人谋求不正当利益，防范道德风险的发生。

（三）有助于更好地发挥保险职能

分散风险是保险的基本职能之一。如果有人由于承保范围以外的原因遭受损失却得到保险赔付，必然损害危险共同体中其他成员的利益，损害了保险赖以存在的基础。因此，保险金的赔付必须严格限定在该险种承保的范围之内。切实贯彻近因原则，能够更好地发挥保险职能。

三、近因原则的运用

在保险实践中，对近因原则的运用往往体现在两个环节：第一，对事故损失的近因进行调查和确认；第二，判断近因是否属于保险责任从而决定是否赔付以及赔付的金额。

确定近因的关键是确定风险因素与损失之间的因果关系。对此，有两种基本方法。第一种是从原因推断结果。若从最初原因出发，按逻辑推理能达到最终结果，则最初原因为近因。比如，驾驶员酒驾，撞倒路边的小树，小树把经过的行人压伤，则最初的原因——驾驶员酒驾，为行人受伤的近因。第二种是逆推法，从损害出发，按逻辑关系往前推，能推理到的最初原因为近因。如前例，损害是行人受伤，而行人受伤是因为小树被撞倒，小树被撞倒又是因为驾驶员酒驾，故能够倒推到的第一个事件——驾驶员酒驾，是行人受伤的近因。

通过以上方法认定保险损害的近因后，便可以通过近因原则判断损害是否为保险责任。在实务中可以分为以下几种情况。

（一）单一原因致损时的近因原则运用

单一原因致损是指损害结果的产生仅由一个原因造成，没有其他因素的介人。近因原则运用于这种情况，就只需要判断该致损原因是否属于承保风险范围。如果该原因属于保险合同约定的保险责任，则保险人就要按照约定履行赔付义务；反之，如果该原因不属于承保风险范围，则保险人有权不予赔偿。

（二）多种原因致损时的近因原则运用

多种原因致损是指损害结果的产生系多个原因造成的。具体又可分为多因连续发生、多因间断发生以及多因同时发生三种情况。

1. 多因连续发生

多因连续发生是指致损的结果是数个原因连续作用导致的。如果后因的出现都是前因直接的、必然的结果或合理的延续，那么第一个发生的原因就是致损结果的近因。众多原因构成了事件的因果关系链，前因和后因都是这一因果链上的环节，它们之间存在着连续的因果关系。在这条因果关系链中，后因是架起前因和损害结果之间联系的一座桥梁，后因在整个事件中对结局并没有决定性的影响，只是起到一个中介和过渡作用。

如果最先发生的原因是承保风险，那么无论后因是否属于保险责任，保险人均要承担保险责任。反之，如果第一个原因不是承保风险，保险人则不必负责。

由此可见，分清事件的前因后果是准确找出近因的先决条件。在因果关系清楚的情况下，才能正确运用近因原则，确认保险人的赔付责任。例如，被保险人意外落水，感染肺炎，医治无效死亡。在这个例子里面，意外落水是前因，感染肺炎是后因，且后因是前因的结果。而被保险人的死亡是肺炎导致的，这二者又存在连续的因果关系。那么，最先发生的原因——意外落水，就是被保险人死亡的近因。

2. 多因间断发生

多因间断发生是指在时间上先后发生了多种原因，但某一事件与损害结果之间的因果关系链由于后一原因的介入而被打断，使原有的因果关系链中断。如果后一原因对损害结果起到了独立的决定性作用，则此原因即为近因。

此时保险人责任的判断需依新干预因素的性质而定。若新的干预因素是承保风险，保险人应承担保险责任；反之，若新的干预因素是除外风险或者未承保风险，保险人不承担保险责任。比如，患有心脏病多年的病人为本人投保了人身意外险，后在保险期间因车祸入院，康复过程中突发心肌梗死死亡。被保险人虽然由于车祸处于不正常的环境中，但车祸仅仅是诱因，事件的因果关系链由于心脏病导致心肌梗死因素的介入而被打断，并且这一介入因素对其死亡结果具有独立的决定性作用，与结果存在直接的因果关系，属于多因间断发生，所以被保险人的死亡结果不是意外事故造成的，保险人不予以赔偿。

3. 多因同时发生

多因同时发生，也称多因并存，是指在造成损失的整个过程中，多种原因同时存在，共同作用造成损失。这些原因之间没有前后继起的关系。值得注意的是，并存并不一定意味着真正意义上的同时发生，在时间上，多个原因可能有先有后，但只要在作用于保险标的而导致损害结果发生的时间点上同时存在，就可认定为多因同时发生。

在这种情形下运用近因原则，首先根据效力标准进行判断。通过对多种原因在造成损害结果中所发挥作用的比较，找出最具主导性、支配性和有效性的原因，该原因即为近因。如果近因属于承保范围，保险人就应当承担损失赔偿责任。尽管存在其他致损原因，影响了损失的程度，但不影响损失的成立，因而对保险责任的承担不起作用。

但是，如果同时发生的多种原因中，既有保险责任范围内的又有保险责任范围外的，而近因无法判定或者它们对标的损害所起的作用均衡时，就要区分原因的性质及彼此间的依存关系，分别进行处理。

（1）多种原因同时发生并相互独立

多种原因同时发生并相互独立，是指每个原因都可以独立造成损失，无须依赖其他原因，每个原因都是近因。

如果多种原因均属于承保风险，则可认为近因属于保险责任，保险人应当负全部赔付责任。如果多种原因均属于除外风险，则可认为近因属于除外责任，保险人不负赔偿责任。

如果多种原因中既有承保风险，又有非承保风险或除外风险，并且每种风险都对应独立的损失，一般认为，承保风险只是其所造成的那部分损失的近因，保险人只需赔付相应的损失。

例如，某屋主投保了家庭财产保险。因天气寒冷家中一直使用电热汀取暖器，过度使用造成电热汀取暖器短路损坏，同时，因为冰雹，房屋受损，家中电视机被砸坏。本案中，电器过度使用和冰雹分别单独造成了家庭财产的部分损失，并且损失容易分解。因为家用电器过度使用造成的电器本身的损毁不属于保险责任，故保险人无须赔偿电热汀取暖器的损失；但冰雹造成的电视机损坏属于保险责任，保险公司应该赔偿。

（2）多种原因同时发生并相互依存

多种原因同时发生并相互依存，是指在原因力上，各个原因对损害结果的产生均没有构成充分条件，独立开来，任何一个原因都无法导致损害结果，没有另一种原因，任何一种原因都不会单独造成损失，各个原因只有在损失过程中共同作用才能导致损失的情形。

如果多种原因都是承保风险，则保险人必须承担保险赔付义务，没有必要区分出近因。

如果多种原因中既有承保风险，又有除外风险，通常认为除外风险是损失的近因，保险人不予赔偿，即除外责任优先。因为保险合同界定了保险人的责任范围，既然有除外责任，就意味着保险人不愿承担这样的风险。比如，被保险人的设备在预热时，因无人照看，设备中的一段管线熔化起火。被保险人投保了责任险，根据合同约定，管线本身质量和安装问题属于除外责任，而安排人员照看巡查属于承保责任。因为没有管线就不会起火，如果有人照看也不会起火，所以，法院判定应按除外责任处理，保险人不承担责任。

社会生活是复杂多样的，保险标的损失所涉及的因果关系亦错综复杂，这就意味着对保险事故近因的判断与认定，绝非轻而易举之事。因此，在保险法实践中，只有结合个案的具体情况实事求是地进行分析，才能得到科学、正确的结论。

第四节　损失补偿原则

一、损失补偿原则的含义

损失补偿原则是指在保险合同生效以后，如果符合理赔条件，则保险人应给予被保险人全面和充分的赔偿；但保险赔偿仅限于弥补被保险人由于保险标的遭受损失而失去的经济利益，被保险人不能因保险赔偿而获得额外的利益。

损失补偿原则包含两层含义：一是只有保险事故发生造成保险标的毁损导致被保险人遭受经济损失时，保险人才承担损失补偿的责任；否则，即使在保险期限内发生了保险事故，但被保险人没有遭受损失，也无权要求保险人赔偿。这是损失补偿原则质的规定。二是被保险人可获得的补偿以其在经济上恢复到保险事故发生之前的状态为限，被保险人不能获得多于损失的补偿，即被保险人不能通过保险获得额外的收益。这是损失补偿原则量的限定。

二、确立损失补偿原则的意义

（一）有助于维护保险双方的正当权益

坚持损失补偿原则能真正发挥保险的损失补偿功能，也能维护保险双方的正当权益。对被保险人而言，保险事故造成的经济损失能得到及时补偿，生产生活能得到及时恢复；对保险公司而言，其权益也通过损失补偿的限额得到了保护，保证了保险经营的健康发展。

（二）有助于防止道德风险的发生

损失补偿原则中有损失则赔偿、无损失无赔偿的规定，以及被保险人获得的补偿数额不能超过其损失总额的规定，都可以防止被保险人通过保险赔偿得到额外利益，从而防止投保人故意购买高额保险，以获得赔款为目的而故意制造事故。因此，坚持损失补偿原则，避免了通过保险来牟利的现象，有助于防范道德风险的发生。

三、损失补偿原则的内容

（一）被保险人请求损失赔偿的要件

损失补偿原则要求在保险合同生效以后，如果符合理赔条件，保险人应给予被保险人全面和充分的赔偿。在保险期间内，被保险人请求损失赔偿的要件包括：

1. 事故发生时被保险人对保险标的必须具有保险利益

根据保险利益原则的规定，在财产保险中，只有在发生事故时，被保险人对保险标的具有保险利益，才能获得保险人的赔偿；否则无法获赔。

2. 引发损失的近因必须在保险责任范围内

根据近因原则，引发保险标的损失的近因必须属于保险责任。如果引发保险标的损失的近因属于除外责任，保险人无须赔偿。

3. 被保险人遭受的损失必须能用货币衡量

根据损失补偿原则，财产保险的目的在于补偿被保险人的实际损失，这就要求实际损失能以货币计价。

（二）保险人履行损失赔偿责任的限度

保险赔偿仅限于弥补被保险人由于保险标的遭受损失而失去的经济利益，被保险人不能因保险赔偿而获得额外的利益。实践中，往往规定保险人的赔付不得超过实际损失、保险金额和保险利益三者中的最低者。

（三）保险人的赔偿方式

保险事故发生以后，在满足赔偿条件的情况下，保险人的赔付，按照合约规定，可以有多种方式。无论哪种方式，都可以很好地满足损失补偿原则的要求。

1. 货币赔偿

因为财产保险中的损失都可以用一定的货币来衡量，所以在保险事故发生以后，保险人可以按照合同约定，支付相应数额的货币。

2. 置换

在保险事故发生以后，保险人也可以按合同约定，为被保险人提供一个与被损毁标的的规格、型号、新旧程度和性能相同或相近的标的。

3. 恢复原状

恢复原状是指在物质标的遭受损坏以后，保险人出资将被损坏部分修好，使保险标的恢复到损坏前的状态。

（四）损失补偿原则的例外

1. 人身保险

人身保险包括人寿保险、意外伤害保险和健康保险。因为人寿保险以人的生命为保险标的，而人的生命与身体健康无法用价格来衡量，不存在额外获益问题，因而损失补偿原则一般不适用于人寿保险。当人寿保险的被保险人死亡，受益人既可以依据保险法律关系获得保险赔偿金，又可以依据侵权或合同法律关系获得侵权责任人和合同对方当事人的赔偿金。

意外伤害保险和健康保险具有定额给付性保险和费用补偿性保险两种。一些学者认为，意外伤害保险或健康保险中的医疗费用保险部分，由于其目的在于补偿被保险人为治疗疾病而产生的费用，属于损害赔偿范畴。对于采用补偿方式的医疗保险，从形式上看似乎属于人身保险，但实质上是一种费用损失型保险，具有财产保险的性质，理应适用损失补偿原则。

2. 定值保险

财产保险可分为定值保险与不定值保险。不定值保险完全适用损失补偿原则，而定值保险则不适用。在定值保险当中，保险人直接按照合约中双方确认的保险价值进行赔偿，与出险时保险标的的实际价值及被保险人的实际损失无关。这样就有可能违背损失补偿原则的要求，成为损失补偿原则的例外情况。

3. 重置价值保险

重置价值保险是指保险事故发生后，保险人在理赔时不考虑保险标的的折旧情况，而是以被保险人重置保险标的所需费用确定保险赔偿数额的保险。

如果不考虑保险标的已实际使用的折旧费用，那么保险赔偿就可能高于实际损失，不符合损失补偿原则的要求，因此损失补偿原则也不适用于重置价值保险。

四、损失补偿原则的派生原则

随着保险实践的发展，在损失补偿原则的基础上，又派生出两个相关原则：代位原则和重复保险分摊原则。

（一）代位原则

1. 代位原则的含义

代位原则是指保险人依照法律或保险合同约定，在对被保险人遭受的损失进行赔偿后，依法取得向对财产损失负有责任的第三者进行追偿的权利或取得被保险人对保险标的的所有权。具体包括代位追偿和物上代位。

2. 代位追偿

（1）代位追偿的含义

代位追偿是指在保险标的遭受保险责任事故造成损失，依法应当由第三者承担赔偿责任时，保险人自支付保险赔偿金后，在赔偿金额的限度内，相应取得对第三者请求赔偿的权利。代位追偿是一种权利代位，是保险人代替被保险人向责任人请求赔偿的权利。

（2）实施代位追偿的条件

保险人实施代位追偿权，需要具备几个前提条件。

第一，被保险人对保险人和第三者必须同时存在损失赔偿请求权。该条件首先要求损失产生的原因属于保险责任范围内。只有这样，保险人才能依据合同给被保险人以经济赔偿，即被保险人依据保险合同享有索赔权。其次要求损失产生的原因还应是第三者所致。第三者过失、疏忽或故意导致对被保险人的侵权行为、不履行合同行为、不当得利行为或其他依法应承担赔偿责任的行为造成了保险标的的损失，依据法律第三者应负民事损害赔偿责任时，被保险人依法有权向第三者请求赔偿。

第二，被保险人要求第三者赔偿。保险人的追偿权在被保险人要求第三者赔偿时，才能行使。如果被保险人放弃对第三者的请求赔偿权，则保险人不享有代位追偿权。

第三，保险人履行了赔偿责任之后，才取得代位追偿权。代位追偿权是债权的转移。被保险人与第三者之间特定的债权债务关系，在保险人赔付保险金之前与保险人没有直接的关系。保险人只有赔付保险金之后，才依法取得向第三者请求赔偿的权利。

（3）代位追偿的金额限定

保险人在代位追偿中追偿的金额受到一定的限制。保险人在代位追偿中享有的权益以其对被保险人赔付的金额为限。

（4）代位追偿原则的适用范围

代位追偿原则主要适用于财产保险合同，在人身保险中仅对补偿型医疗费用保险适用，主要因为人身保险的标的是人的生命或身体，标的的性质与财产的性质不同，其价值难以估计和衡量，因而不存在获得多重利益的问题。但在涉及医疗费用的险种中，医疗费用的支出是可确定的，存在多重获利的可能，该类合同具有补偿性。

另外，如果保险事故是被保险人的家庭人员或其组成人员造成的，也有相关适用限制。《中华人民共和国保险法》第六十二条规定："除被保险人的家庭成员或者其组成人员故意造成本法第六十条第一款规定的保险事故外，保险人不得对被保险人的家庭成员或者其组成人员行使代位请求赔偿的权利。"

3. 物上代位

物上代位是指保险标的遭受保险责任事故，发生全损或推定全损，保险人在全额给付保险赔偿金之后，即拥有对保险标的物的所有权，即代位取得对受损保险标的的权利与义务。

所谓推定全损是指保险标的遭受保险事故尚未达到完全损毁或完全灭失的状态，但实际全损已不可避免；或修复和施救费用将超过保险价值；或失踪达一定时间，保险人按照全损处理的一种推定性损失。保险人在按全损支付了保险赔偿金后，取得保险标的的所有权。否则，被保险人就可能通过获得保险标的的残值、保险标的的失而复得得到额外利益。保险事故发生后，保险人已支付了全部保险金额，且保险金额相当于保险价值的，受损保险标的的全部权利归于保险人。保险金额低于保险价值的，保险人按照保险金额与保险价值的比例取得受保险标的的部分权利。

物上代位的取得一般通过保险委付实现。保险委付是指当保险标的发生推定全损时，如被保险人要求保险人按全部损失赔偿，应向保险人转移保险标的的权利和义务。或者说，委付是被保险人让与对货物的权利与义务，而要求保险人全部赔偿的行为。被保险人在要求委付时，须通知保险人，并给予授权书，经保险人接受后，即完成委付手续。被保险人取得实际全损的利益。

委付的成立须具备一定条件，一般应就保险标的全部委付，具有不可分性。委付不得附条件，经保险人承诺或法院判决为有效后，保险标的物即归保险人所有。

4. 确立代位原则的意义

（1）防止被保险人额外获益

当第三者的疏忽、过失或故意行为造成了保险标的损失，而该损失原因又属于保险责任时，被保险人如果同时获得了第三者和保险人的足额赔偿，则因同一损失所获得的赔偿将可能超过保险标的的实际损失额，从而获得额外利益，违背损失补偿原则。同样，当保险标的发生保险事故致使实际全损或推定全损时，在保险人全额赔付后，如果被保险人将保险标的的残值进行处理或保险标的被找回，其所得的利益也将超出实际损失。

（2）维护社会公共利益

社会公共利益的维护要求责任人对疏忽或过失造成的财物损失负赔偿责任。如果被保险人从保险人处获得赔偿而不追究责任人的经济赔偿责任，将有违公平。代位原则的实施，既保证了责任人无论如何都应承担损害赔偿责任，也保证了保险人可以通过代位追偿从责任人处追回支付的赔偿费用，从而保证保险人的利益。

（3）有利于被保险人及时获得经济补偿

通常，与直接向保险人索赔相比，被保险人直接向责任人索赔需要更多的时间、物力和人力。尽快使被保险人的经济状况恢复到保险事故发生前的水平是保险的要求，也是代位原则实施的意义。

（二）重复保险分摊原则

重复保险分摊原则不适用于人身保险，与财产保险业务中发生的重复保险密切相关。重复保险是指投保人对同一保险标的、同一保险利益、同一保险事故分别与两个以上保险人订立保险合同，且保险金额总和超过保险价值的保险。重复保险的投保人应当将重复保险的有关情况通知各保险人。

重复保险分摊原则是指在重复保险的情况下，当保险事故发生时，通过采取适当的分摊方法，在各保险人之间分配赔偿责任，使被保险人既能得到充分补偿，又不会得到超过其实际损失的额外利益。

重复保险的损失分摊方式主要有比例责任分摊方式、限额责任分摊方式和顺序责任分摊方式等。根据我国法律规定，发生重复保险，除当事人另有约定外，重复保险的损失分摊采用比例责任分摊方式。《中华人民共和国保险法》第五十六条第二款规定："重复保险的各保险人赔偿保险金的总和不得超过保险价值。除合同另有约定外，各保险人按照其保险金额与保险金额总和的比例承担赔偿保险金的责任。"

1. 比例责任分摊方式

比例责任分摊方式是由各保险人按其所承保的保险金额占所有保险人承保的保险金额的总和的比例来分摊保险赔偿责任。其计算公式为：

$$各保险人承担的赔偿数额=实际损失\times\frac{各保险人承保的保险金额}{所有保险人承保的保险金额之和} \quad (3-1)$$

2. 限额责任分摊方式

限额责任分摊方式是在假设没有重复保险的情况下，各保险人按其承保的保险金额独自应负的赔偿限额与所有保险人应负的赔偿限额的总和的比例承担损失补偿责任。其计算公式为：

$$各保险人承担的赔偿数额=实际损失\times\frac{各保险人应负的赔偿限额}{所有保险人应负的赔偿限额之和} \quad (3-2)$$

3. 顺序责任分摊方式

顺序责任分摊方式规定，由先出单的保险人首先承担损失赔偿责任，后出单的保险人只有在承保的标的损失超过前一保险人承保的保险金额时，才依次承担超出部分的损失赔偿。

在该种方式下，被保险人的损失赔偿可能由一个保险人支付，也可能由多个保险人承担，这取决于被保险人的损失大小和层次承保的保险金额的大小。当被保险人的损失额小于或等于第一顺序的保险人承保的保险金额时，则保险赔偿仅由该保险人承担；否则，由两个或两个以上的保险人承担。无论由几家承担赔偿责任，被保险人的损失都能获得充分的补偿，又避免了获得额外利益的可能。

综合训练

一、选择题

1. 保险合同中写明，投保人保证全天 24 小时有摄像监控。这属于（　　）。

A. 确认保证　　B. 承诺保证　　C. 明示保证　　D. 默示保证

2. 确立近因原则的意义包括（　　）。

A. 有助于平衡保险双方的保险利益　　B. 有助于防止道德风险的发生

C. 有助于更好地发挥保险职能　　D. 有助于被保险人获得额外的利益

3. 根据我国法律规定，对于保险人而言，弃权与禁止反言在人寿保险中的应用只能在保险合同订立（　　）之内，才能以被保险人告知不实或隐瞒为由解除合同。

A. 2 年　　B. 3 年　　C. 1 年　　D. 半年

4.（　　）要求在保险活动过程中，当事人一方要向对方充分而准确地告知和保险相关的重要事实，同时绝对信守合同订立的约定与承诺。

A. 最大诚信原则　　B. 近因原则　　C. 保险利益原则　　D. 损失补偿原则

5. 雷击折断大树，大树压坏房屋，房屋倒塌致使家用电器损毁。则家用电器损毁的近因是（　　）。

A. 房屋倒塌　　B. 大树压坏房屋　　C. 大树折断　　D. 雷击

6. 如果损失连续发生的原因都是（　　），则保险人赔偿全部损失。

A. 未保风险　　B. 除外风险　　C. 被保风险　　D. 除外责任

7. 在一连串连续发生的原因中，有一项新的独立的原因介入，导致损失。若新的独立的原因为（　　），保险责任由保险人承担。

A. 未保风险　　B. 除外风险　　C. 被保风险　　D. 除外责任

8. 损失补偿原则是指保险合同生效后，当保险标的发生保险责任范围内的损失时，通过保险赔偿，使被保险人（　　），但不能因损失而获得额外收益。

A. 取回保费　　B. 增加损失

C. 获得额外收益　　D. 获得及时充分的赔偿

9. 财产保险中的损失补偿以（　　）为限。

A. 保险利益　　B. 保险价值　　C. 重置价值　　D. 实际损失

10. 聂某在体检中被查出已患癌症。为转嫁高额医疗费用支出，聂某隐瞒病情向保险公司投保了终身寿险。保单生效 7 个月后，聂某因癌症死亡，聂某的受益人持保单向保险公司索赔。对此，保险公司的处理方案有（　　）。

A. 解除保险合同　　B. 不承担死亡给付责任

C. 退还保险费　　D. 不退还保险费

二、简答题

1. 确立保险利益原则的意义是什么？
2. 最大诚信原则的主要内容包括哪些？
3. 简述如何判定近因。
4. 什么是代位追偿？实施代位追偿的条件有哪些？

三、案例分析题

张某就价值 15 万元的房产先后分别与国内甲、乙、丙三家保险公司签订了财产保险合同。保额分别为 5 万元、10 万元和 15 万元，构成重复保险，后在共同的保险期间内，标的发生保险损失 10 万元，房产价值未变化。试计算各保险公司的赔偿金额。

第四章

保险合同

学习目标

通过本章的学习，掌握保险合同的概念和特征，熟知保险合同的主体、客体和内容，掌握保险合同条款包括哪些内容、保险合同包括哪些形式，掌握保险合同的订立、履行、变更及终止，理解保险合同的解释原则及争议处理。

案例导入

某市小学生王某随父亲在非游泳水域游泳时溺水身亡，王某的父亲也因家人指责喝农药自尽。王某的母亲李女士与公婆不和，迫于生计，在办理完父子俩的丧事后改嫁他人。

由于王某投保了学生平安保险，按照保险合同约定，保险公司应赔付 6000 元。李女士与王某的祖父在究竟谁能领取这笔保险金的问题上产生了纠纷。李女士认为自己应该全额领取保险金；王某的祖父认为李女士已经改嫁，丧失了领取保险金的权利，这笔保险金应该由自己全额领取。

你认为保险公司应如何支付?

让我们一起通过本章的学习，探寻问题的答案。

第一节 保险合同的概念及其特征

一、保险合同的概念

保险合同又称保险契约，我国保险法第十条规定：“保险合同是投保人与保险人约定保险权利义务关系的协议。”

保险合同不仅是双方当事人为建立、变更和终止保险关系而达成的协议，还是保护当事人享受权利和约束当事人履行义务的法律依据。一方承诺支付保险费，另一方承诺在约定的保险事件发生时，支付赔偿金或保险金。保险合同作为保险关系确立的正式文书和书面凭证，体现了合同双方的意愿和平等互利的关系。

二、保险合同的特征

（一）保险合同是射幸合同

射幸合同是指当事人双方在签订合同时不能确定权利义务履行结果的合同。保险合同之所以是射幸合同，源于保险事故发生的不确定性，或者说是因为保险合同履行的结果是建立在保险事故可能发生，也可能不发生的基础上的。保险人是否承担约定保险事故发生所致损失的经济补偿或给付保险金的义务，取决于约定保险事故发生与否。如果保险事故不发生，保险人只收取保险费，而不承担赔偿或给付的义务。

（二）保险合同是有偿合同

有偿合同是指享有权利的同时，必须承担义务的合同。订立保险合同是双方当事人有偿的法律行为，一方要享有合同权利，就必须对另一方付出一定的代价。这种相互报偿的关系，被称为对价。投保人与保险人的对价是相互的。投保人的对价是支付保费，保险人的对价是承担某种风险。但这种对价并不意味着保险人对投保人付出对等的代价，即一定要给付保险金或赔偿损失。只有当承保的风险事故发生且属于保险责任时，保险人才对被保险人的实际损失承担补偿或给付的义务。

（三）保险合同是附和性合同

附和性合同又称格式合同，是指合同的条款事先由当事人的一方拟定，另一方只有接受或不接受该条款的选择，但不能就该条款进行修改或变更。

保险合同的条款事先由保险人拟定，经监管部门审批或备案，保险人较之投保人处于明显优势地位。因此，当合同双方对保险合同条款某些词义的理解有分歧时，法院通常会作出有利于投保人的解释。

（四）保险合同是双务合同

双务合同是指合同当事人双方相互享有权利，同时也承担义务的合同。在保险合同中，投保人有按照合同约定支付保险费的义务，被保险人在保险事故发生时享有请求保险人赔偿或者给付保险金的权利；保险人应承担保险合同约定的保险事故发生时赔付保险金的义务，享有收取保险费的权利。

（五）保险合同是最大诚信合同

保险合同从订立到履行都要求保险双方当事人最大限度地诚实守信。保险人的承保及赔付，在很大程度上以投保人或被保险人的告知和保证事项为依据。如果投保人或被保险人不如实告知保险标的的风险情况，不履行保证事项，会影响到保险人的合法权益。

保险合同一般是保险人单方面拟订的，投保人可能对保险合同的专业术语及相关内容不清楚、不熟悉，保险人及其代理人在进行宣传和承保时，如果不向投保人说明保险合同的条款内容（如免责条款），势必损害到投保人、被保险人的合法权益。

第二节　保险合同的要素

保险合同有主体、客体和内容三个要素。

一、保险合同的主体

按照民法规定，主体是指拥有权利与承担义务的人。保险合同的主体是指与保险合同发生直接、间接关系的人（含法人与自然人），包括当事人、关系人和辅助人。

（一）保险合同的当事人

保险合同是由投保人与保险人签署的。因此，保险合同的当事人是指直接参与建立保险合同法律关系、确定合同的权利与义务的行为人，即参与订立保险合同的主体，包括投保人和保险人。

1. 投保人

投保人是对保险标的具有保险利益，向保险人申请订立保险合同，并负有缴付保险费义务的保险合同的一方当事人。投保人作为保险合同的当事人，必须具备以下条件：

（1）投保人必须具有完全的权利能力和行为能力

保险合同与一般合同一样，无论是法人还是自然人，都要求当事人具有完全的权利能力和行为能力。没有取得法人资格的组织不能成为保险合同的当事人，无行为能力或限制行为能力的自然人也不能签订保险合同，不能成为保险合同的当事人。

（2）投保人对保险标的必须具有保险利益

这就是保险法规定的保险利益原则，对保险标的不具有保险利益的人投保的保险合同无效。人身保险与财产保险的保险利益时间点不同。我国保险法第十二条规定："人身保险的投保人在保险合同订立时，对被保险人应当具有保险利益。财产保险的被保险人在保险事故发生时，对保险标的应当具有保险利益。"

（3）履行缴纳保险费的义务

保险合同是双务合同，投保人、被保险人以及受益人享有保险合同约定权利的对等给付义务就是投保人缴纳保险费。我国保险法第十条规定："投保人是指与保险人订立保险合同，并按照合同约定负有支付保险费义务的人。"无论保险合同是为自己的利益还是为他人的利益而订立，投保人均需承担缴纳保费的义务，可以由投保人自己缴纳，也可以由保险合同关系人代为缴纳。

2. 保险人

保险人经营保险业务，是保险合同的一方当事人。保险人根据保险合同，拥有向投保人收取保险费的权利。当保险事故发生或者约定的保险期限届满时，有履行赔偿责任或者给付保险金的义务。

作为保险合同的当事人，保险人应具备下列条件：

（1）保险人要具备法定资格

各国法律一般要求保险人具有法人资格，但并非任何法人均可从事保险业。只有依法定程序申请批准，取得经营资格后才可经营。此外，还必须在规定的经营范围内进行。我国的要求是保险人必须是依法成立的保险公司。

（2）保险人必须以自己的名义订立保险合同

作为一方当事人，保险人只有以自己的名义与投保人签订保险合同后，才能成为保险合同的保险人。

（二）保险合同的关系人

保险合同的关系人是指与保险合同有经济利益关系，而不一定直接参与保险合同订立的人。保险合同关系人包括被保险人、受益人、保单所有人。

1. 被保险人

被保险人是指其财产或者人身受保险合同保障，享有保险金请求权的人。在财产保险中，被保险人是保险财产的权利主体，可以是法人、组织，也可以是自然人。在人身保险中，被保险人必须是有生命的自然人。被保险人的财产、生命、身体、经济赔偿责任等是保险合同的保险标的，是保险事故发生的主体对象。

投保人将被保险人的财产、生命、身体等作为保险标的投保，投保人与被保险人之间的关系主要有以下两种形式。

① 投保人与被保险人是同一人。当投保人以自己的财产、生命、身体和经济赔偿责任投保时，被保险人就是投保人自己。

② 投保人与被保险人不是同一人。投保人是保险合同的当事人，被保险人是保险合同的关系人。当投保人以他人为被保险人投保时，须遵守如下规定：第一，被保险人应是投保人在保险合同中指定的人；第二，投保人要征得被保险人的同意；第三，投保人不得为无民事行为能力人投保以死亡为给付保险金条件的人身保险（父母为其未成年子女投保的人身保险，不受此规定限制。但是，因被保险人死亡给付的保险金总和不得超过国务院保险监督管理机构规定的限额）。

无论被保险人与保险人是否为同一人，被保险人的成立都应具备以下两个条件：

第一，被保险人必须是受财产或人身保险合同保障的人。保险标的是被保险人的财产、人身、责任等，保险事故发生将会使被保险人遭受损失。保险合同就是通过对被保险人的财产、人身等的保障，来对可能发生的保险事故造成的损害进行补偿。因此，被保险人必须是受财产或人身保险合同保障的人。

第二，被保险人必须享有保险金请求权。保险金请求权是指被保险人因保险合同的订立而享有的，在保险事故发生后可行使的，要求保险人赔偿或给付保险金的权利。被保险人的财产、人身受保险合同保障，保险事故发生后，被保险人的财产、人身等受到伤害，如果被保险人还生存，则被保险人有权要求保险人赔偿或给付保险金。因此，享有保险金请求权是被保险人成立的一个必要条件。

2. 受益人

受益人是保险金的领取人，是指保险合同中约定的，在保险事故发生后或约定的保险期限届满时，直接向保险人行使保险金请求权的人。

我国保险法第十八条规定："受益人是指人身保险合同中由被保险人或者投保人指定的享有保险金请求权的人。投保人、被保险人可以为受益人。"

在人身保险合同中，受益人应当具备以下两个条件：

第一，受益人必须是被保险人或投保人在人身保险合同中指定的人。由投保人指定受益人的，须经过被保险人书面同意，方才有效。法律对受益人资格并无限制，因此，受益人可以是自然人，也可以是法人。通常情况下，受益人如果不是被保险人、投保人，则多为与其有利害关系的自然人。

被保险人或者投保人可以变更受益人并书面通知保险人。保险人收到变更受益人的书面通知后，应当在保险单或者其他保险凭证上批注或者附贴批单。投保人变更受益人时须经被保险人同意。

第二，受益人必须是享有保险金请求权的人。受益人所享有的保险金请求权是受益人依照保险合同享有的一项基本权利。在人身保险合同中，当被保险人与受益人不是同一人时，在保险事故发生后，若被保险人死亡，则受益人应能够从保险人那里获得保险金的给付。保险金请求权是受益人实现自身保险利益的一项必要权利。否则，如果无权获得保险金，受益人也就没有存在的意义。因此，享有保险金请求权就成为认定受益人的一个必要条件。

受益人可以是一人，也可以是多人。人身保险合同中被指定的受益人是一人时，保险金请求权由该人行使，并获得全部保险金。若受益人是多个人时，保险金请求权由多人共同行使，其受益顺序和受益份额由被保险人或投保人在合同中事先确定；若保险合同中未确定受益的顺序或份额，所有受益人按照相等的份额享有受益权。

我国保险法第四十三条规定："受益人故意造成被保险人死亡、伤残、疾病的，或者故意杀害被保险人未遂的，该受益人丧失受益权。"

3. 保单所有人

保单所有人又称保单持有人。在保单签发之后，对保单拥有所有权的个人或企业被称作保单所有人。

（三）保险合同的辅助人

保险合同的辅助人是指协助保险合同的当事人签署保险合同或履行保险合同，并办理有关保险事项的人。保险业务的专业性和技术性，要求有专门的从业人员参与、协助办理有关业务。保险合同的辅助人为保险合同的订立和履行提供服务。他们对保险合同既不享有直接权利，也不承担直接义务，但对保险合同的订立起着保险人或保险客户代理人的作用。由于保险合同的辅助人所担任的角色具有中介性质，因此又被称为保险的中介人。

保险合同的辅助人包括保险代理人、保险经纪人和保险公估人。保险代理人是指根据保险人的委托，在保险人授权范围内代为办理保险业务并向保险人收取代理手续费的人。保险经纪人是基于投保人的利益，为投保人与保险人订立保险合同提供中介服务，并依法收取佣金的中间人。保险公估人是独立于保险人与被保险人之外，以第三者的身份，凭借丰富的专业知识和技术，本着客观公正的态度处理保险合同当事人委托办理的有关保险业务公证事项的人。

二、保险合同的客体

保险合同的客体不是保险标的本身，而是投保人或被保险人对保险标的所具有的保险利益。

保险标的是保险合同中所载明的保障对象，如财产保险合同约定的具体财产，人身保险合同中被保险人的生命、健康和身体，等等。保险标的是保险利益的载体。没有保险标的，保险利益就无从谈起。当标的遭受损失时，投保人或被保险人的利益即遭到损害。保险人对财产及其相关利益的损失或人身伤害及其费用损失承担赔偿或给付责任。除了人身保险、责任保险以外，保险标的是保险人进行保险估价和确定保险金额的依据。保险标的的名称、质地、价值、使用性质、所在地点、与投保人的关系，都是保单中明确载明的重要内容。

保险合同的客体是投保人或被保险人对保险标的所具有的保险利益。这主要是因为保险合同保障的不是保险标的本身的安全，而是保险标的受损后投保人或被保险人、受益人的经济利益。危险是客观存在的。保险合同的订立并不能保证保险标的不发生危险，不会产生事故损失。当保险事故发生后，保险人依据合同只能对保险标的的损失进行赔偿，而不可能赔偿原有的保险标的。因此，保险合同中规定的权利义务所指的对象是投保人或被保险人对保险标的具有的保险利益。

三、保险合同的内容及形式

保险合同的内容是建立合同关系必不可少的要素之一，通常由保险人与投保人依法约定，以条文形式表现，体现在保险合同的条款中。

（一）保险合同条款的类型

保险合同条款是指记载保险合同内容的条文，是保险合同双方当事人享受权利与承担义务的主要依据。保险合同条款包括基本条款和特约条款。

1. 基本条款

保险合同的基本条款又称法定条款，是根据法律规定的、由保险人制定的、必须具备的条款。基本条款不能随投保人的意愿而变更。

2. 特约条款

特约条款是指在基本条款以外，由投保人与保险人根据实际需要而协商约定的其他条款。广义的特约条款包括保证条款、附加条款、协会条款三种类型；狭义的特约条款仅指保证条款。

保证条款是指投保人或被保险人对特定事项进行保证，以确认某项事实的真实性或承诺某种行为的条款。保证条款是投保人或被保险人必须遵守的条款。

附加条款是保险合同当事人在保险合同基本条款的基础上，约定的补充条款，以增加或限制基本条款所规定的权利与义务。附加条款是保险合同的特约条款中使用最普遍的条款。

协会条款是指保险行业为满足某种需要，经协商一致而制定的条款。如伦敦保险人协会制定的有关船舶和货物运输的条款。

（二）保险合同的基本内容

1. 保险人的名称和住所

保险人在我国专指保险公司，其名称是指保险公司全称，需与保险监管部门和工商行政机关批准和登记的名称一致。其住所为保险公司或分支机构的主营业场所。保险人的名称和住所一般印就于格式保险合同中。

2. 投保人、被保险人的姓名或者名称、住所，以及人身保险的受益人的姓名或者名称、住所

投保人、被保险人和受益人可以为法人、自然人或其他合法组织，这三者可以为一人或数人。投保人、被保险人、受益人的名称要使用真实姓名，住所地址要使用全称。

3. 保险标的

保险标的是保险的对象，是可保利益的载体。明确保险标的，有利于确定保险合同的种类，明确保险人承担责任的范围，判断保险人对保险标的是否具有保险利益，确定保险价值及赔偿数额。

4. 保险责任和责任免除

保险责任是保险合同的核心组成部分，是指合同约定的保险事故发生后，保险人依据保险合同所应承担的赔偿或给付保险金的责任。规定保险责任的法律意义在于确定保险人承担风险责任的范围。有两种形式：一种是列明保险责任范围，在保险单中指出哪些损失原因导致的哪些损失属于保险人赔偿或给付的范围。保险人通常将列明的保险责任范围分为基本保险责任范围和附加保险责任范围。另一种是一切险保险责任范围，在一切险保险单中只列明除外的损失原因及损失，其他普通的损失原因及损失都属于保险责任范围。

责任免除又称除外责任，是指在保险合同中列明的保险人不予承担的保险赔偿与保险金给付责任，是对保险责任的限制。

5. 保险期间和保险责任开始时间

保险期间是指保险人为被保险人提供保险保障的起止时间。保险合同在此期间内有效，保险人承担保险责任。保险期限的长短依合同种类及投保人的需求而不同，长的可达几十年。

保险责任开始时间由合同双方约定，通常以年、月、日、时在合同中标示。

在我国的保险实务中，以开始承担保险责任之日的零时为具体开始时间，即“零时起保”。保险人仅对保险期间内发生的约定保险事故所致损害承担赔偿责任。在保险期间以外，即使属于保险责任，保险人亦不承担赔偿或给付责任。由此可见，保险期限及保险责任开始时间的规定，明确了当事人享有权利和承担义务的起止时间，是保险合同当事人履行义务的依据。无论采取哪种方式，都必须在保险合同中明确记载。

6. 保险金额

保险金额简称“保额”，是保险人承担赔偿或者给付保险金责任的最高限额。保险金额的确定，为计算保险费和确定保险赔偿的最高限额提供了依据。保险金额一般由投保人和保险人协商确定。财产保险中，保险金额必须在保险标的实际价值与投保人对保险标的所具有的可保利益范围之内。人身保险中，由投保人的实际需要与缴费能力等多方面因素共同决定保险金额。

7. 保险费以及支付办法

保险费是投保人为获得保险保障，而须按照保险合同约定向保险人缴纳的费用，即投保人向保险人购买保险所支付的价格。保险费是保险基金的重要来源，缴纳保险费是投保人的基本义务。保险费的支付方式有多种，因合同种类而异，有趸缴、期缴等方式。保险合同应明确规定保险费的数额、缴纳方式、缴纳时间和次数。

8. 保险金赔偿或者给付办法

赔偿或给付保险金是保险人履行保险合同的具体方式。在补偿性保险合同中按规定的方式计算赔偿金额；在给付性保险合同中按约定的保险金额给付。

9. 违约责任和争议处理

保险合同当事人因过错不履行合同或不能完全履行合同约定的义务时所应承担的法律后果即为违约责任。保险合同的争议处理主要有协商、调解、仲裁和诉讼等方式。采取哪种方式解决保险争议，应在保险合同中有所约定。

10. 订立合同的年、月、日

注明保险合同的订立时间具有非常重要的意义。它是判断可保利益是否存在的时间标准，可以确定在订立合同之时保险事故是否已经发生，避免保险欺诈，还关系到保险合同双方当事人的权利义务。

（三）保险合同的形式

保险合同依照其订立的程序，大致可以分为五种书面形式。

1. 投保单

投保单是指投保人向保险人提出保险要求，申请订立保险合同的一种书面形式的要约，是保险合同的组成部分。

投保单一般有统一的格式，由保险人事先准备好，投保人应按保险人所列项目据实逐一填写。投保单一经保险人承诺，即成为合同的重要组成部分。当保险人正式接受投保，并在投保单上签署承诺时，保险合同即告成立，保险人凭投保单开出保险单。投保单是保险人决定是否承保以及证明被保险人是否遵循最大诚信原则的首要依据。如果某些信息在保险单上没有体现，但在投保单上有注明，则记载在投保单上的信息效力与记载在保险单上的信息效力视为相同。

2. 暂保单

暂保单又称临时保单，是在出示正式保险单或保险凭证之前出具的临时性的保险证明。暂保单通常只记载保险单中的被保险人、保险标的、保险金额、保险险种等重要事项以及保险单以外的特别约定，经保险人或保险代理人签章后，交付投保人。暂保单在保险单未签发前，与保险单具有同样的法律效力。但其有效期较短，通常以 30 天为期限，并在正式保险单签发时自动失效。正式保险单签发前，保险人可以终止暂保单，但需提前通知投保人。

3. 保险单

保险单即通常所说的书面保险合同，是保险人和投保人之间订立保险合同的正式书面文件。它包括前述保险合同内容中的所有内容，是投保人与保险人履行权利义务的依据，是保险合同中最重要的书面形式。保险单必须明确、完整地记载保险双方的权利和义务。如果在签发保险单前发生了保险事故，要区分不同的情况，确定保险人是否承担保险责任。

4. 保险凭证

保险凭证又称“小保单”，实际上是一种简化了的保险单，凭证上不印保险条款，只有有关项目。

保险凭证与保险单具有同样的法律效力，凡保险凭证上未列明的内容均以相应的保险单的条款为准，二者有抵触时以保险凭证上的内容为有效。

5. 批单

批单是保险人应投保人或被保险人的要求出具的修订或更改保险单内容的证明文件。凡经批改过的内容，以批单为准；多次批改，应以最后批改为准。

第三节　保险合同的订立与效力变更

一、保险合同的订立

保险合同的订立又称缔约，是合同双方当事人为设立、履行、变更与终止保险权利义务关系而进行协商、达成协议的过程。保险合同的订立是投保人与保险人之间基于意思表示一致而进行的法律行为。同订立其他合同一样，需要经过一定的程序。

（一）保险合同订立的程序

根据保险法规定，投保人提出保险要求，经保险人同意承保，保险合同成立。因此，保险合同的成立，经过投保人提出保险要求和保险人同意承保两个阶段。这就是保险合同的要约和承诺两个程序。

（二）保险合同的成立与生效

保险合同的成立，即投保人与保险人对合同条款达成一致意见。我国保险法第十三条规定：“投保人提出保险要求，经保险人同意承保，保险合同成立。”

保险合同的成立不一定标志着保险合同的生效。所谓合同的生效，是指依法成立的保险合同对合同主体发生法律约束力，即合同条款产生法律效力，双方当事人依照合同开始享有权利并承担义务。保险人对于在合同成立后但生效前发生的保险事故不承担保险责任。

我国保险法第十三条规定：“依法成立的保险合同，自成立时生效。投保人和保险人可以对合同的效力约定附条件或者附期限。”

在实务中，保险合同多为附生效条件、附生效期限的合同，意味着保险合同成立并非立即生效。

（三）保险合同的有效与无效

正确认定保险合同的有效与无效在保险合同的履行中具有十分重要的意义，因为对有效合同才有履行的可能，对无效合同无须履行。

1. 有效保险合同

有效保险合同是指保险合同由当事人双方依法订立，并受国家法律保护，具有法律效力。保险合同有效是保险合同生效的必要条件。

根据我国法律要求，保险合同有效应满足以下条件：① 保险合同主体必须具备合同资格；② 当事人意思表示一致；③ 合同内容形式合法。

2. 无效保险合同

无效保险合同是指当事人虽然订立，但不具有法律效力，国家不予保护的保险合同。无效保险合同的确认权归人民法院和仲裁机关。

符合下列条件之一，即可认定无效：① 保险合同的当事人不具有行为能力，即投保人、保险人不符合法定资格。② 保险合同的内容不合法，即保险合同的条款内容违反国家法律、行政法规。③ 保险合同的当事人意思表示不真实，即保险合同不能反映当事人的真实意志。④ 保险合同违反国家利益和社会公共利益。⑤ 保险合同的形式不合法。

保险合同被认定无效后，自始无效，即从订立就不发生法律效力。

无效的保险合同也并非全部无效。按照保险合同无效的程度，可分为全部无效和部分无效。全部无效是整个保险合同中的权利和义务全都不发生任何的法律效力。部分无效指的是其余部分仍然有效，只是有几个条款是无效条款。

当发现合同无效的情况，处理方式依合同无效的影响程度不同而不同，具体有返还财产、赔偿损失、追缴财产三种方式。

3. 效力未定保险合同

效力未定保险合同是指不能明确指出合同有效，也不能说其无效的保险合同。

当保险合同的一方因有违背合同约定的行为而使保险合同的效力发生变化还未认定时，或合同中某些关键问题还需进一步明确才能使效力确定时，就存在效力未定的问题。也就是说，既不能说它有效，也不能说它无效。

二、保险合同的履行

保险合同的履行是指双方当事人依法全面完成合同约定义务的行为。保险合同的当事人在享有权利的同时，必须承担相应的义务。而且，当事人权利的实现以对方履行相应义务为前提。

（一）当事人权利义务的履行

1. 投保人或被保险人权利义务的履行

（1）如实告知

该项义务要求投保人在合同订立之前、订立时及在合同有效期内，对已知或应知的与危险和标的有关的实质性重要事实向保险人作真实陈述。如实告知是投保人必须履行的基本义务，也是保险人实现其权利的必要条件。

（2）交纳保费

交纳保险费是投保人最基本的义务。

我国保险法第十四条规定："保险合同成立后，投保人按照约定交付保险费，保险人按照约定的时间开始承担保险责任。"

（3）防灾防损义务

我国保险法第五十一条规定："被保险人应当遵守国家有关消防、安全、生产操作、劳动保护等方面的规定，维护保险标的的安全。保险人可以按照合同约定对保险标的的安全状况进行检查，及时向投保人、被保险人提出消除不安全因素和隐患的书面建议。投保人、被保险人未按照约定履行其对保险标的的安全应尽责任的，保险人有权要求增加保险费或者解除合同。"

（4）危险增加通知义务

我国保险法第五十二条规定："在合同有效期内，保险标的的危险程度显著增加的，被保险人应当按照合同约定及时通知保险人，保险人可以按照合同约定增加保险费或者解除合同。……被保险人未履行前款规定的通知义务的，因保险标的的危险程度显著增加而发生的保险事故，保险人不承担赔偿保险金的责任。"

（5）保险事故发生后及时通知义务

我国保险法第二十一条规定："投保人、被保险人或者受益人知道保险事故发生后，应当及时通知保险人。"

（6）出险施救义务

我国保险法第五十七条规定："保险事故发生时，被保险人应当尽力采取必要的措施，防止或者减少损失。"

（7）提供单证

我国保险法第二十二条规定："保险事故发生后，按照保险合同请求保险人赔偿或者给付保险金时，投保人、被保险人或者受益人应当向保险人提供其所能提供的与确认保险事故的性质、原因、损失程度等有关的证明和资料。"

（8）协助追偿义务

我国保险法第六十三条规定："保险人向第三者行使代位请求赔偿的权利时，被保险人应当向保险人提供必要的文件和所知道的有关情况。"

2. 保险人权利义务的履行

（1）承担赔偿或给付保险金义务

赔偿或给付保险金是保险人最基本的义务。这一义务在财产保险中表现为对被保险人因保险事故发生而遭受的损失的赔偿，在人身保险中表现为对被保险人死亡、伤残、患病，或达到合同约定的年龄、期限时给付保险金。

（2）条款说明

订立保险合同，采用保险人提供的格式条款的，保险人向投保人提供的投保单中应当附格式条款，保险人应当向投保人说明合同的内容。

对保险合同中免除保险人责任的条款，保险人在订立合同时应当在投保单、保险单或者其他保险凭证上作出足以引起投保人注意的提示，并对该条款的内容以书面或者口头形式向投保人作出明确说明；未作提示或者明确说明的，该条款不产生效力。

（3）及时签发保险单证

我国保险法第十三条规定："投保人提出保险要求，经保险人同意承保，保险合同成立。保险人应当及时向投保人签发保险单或者其他保险凭证。"

（4）保密

保险人在办理保险业务时对知道的投保人或被保险人的业务情况、财产情况、家庭状况、身体健康状况等，负有保密义务。

（二）保险合同的变更

保险合同的变更是指在合同有效期内，基于一定的法律事实而改变合同内容或主体的法律行为，即订立的合同在履行过程中，由于某些情况的变化而对其内容进行的补充、修改或保单转让。

我国保险法第二十条规定："投保人和保险人可以协商变更合同内容。变更保险合同的，应当由保险人在保险单或者其他保险凭证上批注或者附贴批单，或者由投保人和保险人订立变更的书面协议。"

1. 保险合同主体的变更

保险合同主体的变更亦称保险合同的转让，是指投保人或被保险人将保险合同中的权利和义务转让给他人的法律行为。保险合同的转让通常由保险标的所有权的转移所引起，不改变合同的权利和义务的客体。

在保险合同中，作为保险人的一方是不允许变更的，投保人只能选择退保来变更保险人。而其他合同主体如被保险人、投保人，经保险人同意允许变更。

在财产保险合同中，合同主体变更的原因主要是保险标的的转让，合同主体的变更主要是指投保人或被保险人的变更。

在人身保险合同中，由于保险标的具有不可转让性，一般不允许变更被保险人。只有团体保险中才允许变更被保险人及其人数。

人身保险合同中的投保人变更则是这样规定的：只要新的投保人对被保险人具有保险利益，而且愿意并能够交付保险费，无须经保险人同意，但须告知保险人；以死亡为给付保险金条件的保险合同，须经被保险人本人书面同意，才能变更投保人。

人身保险合同中的受益人也是可以变更的。我国保险法第四十一条规定："被保险人或者投保人可以变更受益人并书面通知保险人。保险人收到变更受益人的书面通知后，应当在保险单或者其他保险凭证上批注或者附贴批单。投保人变更受益人时须经被保险人同意。"

2. 保险合同客体的变更

保险标的的价值发生变化，就会引起保险利益的变化，从而需要变更客体以获得足够的保险保障。保险人根据变更后的保险合同客体调整保险费率，从而引起保险合同权利义务的变更。保险合同客体的变更，通常是由投保人提出，经保险人同意，加批注后才能生效。

3. 保险合同内容的变更

保险主体不变时，保险合同内容变更主要是指主体权利和义务的变更，即合同条款的变更，如被保险人的地址，保险标的的数量、品种、价值，存放地点，保险期限，保险金额，保险责任范围等的变化。

保险合同中，任何一方当事人都有变更合同内容的权利，同时也有与对方共同协商的义务。因此，投保人需要变更合同内容时，先要提出变更申请，经过保险人审批同意、签发批单或对原保险单进行批注后，变更才具有法律效力。

4. 保险合同变更的程序

保险合同内容的变更一般经过下列主要程序：

首先，由投保人向保险人提出变更申请，及时告知有关保险合同变更的情况。

其次，保险人对变更申请进行审核。如需增加保险费，则投保人应按规定补缴；如需减少保险费，则投保人可向保险人提出要求；无论保险费是增减或不变，均要求当事人取得一致意见。

最后，若保险人同意变更，则签发批单或附加条款。若拒绝变更，保险人也需通知投保人。变更后的保险合同是确立保险当事人双方新的权利义务关系的依据。

（三）保险合同的中止与复效

1. 保险合同的中止

保险合同的中止是当保险合同生效后，出于某种原因使保险合同的效力处于暂时停止状态即保险合同暂时失效。在保险合同中止期间，保险标的发生保险事故时，保险人不负保险责任，不支付保险金。

我国保险法第三十六条规定：“合同约定分期支付保险费，投保人支付首期保险费后，除合同另有约定外，投保人自保险人催告之日起超过三十日未支付当期保险费，或者超过约定的期限六十日未支付当期保险费的，合同效力中止，或者由保险人按照合同约定的条件减少保险金额。被保险人在前款规定期限内发生保险事故的，保险人应当按照合同约定给付保险金，但可以扣减欠交的保险费。”

2. 保险合同的复效

保险合同的复效是相对于效力中止而言的，表现为保险合同效力中止后，在一定条件下恢复其效力。

根据我国保险法的规定，人身保险合同效力中止后，经投保人与保险人协商并达成协议，在补缴保险费及其利息后，合同效力恢复。但是，合同效力中止超过 2 年未能复效的，保险人有权解除合同。保险人依照规定解除合同的，保险人应当按照合同约定退还保险单的现金价值。人身保险合同复效后，对双方当事人均产生约束力，当事人应当按照复效后的合同履行各自义务。复效后的合同与原保险合同具有同样的效力，保险人继续承担保险责任。

复效的条件跟重新买保险的条件基本上完全一致，要求非常苛刻。但对保单所有人和保险公司来说，恢复失效保单的效力都是有利的。

（四）保险合同的终止

保险合同的终止是指合同成立后，由于某种法定或约定事由的出现，保险合同当事人双方的权利义务归于消灭。终止是所有保险合同的最终归宿。

保险合同终止的原因分为两类：自然终止和提前终止。

1. 自然终止

自然终止是指已生效的保险合同因发生法定或约定事由，合同的法律效力自然归于终止。自然终止出现的情况通常包括下列几种：

（1）保险期限届满而终止

因保险合同到期而终止，是保险合同终止最常见的一种情形。不管在保险期限内有没有发生保险事故、有没有得到过保险赔付，保险期限到了保险合同就会按时终止。保险合同期满后，如果需要继续获得保险保障，就要重新签订保险合同，即续保。

（2）保险合同因履行而终止

保险期限内发生保险事故，保险人支付（或累计支付）保险补偿金额达到合同规定的全部保险金额，如无特别约定，保险合同即告终止，即使保险期限尚未届满，合同也告终止。

（3）人身保险合同因被保险人的死亡而终止

人身保险合同以被保险人的生命或健康为保险标的，其保险利益是投保人对被保险人的生命或健康所具有的法律上承认的利益。被保险人如果因非保险事故或事件而死亡，投保人于该保险合同就不再有保险利益，保险合同也就随之灭失。

（4）财产保险合同因保险标的的灭失而终止

如果保险标的因保险责任以外的原因灭失，则保险合同终止。如果保险标的因非保险事故而灭失，投保人就不再具有保险利益，保险合同也就因客体的消灭而终止。

2. 提前终止

提前终止是指在保险合同有效期尚未届满前，合同一方当事人依照法律或约定解除原有的法律关系，提前终止保险合同效力的法律行为。保险合同的提前终止也称合同的解除。合同的解除又可以分为法定解除和协议解除。

（1）法定解除

法定解除是指按法律规定可以进行合同的解除，是法律赋予合同当事人的一种单方解除权。

投保人或被保险人解除合同，一般称退保。我国保险法第十五条规定："除本法另有规定或者保险合同另有约定外，保险合同成立后，投保人可以解除合同，保险人不得解除合同。"

如果投保人或被保险人由于不遵守最大诚信原则而被保险人终止合同，一般称解除合同。我国保险法第十六条规定："投保人故意或者因重大过失未履行前款规定的如实告知义务，足以影响保险人决定是否同意承保或者提高保险费率的，保险人有权解除合同。"

（2）协议解除

协议解除又称约定解除，是指双方当事人通过协商达成一致，在不损害国家、社会公共利益的情况下终止合同的行为。由于保险合同的解除关系到重大利益，故其约定解除事由应当以书面形式予以记载，解除协议时也应采取书面形式。

第四节 保险合同的争议处理

保险合同争议是指保险合同在履行过程中，合同当事人等有关主体之间常常会因为对合同条款的理解有分歧，对索赔、拒赔等处理意见不一致而发生纠纷。及时、合理地处理保险合同争议，对规范保险活动、保护保险双方当事人的合法权益、促进保险事业的健康发展，具有非常重要的意义。解决争议需要采取一定的方式，并且涉及保险合同的解释原则。

一、保险合同的解释

保险合同的解释是对保险合同条款的理解和说明，是当合同条款的意思发生歧义时，法院或者仲裁机构按照一定的方法和规则对其作出的确定性判断。

保险合同的解释首先应遵循合同解释的一般原则，即在坚持合法、公平、诚信、互利的基础上根据合同的整体内容和当事人订立合同的目的，对保险合同条款进行全面、公正的解释。其次，保险合同的解释还应坚持保险的基本原则。一般来说，对保险合同的解释遵循文义解释、意图解释、专业解释、有利于被保险人和受益人的解释以及补充解释等原则。

（一）文义解释原则

文义解释是按照保险合同条款通常的文字含义并结合上下文所作的解释。如果同一词语出现在不同地方，前后解释应一致，专门术语应按本行业的通用含义解释。

我国保险合同的文义解释主要有两种情形：

① 保险合同一般文句的解释。对保险合同条款使用的一般文句尽可能按文句公认的表面含义和其语法意义去解释。双方有争议的，以权威性工具书或专家的解释为准。

② 保险专业术语和法律专业术语的解释。对于保险专业术语或其他法律术语，有立法解释的，以立法解释为准；没有立法解释的，以司法解释、行政解释为准；无上述正式解释的，亦可按行业习惯或保险业公认的含义解释。

（二）意图解释原则

意图解释是按保险合同当事人订立保险合同的真实意图，对合同条款所作的解释。这一原则一般只能适用于文义不清，条款用词不准确、混乱模糊的情形。解释时要根据保险合同的文字、订约时的背景、客观实际情况进行分析推定。在意图解释时，按以下做法进行：

① 双方既有书面约定又有口头约定的，以书面约定为准。

② 保险单及其他保险凭证与其他合同文件不一致时，以保险单及其他保险凭证中载明的合同内容为准。

③ 合同的特约条款与基本条款不一致时，以特约条款为准。

④ 保险合同的条款内容按照批单优于正文、后批注优于先批注、手写优于打印、加贴批注优于正文批注的规则解释，即以更能反映当事人真实意图的手写的、后批注的文句为准。

（三）专业解释原则

专业解释是指对保险合同中使用的专业术语，应按照其所属专业的特定含义进行解释。在保险合同中除了保险术语、法律术语之外，还会出现某些其他专业术语。对于这些具有特定含义的专业术语，应按其所属行业或学科的技术标准或公认的定义来解释。

（四）有利于被保险人和受益人的解释原则

我国保险法第三十条规定："采用保险人提供的格式条款订立的保险合同，保险人与投保人、被保险人或者受益人对合同条款有争议的，应当按照通常理解予以解释。对合同条款有两种以上解释的，人民法院或者仲裁机构应当作出有利于被保险人和受益人的解释。"

（五）补充解释原则

补充解释是指当保险合同条款约定内容有遗漏或不完整时，借助商业习惯、国际惯例、公平原则等对保险合同的内容进行务实、合理的补充解释，以便合同的继续执行。

二、保险合同的争议处理方式

（一）协商

协商是在争议发生后，双方当事人在平等、互相谅解的基础上对争议事项进行协商，取得共识，解决纠纷的方法。该方法是解决争议最常用、最基本的方法。

（二）调解

调解是在协商无效的情况下，由双方接受的第三者出面进行的，促使双方达成一致，使合同继续履行的方法。根据第三者的身份不同，调解可分为行政调解、仲裁调解和法院调解。除行政调解外，后两者均具有法律强制执行效力，当事人不得就同一争议事项同时要求仲裁和诉讼。

（三）仲裁

仲裁指由仲裁机构的仲裁员对当事人双方发生的争执、纠纷进行居中调解，并作出裁决。仲裁作出的裁决，由国家规定的合同管理机关制作仲裁决定书。申请仲裁必须以双方在自愿基础上达成的仲裁协议为前提。该方式依据有关仲裁法律进行，具有一裁终局、与法院裁决效力等同等特点。

（四）诉讼

诉讼是指保险合同当事人的任何一方按法律程序，通过法院对另一方当事人提出权益主张，并要求法院予以解决和保护的请求处理争议的方法。法院有权强制执行判决。

综合训练

一、单项选择题

1. 我国保险法规定，对于财产保险而言，当（　　）时，被保险人对保险标的不具有保险利益的，不得向保险人请求赔偿保险金。

A. 保险合同约定的保险事故发生　　B. 保险合同订立

C. 保险合同中止　　D. 保险合同期满

2. 根据保险人的委托，向保险人收取佣金，并在保险人授权的范围内代为办理保险业务的机构或者个人是（ ）。

A. 保险代理人 B. 保险公估人 C. 保险经纪人 D. 以上选项都是

3.（ ）是指某种法定或约定事由的出现，致使保险合同当事人双方的权利义务归于消灭。

A. 保险合同中止 B. 保险合同终止 C. 保险合同解除 D. 保险合同履行

4. 效力中止的保险合同可以在合同中止后的（ ）内申请复效。

A. 60 天 B. 80 天 C. 1 年 D. 2 年

5. 被保险人或者受益人，在未发生保险事故的情况下，谎称发生了保险事故，向保险人提出赔偿或者给付保险金的请求的，保险人有权解除保险合同，并不退还保险费。保险人行使的这一合同解除权属于（ ）。

A. 任意解除 B. 约定解除 C. 法定解除 D. 协商解除

6. 保险合同的条款通常是由保险人事先拟定好，另一方当事人只能作订立或者不订立合同的考虑，这是保险合同的（ ）。

A. 有偿性 B. 附和性 C. 射幸性 D. 保障性

7. 已过宽限期，人身保险的投保人仍未能按时缴纳保险费时，保险合同的效力处于（ ）状态。

A. 终止 B. 中止 C. 继续有效 D. 停止

8. 在人身保险合同中，若保险事故造成被保险人死亡，又未指定受益人的，保险金请求权由（ ）行使。

A. 投保人 B. 保单持有人

C. 保险人 D. 被保险人的继承人

9. 暂保单的有效期一般为（ ）。

A. 15 天 B. 30 天 C. 45 天 D. 60 天

10. 保险合同主体的权利与义务的变更属于（ ）。

A. 内容变更 B. 主体变更 C. 客体变更 D. 利益变更

二、简答题

1. 什么是保险合同？保险合同具有哪些特征？

2. 什么是投保人？作为投保人需要具备哪些条件？

3. 保险合同的中止与终止有什么区别?

4. 简述保险合同的订立程序，说明保险合同订立的主要形式有哪些。

5. 简述保险合同解除的原因及程序。

三、案例分析题

五星公司为职工投保团体人身保险，保险费由公司支付。职工张二牛指定妻子为受益人。半年后，张二牛与妻子离婚。没过多久，张二牛意外死亡，保险公司支付2万元保险金给五星公司。

五星公司对这笔保险金作出如下处理：因张二牛生前欠公司债务，故留下1万元偿还该笔债务；另外1万元则以张妻已与张二牛离婚为由交给张二牛父母。

五星公司如此处理是否恰当?

第五章
财产保险

学习目标

通过本章的学习，掌握财产保险的概念、特征及业务体系，掌握火灾保险、机动车辆保险、货物运输保险、责任保险等各类财产保险的特点、主要险种及基本内容。

案例导入

某年5月，被保险人北京某生物医学工程公司的负责人向太平洋保险某分公司告知，其所投保的产品出险。医学工程公司投保产品责任险的产品——人工股骨，植入病人高某体内2年后断裂在体内，现高某请求医学工程公司赔偿医药费、误工费等实际支出，要求依照医学工程公司与保险公司的责任险合同赔偿10万元人民币。高某委托代理人向某区人民法院起诉，法院受理了此案。保险公司协助医学工程公司聘请代理人参加了本案诉讼。

经国家药品监督管理局指定的医用产品鉴定单位对取出的人工股骨进行鉴定分析，该人工股骨符合国家标准和国家药品监督管理局制定的行业标准，是合格产品。该产品是医用产品，因为每个人的具体生理条件不同，且目前科学技术的发展水平还没有达到产品能够替代人骨终身使用的程度，故该产品出厂时并未作使用年限的承诺。据此，一审法院判决驳回原告的诉讼请求，被告无民事损害赔偿责任，诉讼费由原告承担。原告不服，上诉至上一级人民法院，二审法院判决驳回上诉，维持原判，此案结诉。本案中，保险公司为什么无须承担保险责任?

让我们一起通过本章的学习，探寻问题的答案。

第一节　财产保险的概述

一、财产保险的概念

财产保险是指以财产及其有关利益为保险标的，以补偿投保人或被保险人的经济损失为基本目的的一种社会化经济补偿制度。投保人根据保险合同的约定，向保险人交付保险费，保险人按保险合同的约定对所承保的财产及其有关利益因自然灾害或意外事故造成的损失承担赔偿责任。

二、财产保险的业务体系

财产保险是一个庞大的业务体系，我国的财产保险通常以保险标的为标准，划分为财产损失保险、农业保险、责任保险和信用保证保险等几大类（见表5-1）。

表 5-1　财产保险的业务体系

第一层次	第二层次	第三层次	第四层次（险种）
财产损失保险	火灾保险	团体火灾险	财产保险基本险等
		家庭财产险	普通家财险、还本家财险等
	运输保险	机动车辆险	车身险、第三者责任险等
		船舶保险	普通船舶险等
		航空保险	机身险、旅客责任险等
		货物运输险	航空货运险等
	工程保险	建安工程险	建筑工程险、安装工程险等
		科技工程险	航天保险、核电保险等
农业保险	种植业保险	农作物保险	水稻、玉米、烤烟保险等
		林木保险	森林保险、果树保险等
	养殖业保险	畜禽保险	养猪、牛、马、鸡保险等
		水产养殖险	对虾、养鱼、育珠保险等
责任保险	公众责任保险	场所责任险	宾馆、展览馆、车库责任险等
		承包人责任险	建筑工程承包人责任险等
		承运人责任险	承运人责任险等
	产品责任保险		各种产品责任保险

续表

第一层次	第二层次	第三层次	第四层次（险种）
责任保险	雇主责任保险		普通雇主责任险、各种附加险
	职业责任保险		医生、会计师、律师责任险
信用保证保险	信用保险		出口信用险、个人信用险
	保证保险		履约保证险、存款保证险

三、财产保险的特征

（一）承保对象具有广泛性

财产保险的承保对象包括物质形态、非物质形态的财产及其有关利益。以物质形态的财产及其有关利益作为保险标的的，通常被称为财产损失保险。例如，飞机、卫星、电厂、大型工程、汽车、船舶、厂房、设备以及家庭财产等的保险。以非物质形态的财产及其有关利益作为保险标的的，通常是指各种责任保险、信用保证保险等。例如，公众责任、产品责任、雇主责任、职业责任、出口信用、投资风险等保险。

（二）经营内容具有复杂性

无论是从财产保险经营内容的整体出发，还是从某一具体的财产保险业务的经营内容出发，财产保险复杂性的特征都非常明显。

1. 投保对象复杂

既可以由法人团体投保，也可以由居民家庭和个人投保。保单既可能涉及单个保险客户，也可能涉及多个保险客户和其他第三者。

2. 承保过程复杂

财产保险业务的经营既要强调承保前的风险检查、承保时的严格核保，又要重视保险期间的防灾防损和事故发生之后的查勘等，承保过程程序多、环节多。

3. 风险管理复杂

对每一笔财产保险业务，保险人都要进行风险评估、风险选择或风险限制，并且运用再保险方式来分散风险。

4. 经营技术复杂

财产保险的经营不仅要求保险人具备保险知识，还要求保险人熟悉各种与保险标的相关的技术知识。

（三）业务性质具有补偿性

客户投保各种类别的财产保险，旨在转嫁自己在有关财产物资和利益上的风险，当风险发生并导致保险利益损失时能够获得保险人的补偿。而保险人经营各种财产保险业务，也意味着承担起保险事故发生时对客户保险利益受损的补偿责任。赔偿额以实际损失为限，不允许被保险人通过保险获得额外的利益。

（四）单个保险关系具有不平等性

在单个保险关系中，财产保险的交易双方在实际支付的经济价值上呈现明显的不平等现象。一方面，保险人按照确定费率计算并收取每一笔业务的保险费，但保险费通常仅是保险标的价值的千分之几或百分之几，而一旦被保险人发生保险损失，保险人赔付的保险金通常是保险费的数倍。这种情况下，保险人付出的代价巨大，而被保险人往往收益巨大而付出较少。另一方面，在所有的承保业务中，发生保险事故的毕竟只是很少数，大多数被保险人缴纳了保险费但没有发生保险损失因而不会有保险赔偿款的收益，而保险人不承担保险责任也不退还保费，因而交易双方同样是不平等的。

但从总体上看，保险人运用大数法则确定保险费率，保证了从所有保险客户那里筹集的保险基金与所承担的风险责任是相适应的，即保险人与被保险人的关系是完全对等的。

第二节　火灾保险

一、火灾保险概述

火灾保险是指以存放在固定场所并处于相对静止状态的财产及其有关利益为保险标的，由保险人承担被保险财产因保险事故的发生而受损的经济赔偿责任的一种财产损失保险。我国的火灾保险业务按照投保主体不同分为企业财产保险与家庭财产保险。

二、企业财产保险

企业财产保险是由传统的火灾保险演变而来的，主要承保火灾以及其他自然灾害和意外事故造成的保险财产的直接损失。企业财产保险分为基本险和综合险，两个险种除保险责任范围不同外，保险合同的其他内容都相同。

（一）保险标的

1. 可保财产

从承保财产的所有权关系看，可保财产包括：属于被保险人所有或与其他人共有且由被保险人负责的财产；由被保险人经营管理或替他人保管的财产；具有其他法律上承认的与被保险人有经济利害关系的财产。

从承保财产的项目类别看，可保财产包括：房屋、建筑物及附属装修设备；机器及附属设备；工具、仪器及生产用具；管理用具及低值易耗品；原材料、半成品、在产品及库存商品；特种储备商品；作为商品或资产存放在固定地点的交通运输工具；通信设备和器材；账外财产或已摊销的财产；等等。

从会计科目看，可保财产包括固定资产、流动资产、专项资产、投资资产和账外财产。

2. 特约可保财产

下列财产须经被保险人与保险人特别约定，并在保险单上载明，才可作为保险标的。

（1）价值不易确定或市场价格变动较大的财产

如金银、珠宝、钻石、玉器、首饰、古币、古玩、邮票、艺术品、稀有金属等。保险人在承保时，双方当事人必须事先约定数量、明确单价，并有账册可查，以避免日后就保险金额发生纠纷。

（2）价值高、风险较特别的财产

如堤坝、铁路、桥梁、涵洞、码头等，虽不易发生火灾，但较易受暴风雨、洪水、地震等风险事故的影响。考虑到这些财产价值较大，保险人在承保前对其安全状况一定要进行实地查勘，还应要求被保险人提供工程验收时的有关技术资料，在符合工程质量要求的情况下，方可承保，并在保单上特别注明，逐项填写保险金额。

（3）风险比较大，需提高费率的财产

如矿井、矿坑内的设备和物资等。保险人承保此类财产，主要是为了满足某些行业的特殊需要。承保时，保险双方必须特别约定并在保险单及明细表上载明，并根据风险状况加收保费。

3. 不保财产

（1）不能用货币衡量价值的财产或收益

如土地、矿藏、原始森林、水产资源等国有资源，难以用货币来衡量其价值；文件、账册、图表、技术资料、电脑资料、枪支弹药等，缺乏价值确定依据。

（2）不是实际的物资、无法确定价值的财产

如货币、票证、有价证券等，容易引发道德风险。

（3）承保后与有关法律、法规及政策相抵触的财产

如违章建筑、危险建筑、非法占用的财产等。

（4）由其他险种承保的财产

如，未经收割和收割后尚未入库的农作物，属于农业保险中种植业保险的承保范围；牲畜、家禽类和其他饲养动物，属于农业保险中养殖业保险的承保范围；运输过程中的物资，属于货物运输保险的承保范围；领取执照并正常运行的运输工具，属于运输工具保险的承保范围。

（二）保险责任

1. 基本险的保险责任

基本险的保险责任有：火灾；雷击；爆炸；飞行物体及其他空中运行物体坠落。

保险标的因下列原因损毁，保险人也应负责赔偿：被保险人拥有财产所有权的自用的供电、供水、供气设备因保险事故遭受损坏，引起停电、停水、停气以致造成保险标的直接损毁；在发生保险事故时，为抢救保险标的或防止灾害蔓延，采取合理的必要的措施而造成保险标的的损失。

保险事故发生后，被保险人为防止或者减少损失所支付的必要的合理的费用，由保险人承担。

2. 综合险的保险责任

综合险的保险责任是在基本险责任范围的基础上，再增加 12 项风险：暴雨、洪水、台风、暴风、龙卷风、雪灾、雹灾、冰凌、泥石流、崖崩、突发性滑坡、地面下陷下沉等。

（三）责任免除

1. 基本险的责任免除

下列原因造成保险标的损毁，保险人不负责赔偿：① 战争、敌对行为、军事行动、武装冲突、罢工、暴动；② 被保险人及其代表的故意行为或纵容所致；③ 核反应、核辐射和放射性污染；④ 地震、暴雨、洪水、台风、暴风、龙卷风、雪灾、雹灾、冰凌、泥石流、崖崩、滑坡、水暖管爆裂、抢劫、盗窃。

保险人对下列损失也不负责赔偿：① 保险标的遭受保险事故引起的各种间接损失；② 保险标的本身有缺陷或保管不善导致的损失；③ 保险标的变质、霉烂、受潮、虫咬、自然磨损、自然损耗、自燃、烘焙所造成的损失；④ 行政行为或执法行为所致的损失；⑤ 其他不属于保险责任范围内的损失和费用。

2. 综合险的责任免除

下列原因造成保险标的损毁，保险人不负责赔偿：① 战争、敌对行为、军事行动、武装冲突、罢工、暴动；② 被保险人及其代表的故意行为或纵容所致；③ 核反应、核辐射和放射性污染。

保险人对下列损失也不负责赔偿：① 保险标的遭受保险事故引起的各种间接损失；② 地震所造成的一切损失；③ 保险标的本身有缺陷或保管不善导致的损失；④ 保险标的变质、霉烂、受潮、虫咬、自然磨损、自然损耗、自燃、烘焙所造成的损失；⑤ 堆放在露天或罩棚下的保险标的以及罩棚，由于暴风、暴雨造成的损失；⑥ 行政行为或执法行为所致的损失；⑦ 其他不属于保险责任范围内的损失和费用。

（四）保险金额与保险价值

1. 固定资产的保险金额与保险价值

固定资产的保险金额由被保险人按照账面原值或原值加成数确定，也可按照当时重置价值或其他方式确定。固定资产的保险价值是出险时的重置价值。

2. 流动资产的保险金额与保险价值

流动资产（存货）的保险金额由被保险人按最近 12 个月任意月份的账面余额确定，或由被保险人自行确定。流动资产的保险价值是出险时的账面余额。

账外财产和代保管财产的保险金额可以由被保险人自行估价或按重置价值确定。账外财产和代保管财产的保险价值是出险时的重置价值或账面余额。

（五）赔偿处理

在企业财产保险中，保险标的发生保险责任范围内的损失，保险人按照保险金额与保险价值的比例承担赔偿责任。

1. 固定资产的赔偿计算

（1）全部损失

受损财产保险金额等于或高于出险时重置价值的，其赔偿金额以不超过出险时的重置价值为限；受损财产的保险金额低于出险时重置价值的，其赔偿金额不得超过该项财产的保险金额。

（2）部分损失

受损保险标的的保险金额等于或高于出险时重置价值的，按实际损失计算赔偿金额；受损财产的保险金额低于出险时重置价值的，应根据实际损失或恢复原状所需修复费用，按保额占出险时重置价值的比例计算赔偿金额。

2. 流动资产的赔款计算

（1）全部损失

受损财产的保险金额等于或高于出险时账面余额的，其赔偿金额以不超过出险时账面余额为限；受损财产的保险金额低于出险时账面余额的，其赔款不得超过该项财产的保险金额。

（2）部分损失

受损保险标的的保险金额等于或高于账面余额，按实际损失计算赔偿金额；受损财产的保险金额低于账面余额，应根据实际损失或恢复原状所需修复费用，按保险金额占出险时账面余额的比例计算赔偿金额［见式（5–1）］。

$$\text{赔款}=\frac{\text{保险金额}}{\text{出险时账面余额}}\times\text{实际损失或受损财产恢复原状所需修复费用} \quad (5\text{–}1)$$

三、家庭财产保险

家庭财产保险是面向城乡居民家庭，以其住宅及存放在固定场所的物质财产为保险标的，由保险人承担火灾及有关自然灾害、意外事故损失赔偿责任的财产损失保险。

按保险责任范围不同，家庭财产保险可以分为基本险、综合险和特定风险保险。家庭财产保险基本险和综合险的不同主要在于保险责任，其他方面几乎没有区别，以下主要参考中国人民财产保险股份有限公司的《家庭财产综合保险条款（2012 版）》进行介绍。

（一）保险标的

1. 可保财产

被保险人所有或使用并坐落于保险单载明地址内的下列财产：

① 房屋及其室内附属设备（如固定装置的水暖、气暖、卫生、供水、管道煤气及供电设备、厨房配套的设备）；

② 室内装潢；

③ 室内财产：家用电器（包括安装在房屋外的空调器和太阳能热水器等家用

电器的室外设备）和文体娱乐用品、衣物和床上用品、家具及其他生活用具；

④ 存放于院内室内的农机具、农用工具、生产资料、粮食及农副产品。

2. 特约可保财产

下列财产经被保险人与保险人特别约定，并在保险单上载明，可列入保险标的范围以内：

① 属于被保险人代他人保管或者与他人共有而由被保险人负责的上述可保财产；

② 无人居住的房屋以及存放在里面的财产；

③ 被保险人所有的其他家庭财产。

3. 不保财产

下列家庭财产不在保险标的范围以内：

① 金银、珠宝、钻石及制品，玉器、首饰、古币、古玩、字画、邮票、艺术品、稀有金属、手表等珍贵财物；

② 货币、票证、有价证券、文件、书籍、账册、图表、技术资料、计算机软件及电子存储设备和资料；

③ 日用消耗品、机动车、商业性养殖及种植物；

④ 仅用于生产和商业经营活动的房屋及其他财产；

⑤ 用芦席、稻草、油毛毡、麦秆、芦苇、竹竿、帆布、塑料布、纸板等为外墙、屋顶的简陋屋棚及柴房、禽畜棚，与保险房屋不成一体的厕所、围墙；

⑥ 政府有关部门征用、占用的房屋，违章建筑、危险建筑、非法占用的财产；

⑦ 其他不属于可保财产或特约可保财产的家庭财产。

（二）保险责任

基本险的保险责任有：火灾；雷击；爆炸；飞行物体及其他空中运行物体坠落，不属于被保险人所有或使用的其他建筑物和固定物体的倒塌。

综合险的保险责任有：火灾、爆炸；雷击、台风、龙卷风、暴风、暴雨、洪水、雪灾、雹灾、冰凌、泥石流、崖崩、突发性滑坡、地面突然下陷；飞行物体及其他空中运行物体坠落，外来不属于被保险人所有或使用的建筑物和其他固定物体的倒塌。

另外，在基本险和综合险中，保险事故发生时，为抢救保险标的或防止灾害蔓延，采取合理的必要的措施而造成保险标的的损失，保险人也负责赔偿；保险事故发生后，被保险人为防止或者减少保险标的的损失而支付的合理的必要的费用，也应由保险人承担。

（三）责任免除

下列原因造成的损失、费用，保险人不负责赔偿：① 核辐射、核爆炸、核污染及其他放射性污染；② 被保险人及其家庭成员、寄宿人、雇用人员的故意或违法行为；③ 地震、海啸及其次生灾害；④ 行政行为或司法行为。

下列损失、费用，保险人也不负责赔偿：① 保险标的遭受保险事故引起的各种间接损失；② 家用电器因使用过度、超电压、短路、断路、漏电、自身发热、烘烤等原因所造成本身的损毁；③ 坐落在蓄洪区、行洪区，或江河岸边、低洼地区以及防洪堤以外当地常年警戒水位线以下的家庭财产，由于洪水所造成的一切损失；④ 保险标的本身缺陷、保管不善导致的损毁；⑤ 保险标的的变质、霉烂、受潮、虫咬、自然磨损、自然损耗、自燃、烘焙所造成本身的损失；⑥ 保险合同约定的免赔额或按保险合同中载明的免赔率计算的免赔额。

（四）保险金额与免赔额（率）

保险金额由投保人自行确定，并在保险合同中载明。其中：

① 房屋及室内附属设备、室内装潢的保险金额由投保人根据当时实际价值自行确定。

② 室内财产的保险金额由投保人根据当时实际价值分项目自行确定。不分项目的按各大类财产在保险金额中所占比例确定，如室内财产中的家用电器及文体娱乐用品占 40%、衣物及床上用品占 30%、家具及其他生活用具占 30%。

③ 农机具等财产的保险金额由投保人根据当时实际价值分项目自行确定。

④ 特约财产的保险金额由投保人和保险人双方约定，并在保险单中载明。

每次事故的免赔额（率）由投保人与保险人在订立保险合同时协商确定，并在保险合同中载明。

（五）赔偿处理

保险标的发生保险责任范围内的损失，保险人有权选择下列方式赔偿：

① 货币赔偿：根据受损标的的实际损失和保险合同的约定，以支付保险金的方式赔偿。

② 实物赔偿：保险人以实物替换受损保险标的，该实物应具有保险标的出险前同等的类型、结构、状态和性能。

③ 实际修复：保险人自行或委托他人修理修复受损标的。

保险标的遭受损失后，如果有残余价值，应由双方协商处理。如折归被保险人，由双方协商确定其价值，并在计算实际损失时扣除。

发生保险责任范围内的损失时，保险人按照其实际损失扣除保险合同约定的免赔额或按保险合同载明的免赔率计算的免赔额后，在保险金额范围内计算赔偿。

保险标的发生部分损失，保险人履行赔偿义务后，保险合同的保险金额自损失发生之日起按保险人的赔偿金额相应减少，保险人不退还保险金额减少部分的保险费。如投保人请求恢复至原保险金额，应按原约定的保险费率另行支付恢复部分的保险费。

第三节　机动车辆保险

机动车辆保险是以机动车辆本身及机动车辆的第三者责任为保险标的的一种运输工具保险。早在 20 世纪 50 年代初，中国人民保险公司就开办了汽车保险业务，但不久就在“对肇事者予以经济补偿会导致交通事故增加”的质疑声中停办。直至 20 世纪 70 年代中期，为了满足各国驻华使领馆等外国人拥有的汽车投保的需要，开始办理以涉外业务为主的汽车保险业务。1980 年，我国全面恢复国内保险业务，中国人民保险公司也逐步全面恢复了汽车保险业务，并于 1983 年将其改名为“机动车辆保险”，以具有更广泛的适用性。此后，机动车辆保险得到了迅速发展。

2020 年 9 月，商业车险条款再次进行大幅度改革，明确提出以“保护消费者权益”为主要目标，短期内将“降价、增保、提质”作为阶段性目标。长期以来，车险保费收入占财险保费收入的比重超过 60%，单一业务险种占比过大，结构风险较大，不利于行业健康发展和为多种风险提供保险保障。从长远看，车险综合改革不仅会给消费者带来价格和服务实惠，还将加快产险业务的结构调整。车险综合改革扩大了保险公司在产品方面的自主定价权，并鼓励保险公司探索在新能源汽车和具备条件的传统汽车中开发机动车里程保险等创新产品，也对保险公司的产品设计和创新能力、承保理赔服务能力和风险管理能力提出更高要求。

2020年9月20日，中国保险行业协会发布《中国保险行业协会机动车商业保险示范条款（2020版）》（以下简称《示范条款》），为各保险公司提供了商业车险条款行业范本。以下主要以《示范条款》为依据进行介绍。

一、现行机动车商业保险的主要内容

机动车商业保险按是否可以单独投保可分为基本险（也称“主险”）和附加险。其中主险包括机动车损失保险、机动车第三者责任保险、机动车车上人员责任保险三个独立的险种，投保人既可以选择投保全部险种，也可以选择投保其中的部分险种。而附加险则不能独立投保。附加险条款与主险条款相抵触的，以附加险条款为准，附加险条款未尽之处，以主险条款为准。保险人依照保险合同的约定，按照承保险种分别承担保险责任。

（一）机动车损失保险

1. 保险责任

保险期间内，被保险人或被保险机动车驾驶人（以下简称“驾驶人”）在使用被保险机动车过程中，因自然灾害、意外事故造成被保险机动车直接损失，且不属于免除保险人责任的范围，保险人依照保险合同的约定负责赔偿。

保险期间内，被保险机动车被盗窃、抢劫、抢夺，经出险地县级以上公安刑侦部门立案证明，满60天未查明下落的全车损失，以及因被盗窃、抢劫、抢夺受到损坏造成的直接损失，且不属于免除保险人责任的范围，保险人依照保险合同的约定负责赔偿。

发生保险事故时，被保险人或驾驶人为防止或者减少被保险机动车的损失所支付的必要的、合理的施救费用，由保险人承担；施救费用数额在被保险机动车损失赔偿金额以外另行计算，最高不超过保险金额。

2. 责任免除

① 在上述保险责任范围内，下列情况下，不论任何原因造成被保险机动车的任何损失和费用，保险人均不负责赔偿：

a. 事故发生后，被保险人或驾驶人故意破坏、伪造现场，毁灭证据。

b. 驾驶人有下列情形之一者：交通肇事逃逸；饮酒、吸食或注射毒品、服用国家管制的精神药品或者麻醉药品；无驾驶证，驾驶证被依法扣留、暂扣、吊销、注销期间；驾驶与驾驶证载明的准驾车型不相符合的机动车。

c. 被保险机动车有下列情形之一者：发生保险事故时被保险机动车行驶证、号牌被注销；被扣留、收缴、没收期间；竞赛、测试期间，在营业性场所维修、保养、改装期间；被保险人或驾驶人故意或重大过失，导致被保险机动车被利用从事犯罪行为。

② 下列原因导致的被保险机动车的损失和费用，保险人不负责赔偿：

a. 战争、军事冲突、恐怖活动、暴乱、污染（含放射性污染）、核反应、核辐射；

b. 违反安全装载规定；

c. 被保险机动车被转让、改装、加装或改变使用性质等，导致被保险机动车危险程度显著增加，且未及时通知保险人，因危险程度显著增加而发生保险事故的；

d. 投保人、被保险人或驾驶人故意制造保险事故。

③ 下列损失和费用，保险人不负责赔偿：

a. 因市场价格变动造成的贬值、修理后因价值降低引起的减值损失；

b. 自然磨损、朽蚀、腐蚀、故障、本身质量缺陷；

c. 投保人、被保险人或驾驶人知道保险事故发生后，故意或者因重大过失未及时通知，致使保险事故的性质、原因、损失程度等难以确定的，保险人对无法确定的部分，不承担赔偿责任，但保险人通过其他途径已经知道或者应当及时知道保险事故发生的除外；

d. 因被保险人违反本条款赔偿处理 ② 中的约定，导致无法确定的损失；

e. 车轮单独损失，无明显碰撞痕迹的车身划痕，以及新增加设备的损失；

f. 非全车盗抢、仅车上零部件或附属设备被盗窃。

3. 免赔额

对于投保人与保险人在投保时协商确定绝对免赔额的，保险人在依据保险合同约定计算赔款的基础上，增加每次事故绝对免赔额。

4. 保险金额

保险金额按投保时被保险机动车的实际价值确定。

投保时被保险机动车的实际价值由投保人与保险人根据投保时的新车购置价减去折旧金额后的价格协商确定或其他市场公允价值协商确定。

5. 赔偿处理

① 发生保险事故后，保险人依据条款约定在保险责任范围内承担赔偿责任。赔偿方式由保险人与被保险人协商确定。

② 因保险事故损坏的被保险机动车，修理前被保险人应当会同保险人检验，协商确定维修机构、修理项目、方式和费用。无法协商确定的，双方委托共同认可的有资质的第三方进行评估。

③ 被保险机动车遭受损失后的残余部分由保险人、被保险人协商处理。如折归被保险人的，由双方协商确定其价值并在赔款中扣除。

④ 因第三方对被保险机动车的损害而造成保险事故，被保险人向第三方索赔的，保险人应积极协助；被保险人也可以直接向保险人索赔，保险人在保险金额内先行赔付被保险人，并在赔偿金额内代位行使被保险人对第三方请求赔偿的权利。

被保险人已经从第三方取得损害赔偿的，保险人进行赔偿时，相应扣减被保险人从第三方已取得的赔偿金额。

保险人未赔偿之前，被保险人放弃对第三方请求赔偿的权利的，保险人不承担赔偿责任。

被保险人故意或者因重大过失致使保险人不能行使代位请求赔偿的权利的，保险人可以扣减或者要求返还相应的赔款。

保险人向被保险人先行赔付的，保险人向第三方行使代位请求赔偿的权利时，被保险人应当向保险人提供必要的文件和所知道的有关情况。

⑤ 机动车损失赔款按以下方法计算：

a. 全部损失。赔款=保险金额 − 被保险人已从第三方获得的赔偿金额 − 绝对免赔额。

b. 部分损失。被保险机动车发生部分损失，保险人按实际修复费用在保险金额内计算赔偿：赔款=实际修复费用 – 被保险人已从第三方获得的赔偿金额 – 绝对免赔额。

c. 施救费。施救的财产中，含有保险合同之外的财产，应按保险合同保险财产的实际价值占总施救财产的实际价值比例分摊施救费用。

⑥ 被保险机动车发生保险事故导致全部损失，或一次赔款金额与免赔金额之和（不含施救费）达到保险金额，保险人按保险合同约定支付赔款后，保险责任终止，保险人不退还机动车损失保险及其附加险的保险费。

（二）机动车第三者责任保险

1. 保险责任

保险期间内，被保险人或其允许的驾驶人在使用被保险机动车过程中发生意外事故，致使第三者遭受人身伤亡或财产直接损毁，依法应当对第三者承担的损害赔偿责任，且不属于免除保险人责任的范围，保险人依照保险合同的约定，对于超过机动车交通事故责任强制保险各分项赔偿限额的部分负责赔偿。

保险人依据被保险机动车一方在事故中所负的事故责任比例，承担相应的赔偿责任。被保险人或被保险机动车一方根据有关法律法规选择自行协商或由公安机关交通管理部门处理事故，但未确定事故责任比例的，按照下列规定确定事故责任比例：被保险机动车一方负主要事故责任的，事故责任比例为 70%；被保险机动车一方负同等事故责任的，事故责任比例为 50%；被保险机动车一方负次要事故责任的，事故责任比例为 30%。涉及司法或仲裁程序的，以法院或仲裁机构最终生效的法律文书为准。

2. 责任免除

① 在上述保险责任范围内，下列情况下，不论任何原因造成的人身伤亡、财产损失和费用，保险人均不负责赔偿：

a. 事故发生后，被保险人或驾驶人故意破坏、伪造现场，毁灭证据。

b. 驾驶人有下列情形之一者：交通肇事逃逸；饮酒、吸食或注射毒品、服用国家管制的精神药品或者麻醉药品；无驾驶证，驾驶证被依法扣留、暂扣、吊销、注销期间；驾驶与驾驶证载明的准驾车型不相符合的机动车；非被保险人允许的驾驶人。

c. 被保险机动车有下列情形之一者：发生保险事故时被保险机动车行驶证、号牌被注销的；被扣留、收缴、没收期间；竞赛、测试期间，在营业性场所维修、保养、改装期间；全车被盗窃、被抢劫、被抢夺、下落不明期间。

② 下列原因导致的人身伤亡、财产损失和费用，保险人不负责赔偿：

a. 战争、军事冲突、恐怖活动、暴乱、污染（含放射性污染）、核反应、核辐射；

b. 第三者、被保险人或驾驶人故意制造保险事故、犯罪行为，第三者与被保险人或其他致害人恶意串通的行为；

c. 被保险机动车被转让、改装、加装或改变使用性质等，导致被保险机动车危险程度显著增加，且未及时通知保险人，因危险程度显著增加而发生保险事故的。

③ 下列人身伤亡、财产损失和费用，保险人不负责赔偿：

a. 被保险机动车发生意外事故，致使任何单位或个人停业、停驶、停电、停水、停气、停产、通信或网络中断、电压变化、数据丢失造成的损失以及其他各种间接损失；

b. 第三者财产因市场价格变动造成的贬值，修理后因价值降低引起的减值损失；

c. 被保险人及其家庭成员、驾驶人及其家庭成员所有、承租、使用、管理、运输或代管的财产的损失，以及本车上财产的损失；

d. 被保险人、驾驶人、本车车上人员的人身伤亡；

e. 停车费、保管费、扣车费、罚款、罚金或惩罚性赔款；

f. 超出《道路交通事故受伤人员临床诊疗指南》和国家基本医疗保险同类医疗费用标准的费用部分；

g. 律师费，未经保险人事先书面同意的诉讼费、仲裁费；

h. 投保人、被保险人或驾驶人知道保险事故发生后，故意或者因重大过失未及时通知，致使保险事故的性质、原因、损失程度等难以确定的，保险人对无法确定的部分，不承担赔偿责任，但保险人通过其他途径已经知道或者应当及时知道保险事故发生的除外；

i. 因被保险人违反条款赔偿处理②中的约定，导致无法确定的损失；

j. 精神损害抚慰金；

k. 应当由机动车交通事故责任强制保险赔偿的损失和费用；保险事故发生时，被保险机动车未投保机动车交通事故责任强制保险或机动车交通事故责任强制保险合同已经失效的，对于机动车交通事故责任强制保险责任限额以内的损失和费用，保险人不负责赔偿。

3. 责任限额

每次事故的责任限额，由投保人和保险人在签订保险合同时协商确定。

主车和挂车连接使用时视为一体，发生保险事故时，由主车保险人和挂车保险人按照保险单上载明的机动车第三者责任保险责任限额的比例，在各自的责任限额内承担赔偿责任。

4. 赔偿处理

① 保险人对被保险人或其允许的驾驶人给第三者造成的损害，可以直接向该第三者赔偿。

被保险人或其允许的驾驶人给第三者造成损害，对第三者应负的赔偿责任确定的，根据被保险人的请求，保险人应当直接向该第三者赔偿。被保险人怠于请求的，第三者就其应获赔偿部分直接向保险人请求赔偿的，保险人可以直接向该第三者赔偿。

被保险人或其允许的驾驶人给第三者造成损害，未向该第三者赔偿的，保险人不得向被保险人赔偿。

② 发生保险事故后，保险人依据条款约定在保险责任范围内承担赔偿责任。赔偿方式由保险人与被保险人协商确定。

因保险事故损坏的第三者财产，修理前被保险人应当会同保险人检验，协商确定维修机构、修理项目、方式和费用。无法协商确定的，双方委托共同认可的有资质的第三方进行评估。

③ 赔款计算方法。

（依合同约定核定的第三者损失金额 − 机动车交通事故责任强制保险的分项赔偿限额）× 事故责任比例≥每次事故责任限额，赔款=每次事故责任限额。

（依合同约定核定的第三者损失金额 − 机动车交通事故责任强制保险的分项赔偿限额）× 事故责任比例＜每次事故责任限额，赔款=（依合同约定核定的第三者损失金额 − 机动车交通事故责任强制保险的分项赔偿限额）× 事故责任比例。

④ 保险人按照《道路交通事故受伤人员临床诊疗指南》和国家基本医疗保险的同类医疗费用标准核定医疗费用的赔偿金额。

未经保险人书面同意，被保险人自行承诺或支付的赔偿金额，保险人有权重新核定。不属于保险人赔偿范围或超出保险人应赔偿金额的，保险人不承担赔偿责任。

（三）机动车车上人员责任保险

1. 保险责任

保险期间内，被保险人或其允许的驾驶人在使用被保险机动车过程中发生意外事故，致使车上人员遭受人身伤亡，且不属于免除保险人责任的范围，依法应当对车上人员承担的损害赔偿责任，保险人依照保险合同的约定负责赔偿。

保险人依据被保险机动车一方在事故中所负的事故责任比例，承担相应的赔偿责任。被保险人或被保险机动车一方根据有关法律法规选择自行协商或由公安机关交通管理部门处理事故，但未确定事故责任比例的，按照下列规定确定事故责任比例：被保险机动车一方负主要事故责任的，事故责任比例为70%；被保险机动车一方负同等事故责任的，事故责任比例为50%；被保险机动车一方负次要事故责任的，事故责任比例为30%。涉及司法或仲裁程序的，以法院或仲裁机构最终生效的法律文书为准。

2. 责任免除

① 在上述保险责任范围内，下列情况下，不论任何原因造成的人身伤亡，保险人均不负责赔偿：

a. 事故发生后，被保险人或驾驶人故意破坏、伪造现场，毁灭证据。

b. 驾驶人有下列情形之一者：交通肇事逃逸；饮酒、吸食或注射毒品、服用国家管制的精神药品或者麻醉药品；无驾驶证，驾驶证被依法扣留、暂扣、吊销、注销期间；驾驶与驾驶证载明的准驾车型不相符合的机动车；非被保险人允许的驾驶人。

c. 被保险机动车有下列情形之一者：发生保险事故时被保险机动车行驶证、号牌被注销的；被扣留、收缴、没收期间；竞赛、测试期间，在营业性场所维修、保养、改装期间；全车被盗窃、被抢劫、被抢夺、下落不明期间。

② 下列原因导致的人身伤亡，保险人不负责赔偿：

a. 战争、军事冲突、恐怖活动、暴乱、污染（含放射性污染）、核反应、核辐射；

b. 被保险机动车被转让、改装、加装或改变使用性质等，导致被保险机动车危险程度显著增加，且未及时通知保险人，因危险程度显著增加而发生保险事故的；

c. 投保人、被保险人或驾驶人故意制造保险事故。

③ 下列人身伤亡、损失和费用，保险人不负责赔偿：

a. 被保险人及驾驶人以外的其他车上人员的故意行为造成的自身伤亡；

b. 车上人员因疾病、分娩、自残、斗殴、自杀、犯罪行为造成的自身伤亡；

c. 罚款、罚金或惩罚性赔款；

d. 超出《道路交通事故受伤人员临床诊疗指南》和国家基本医疗保险同类医疗费用标准的费用部分；

e. 律师费，未经保险人事先书面同意的诉讼费、仲裁费；

f. 投保人、被保险人或驾驶人知道保险事故发生后，故意或者因重大过失未及时通知，致使保险事故的性质、原因、损失程度等难以确定的，保险人对无法确定的部分，不承担赔偿责任，但保险人通过其他途径已经知道或者应当及时知道保险事故发生的除外；

g. 精神损害抚慰金；

h. 应当由机动车交通事故责任强制保险赔付的损失和费用。

3. 责任限额

驾驶人每次事故责任限额和乘客每次事故每人责任限额由投保人和保险人在投保时协商确定。投保乘客座位数按照被保险机动车的核定载客数（驾驶人座位除外）确定。

4. 赔偿处理

① 赔款计算方法。

对每座的受害人，当（依合同约定核定的每座车上人员人身伤亡损失金额－应由机动车交通事故责任强制保险赔偿的金额）× 事故责任比例≥每次事故每座责任限额时，赔款=每次事故每座责任限额。

对每座的受害人，当（依合同约定核定的每座车上人员人身伤亡损失金额－应由机动车交通事故责任强制保险赔偿的金额）× 事故责任比例＜每次事故每座责任限额时，赔款=（依合同约定核定的每座车上人员人身伤亡损失金额 - 应由机动车交通事故责任强制保险赔偿的金额）× 事故责任比例。

② 保险人按照《道路交通事故受伤人员临床诊疗指南》和国家基本医疗保险的同类医疗费用标准核定医疗费用的赔偿金额。

未经保险人书面同意，被保险人自行承诺或支付的赔偿金额，保险人有权重新核定。不属于保险人赔偿范围或超出保险人应赔偿金额的，保险人不承担赔偿责任。

（四）通用条款

1. 保险期间

除另有约定外，保险期间为一年，以保险单载明的起讫时间为准。

2. 其他事项

① 发生保险事故时，被保险人或驾驶人应当及时采取合理的、必要的施救和保护措施，防止或者减少损失，并在保险事故发生后 48 小时内通知保险人。

被保险机动车全车被盗抢的，被保险人知道保险事故发生后，应在 24 小时内向出险当地公安刑侦部门报案，并通知保险人。

被保险人索赔时，应当向保险人提供与确认保险事故的性质、原因、损失程度等有关的证明和资料。

被保险人应当提供保险单、损失清单、有关费用单据、被保险机动车行驶证和发生事故时驾驶人的驾驶证。

属于道路交通事故的，被保险人应当提供公安机关交通管理部门或法院等机构出具的事故证明、有关的法律文书（判决书、调解书、裁定书、裁决书等）及其他证明。被保险人或其允许的驾驶人根据有关法律法规规定选择自行协商方式处理交通事故的，被保险人应当提供依照《道路交通事故处理程序规定》签订的记录交通事故情况的协议书。

被保险机动车被盗抢的，被保险人索赔时，须提供保险单、损失清单、有关费用单据、《机动车登记证书》、机动车来历凭证以及出险当地县级以上公安刑侦部门出具的盗抢立案证明。

② 保险人按照保险合同的约定，认为被保险人索赔提供的有关证明和资料不完整的，应当及时一次性通知被保险人补充提供。

③ 保险人收到被保险人的赔偿请求后，应当及时作出核定；情形复杂的，应当在 30 日内作出核定。保险人应当将核定结果通知被保险人；对属于保险责任的，在与被保险人达成赔偿协议后 10 日内，履行赔偿义务。保险合同对赔偿期限另有约定的，保险人应当按照约定履行赔偿义务。

保险人未及时履行前款约定义务的，除支付赔款外，应当赔偿被保险人因此受到的损失。

④ 保险人依照前款约定作出核定后，对不属于保险责任的，应当自作出核定之日起 3 日内向被保险人发出拒绝赔偿通知书，并说明理由。

⑤ 保险人自收到赔偿请求和有关证明、资料之日起 60 日内，对其赔偿数额不能确定的，应当根据已有证明和资料可以确定的数额先予支付；保险人最终确定赔偿数额后，应当支付相应的差额。

⑥ 保险人受理报案、现场查勘、核定损失、参与诉讼、进行抗辩、要求被保险人提供证明和资料、向被保险人提供专业建议等行为，均不构成保险人对赔偿责任的承诺。

⑦ 在保险期间内，被保险机动车转让他人的，受让人承继被保险人的权利和义务。被保险人或者受让人应当及时通知保险人，并及时办理保险合同变更手续。

因被保险机动车转让导致被保险机动车危险程度发生显著变化的，保险人自收到前款约定的通知之日起 30 日内，可以相应调整保险费或者解除保险合同。

⑧ 保险责任开始前，投保人要求解除保险合同的，应当向保险人支付应交保险费金额 3% 的退保手续费，保险人应当退还保险费。

保险责任开始后，投保人要求解除保险合同的，自通知保险人之日起，保险合同解除。保险人按日收取自保险责任开始之日起至合同解除之日止期间的保险费，并退还剩余部分保险费。

⑨ 因履行保险合同发生的争议，由当事人协商解决。协商不成的，由当事人从下列两种合同争议解决方式中选择一种，并在保险合同中载明：

a. 提交保险单载明的仲裁委员会仲裁；

b. 依法向人民法院起诉。

保险合同适用中华人民共和国法律（不含港、澳、台地区法规）。

（五）附加险

附加险条款的法律效力优于主险条款。附加险条款未尽事宜，以主险条款为准。除附加险条款另有约定外，主险中的责任免除、双方义务同样适用于附加险。主险保险责任终止的，其相应的附加险保险责任同时终止。

《示范条款》中共有 11 个附加险：附加绝对免赔率特约条款、附加车轮单独损失险、附加新增加设备损失险、附加车身划痕损失险、附加修理期间费用补偿险、附加发动机进水损坏除外特约条款、附加车上货物责任险、附加精神损害抚慰金责任险、附加法定节假日限额翻倍险、附加医保外医疗费用责任险、附加机动车增值服务特约条款。在此不一一赘述。

二、机动车交通事故责任强制保险

机动车交通事故责任强制保险（以下简称“交强险”）是指由保险公司对被保险机动车发生道路交通事故造成本车人员、被保险人以外的受害人的人身伤亡、财产损失，在责任限额内予以赔偿的强制性责任保险。

《中华人民共和国道路交通安全法》第十七条规定：“国家实行机动车第三者责任强制保险制度，设立道路交通事故社会救助基金。具体办法由国务院规定。”2006 年 3 月 28 日，国务院令第 462 号颁布《机动车交通事故责任强制保险条例》(以下简称《条例》)，并于 2006 年 7 月 1 日起正式实施。这是我国第一个法定的强制保险。

（一）我国交强险的特点

交强险的强制实施与商业第三者责任保险（以下简称“商业三者险”）的自愿购买使两者有着本质的不同。相比商业三者险，交强险的特点主要表现在以下几个方面。

1. 对保险关系的双方都有强制性、约束性

一方面，无交强险的机动车不得上路行驶。在中华人民共和国境内道路上行驶的机动车的所有人或者管理人应当投保交强险，未投保交强险的机动车不得上道路行驶。机动车所有人、管理人未按照规定投保交强险的，由公安机关交通管

理部门扣留机动车，通知机动车所有人、管理人依照规定投保，处依照规定投保最低责任限额应缴纳的保险费的 2 倍罚款。

另一方面，具有经营交强险资格的保险公司不能拒绝承保或拖延承保交强险业务，也不能随意解除交强险合同（投保人未履行如实告知义务的除外）。违反强制性规定的机动车所有人、管理人或保险公司都将受到处罚。

2. 实行过错责任和无过错责任并存的赔偿原则

根据道路交通安全法第七十六条的规定："机动车发生交通事故造成人身伤亡、财产损失的，由保险公司在机动车第三者责任强制保险责任限额范围内予以赔偿；不足的部分，按照下列规定承担赔偿责任：（一）机动车之间发生交通事故的，由有过错的一方承担赔偿责任；双方都有过错的，按照各自过错的比例分担责任。（二）机动车与非机动车驾驶人、行人之间发生交通事故，非机动车驾驶人、行人没有过错的，由机动车一方承担赔偿责任；有证据证明非机动车驾驶人、行人有过错的，根据过错程度适当减轻机动车一方的赔偿责任；机动车一方没有过错的，承担不超过百分之十的赔偿责任。交通事故的损失是由非机动车驾驶人、行人故意碰撞机动车造成的，机动车一方不承担赔偿责任。"交强险秉承了道路交通安全法的立法宗旨，实行过错责任和无过错责任并存的赔偿原则，即一方面赔偿限额的确定分为有过错的和无过错的；另一方面当被保险人在交通事故中有过错时，并不考虑其过错大小，一律在交强险责任限额内按照实际损失进行赔偿。

3. 基本经营原则为不盈不亏

交强险的经营不以营利为目的，而是旨在保护受害人的利益，使受害人得到及时、便捷的补偿，因而其基本的经营原则是不盈不亏。

在费率厘定方面，《条例》第六条规定："机动车交通事故责任强制保险实行统一的保险条款和基础保险费率。国务院保险监督管理机构按照机动车交通事故责任强制保险业务总体上不盈利不亏损的原则审批保险费率。国务院保险监督管理机构在审批保险费率时，可以聘请有关专业机构进行评估，可以举行听证会听取公众意见。"保险公司经营该项业务必须符合保险监管机构制定和公布的条款。

在经营过程中，保险公司要把交强险和其他保险业务分开管理、单独核算。国务院保险监督管理机构应当每年对保险公司的交强险业务情况进行核查，并向社会公布；根据保险公司交强险业务的总体盈利或者亏损情况，可以要求或者允许保险公司相应调整保险费率。

4. 实行分项责任限额

交强险实行每次事故责任的分项责任限额，责任限额分为死亡伤残赔偿限额、医疗费用赔偿限额和财产损失赔偿限额三项。

根据《条例》规定，在中华人民共和国境内，被保险人在使用被保险机动车过程中发生交通事故，致使受害人遭受人身伤亡或者财产损失，依法应当由被保险人承担的损害赔偿责任，保险人按照交强险合同的约定对每次事故在赔偿限额内负责赔偿。

5. 建立辅助补偿制度

一方面，我国建立了社会救助基金制度，作为交强险的补充，如未投保车辆或肇事逃逸车辆侵权致害的补偿制度。道路交通安全法第十七条规定："国家实行机动车第三者责任强制保险制度，设立道路交通事故社会救助基金。具体办法由国务院规定。"当出现抢救费用超过交强险责任限额、肇事机动车未投保交强险或机动车肇事后逃逸的情况时，道路交通事故中受害人人身伤亡的丧葬费用、部分或者全部抢救费用，由救助基金先行垫付，救助基金管理机构有权向道路交通事故责任人追偿。

另一方面，在交强险赔偿上规定了先行垫付再向被保险人追偿的制度。如《条例》第二十二条规定："有下列情形之一的，保险公司在机动车交通事故责任强制保险责任限额范围内垫付抢救费用，并有权向致害人追偿：（一）驾驶人未取得驾驶资格或者醉酒的；（二）被保险机动车被盗抢期间肇事的；（三）被保险人故意制造道路交通事故的。有前款所列情形之一，发生道路交通事故的，造成受害人的财产损失，保险公司不承担赔偿责任。"

（二）交强险条款的主要内容

为贯彻落实《关于实施车险综合改革的指导意见》中关于提升交强险保障水平的要求，中国银保监会于 2020 年 9 月发布了《关于调整交强险责任限额和费率浮动系数的公告》(以下简称《公告》)。

《公告》分为三个部分：一是新责任限额方案内容，明确了交强险死亡伤残赔偿限额 18 万元，医疗费用赔偿限额 1.8 万元，财产损失赔偿限额 0.2 万元。被保险人无责任时，死亡伤残赔偿限额 1.8 万元，医疗费用赔偿限额 1800 元，财产损失赔偿限额100元。相比原来责任限额，除财产损失赔偿限额维持不变外，死亡伤残赔偿限额和医疗费用赔偿限额均有较大提高。二是新费率浮动系数方案内容，明确了全国各地区的费率浮动系数方案由原来的1类细分为5类，浮动比率中的上限保持30%不变，下限由−30%扩大到−50%，提高了对未发生赔付消费者的费率优惠幅度。通过引入5类费率浮动系数，在一定程度上缓解了交强险赔付率在各地差异较大的问题，提高了部分地区较低水平的交强险赔付率。三是规定了切换时间和过渡安排，明确了2020年9月19日0时后发生道路交通事故的，新、老交强险保单均按照新的责任限额执行。

1. 保险责任

在中华人民共和国境内，被保险人在使用被保险机动车过程中发生交通事故，致使受害人遭受人身伤亡或者财产损失，依法应当由被保险人承担的损害赔偿责任，保险人按照交强险合同的约定对每次事故在上述赔偿限额内负责赔偿。

2. 垫付与追偿

被保险机动车在下列情形下发生交通事故，造成受害人受伤需要抢救的，保险人在接到公安机关交通管理部门的书面通知和医疗机构出具的抢救费用清单后，按照国务院卫生主管部门组织制定的交通事故人员创伤临床诊疗指南和国家基本医疗保险标准进行核实。对于符合规定的抢救费用，保险人在医疗费用赔偿限额内垫付。被保险人在交通事故中无责任的，保险人在无责任医疗费用赔偿限额内垫付。对于其他损失和费用，保险人不负责垫付和赔偿。

① 驾驶人未取得驾驶资格的；

② 驾驶人醉酒的；

③ 被保险机动车被盗抢期间肇事的；

④ 被保险人故意制造交通事故的。

对于垫付的抢救费用，保险人有权向致害人追偿。

3. 责任免除

下列损失和费用，交强险不负责赔偿和垫付：

① 因受害人故意造成的交通事故的损失；

② 被保险人所有的财产及被保险机动车上的财产遭受的损失；

③ 被保险机动车发生交通事故，致使受害人停业、停驶、停电、停水、停气、停产、通信或者网络中断、数据丢失、电压变化等造成的损失以及受害人财产因市

场价格变动造成的贬值、修理后因价值降低造成的损失等其他各种间接损失；

④ 因交通事故产生的仲裁或者诉讼费用以及其他相关费用。

4. 保险期间

除国家法律、行政法规另有规定外，交强险合同的保险期间为一年，以保险单载明的起止时间为准。

5. 投保人、被保险人义务

投保人投保时，应当如实填写投保单，向保险人如实告知重要事项，并提供被保险机动车的行驶证和驾驶证复印件。重要事项包括机动车的种类、厂牌型号、识别代码、号牌号码、使用性质和机动车所有人或者管理人的姓名（名称）、性别、年龄、住所、身份证或者驾驶证号码（统一社会信用代码）、续保前该机动车发生事故的情况以及国务院保险监督管理机构规定的其他事项。投保人未如实告知重要事项，对保险费计算有影响的，保险人按照保单年度重新核定保险费计收。

签订交强险合同时，投保人不得在保险条款和保险费率之外，向保险人提出附加其他条件的要求。

投保人续保的，应当提供被保险机动车上一年度交强险的保险单。

在保险合同有效期内，被保险机动车因改装、加装、使用性质改变等导致危险程度增加的，被保险人应当及时通知保险人，并办理批改手续。否则，保险人按照保单年度重新核定保险费计收。

被保险机动车发生交通事故，被保险人应当及时采取合理、必要的施救和保护措施，并在事故发生后及时通知保险人。

发生保险事故后，被保险人应当积极协助保险人进行现场查勘和事故调查。发生与保险赔偿有关的仲裁或者诉讼时，被保险人应当及时书面通知保险人。

6. 赔偿处理

被保险机动车发生交通事故的，由被保险人向保险人申请赔偿保险金。被保险人索赔时，应当向保险人提供以下材料：① 交强险的保险单；② 被保险人出具的索赔申请书；③ 被保险人和受害人的有效身份证明、被保险机动车行驶证和驾驶人的驾驶证；④ 公安机关交通管理部门出具的事故证明，或者人民法院等机构出具的有关法律文书及其他证明；⑤ 被保险人根据有关法律法规规定选择自行协商方式处理交通事故的，应当提供依照《道路交通事故处理程序规定》签订的记录交通事故情况的协议书；⑥ 受害人财产损失程度证明、人身伤残程度证明、相关医疗证明以及有关损失清单和费用单据；⑦ 其他与确认保险事故的性质、原因、损失程度等有关的证明和资料。

保险事故发生后，保险人按照国家有关法律法规规定的赔偿范围、项目和标准以及交强险合同的约定，并根据国务院卫生主管部门组织制定的交通事故人员创伤临床诊疗指南和国家基本医疗保险标准，在交强险的责任限额内核定人身伤亡的赔偿金额。

因保险事故造成受害人人身伤亡的，未经保险人书面同意，被保险人自行承诺或支付的赔偿金额，保险人在交强险责任限额内有权重新核定。因保险事故损坏的受害人财产需要修理的，被保险人应当在修理前会同保险人检验，协商确定修理或者更换项目、方式和费用。否则，保险人在交强险责任限额内有权重新核定。

被保险机动车发生涉及受害人受伤的交通事故，因抢救受害人需要保险人支付抢救费用的，保险人在接到公安机关交通管理部门的书面通知和医疗机构出具的抢救费用清单后，按照国务院卫生主管部门组织制定的交通事故人员创伤临床诊疗指南和国家基本医疗保险标准进行核实。对于符合规定的抢救费用，保险人在医疗费用赔偿限额内支付。被保险人在交通事故中无责任的，保险人在无责任医疗费用赔偿限额内支付。

7. 合同变更与终止

在交强险合同有效期内，被保险机动车所有权发生转移的，投保人应当及时通知保险人，并办理交强险合同变更手续。

在下列三种情况下，投保人可以要求解除交强险合同：① 被保险机动车被依法注销登记的；② 被保险机动车办理停驶的；③ 被保险机动车经公安机关证实丢失的。

交强险合同解除后，投保人应当及时将保险单、保险标志交还保险人；无法交回保险标志的，应当向保险人说明情况，征得保险人同意。

发生《条例》所列明的投保人、保险人解除交强险合同的情况时，保险人按照日费率收取自保险责任开始之日起至合同解除之日止期间的保险费。

8. 附则

因履行交强险合同发生争议的，由合同当事人协商解决。协商不成的，提交保险单载明的仲裁委员会仲裁。保险单未载明仲裁机构或者争议发生后未达成仲裁协议的，可以向人民法院起诉。

交强险合同争议处理适用中华人民共和国法律。

第四节 货物运输保险

一、货物运输保险的概念及特点

（一）货物运输保险的概念

货物运输保险是以运输中的各种货物为保险标的，承保货物在运输过程中因自然灾害或意外事故而遭受的损失的一种财产保险。承保的货物主要是指具有商品性质的贸易货物，一般不包括个人行李或随运输而消耗的各类供应和储存物品。

国际上，货物运输保险通常分为海洋货物运输保险、陆上货物运输保险、航空货物运输保险和邮包险等。在我国，主要分为海洋货物运输保险和国内货物运输保险。

（二）货物运输保险的特点

1. 被保险人的多变性

由于经营贸易的需要，按照惯例，货物运输保险单可经保险人空白背书同意，保险权益随物权单据即货运提单的转让而转移。所以最终保险合同保障受益人不是保险单注明的被保险人，而是保单持有人（policy holder）。

2. 保险标的的流动性

与一般财产保险的保险标的总是表现为静止状态不同，货物运输保险所承保的货物处于流动或运行状态，不受一个固定的地点限制。

3. 承保风险的广泛性

货物运输保险承保的风险范围远远超过一般财产保险承保的风险范围。从性质上看，既有财产和利益上的风险，又有责任上的风险；从范围上看，既有海上风险，又有陆上和空中风险；从风险种类上看，既有自然灾害和意外事故引起的客观风险，又有外来原因引起的主观风险；从形式上看，既有静止状态的风险，又有流动状态中的风险。

4. 承保价值的定值性

承保货物在不同的地点价格会有差异，因此，货物的保险金额由保险双方按约定的保险价值来确定。

5. 保险合同的可转让性

运输中的货物面临的风险大小及出险概率的高低主要取决于承运人而非被保险人，所以货物运输保险的保险合同可以随着货物所有权的转移而自由转移，无须事先征得保险人的同意。因而，在实践中货物运输保险的保险合同往往被视同提单的附属物，随着提单的转移而转移。

6. 保险期限的空间性

普通财产保险的保险期限一般为一年，而货物运输保险的保险期限一般不受时间限制，而以一个航程为准，同时应按仓至仓条款规定办理。

二、海洋货物运输保险

（一）海洋货物运输保险承保的风险种类

海洋货物运输保险承保的风险种类主要分为海上风险和外来风险两大类。

海上风险也称海难，是海上发生的各种自然灾害和意外事故。主要包括：恶劣的气候、雷电、海啸、地震以及火山爆发等人力不可抗拒的自然灾害；搁浅、触礁、沉没、碰撞、火灾、爆炸、失踪、船长船员的恶意行为等意外事故。

外来风险，是指海上风险以外不是由于货物本身的自然属性、本质缺陷和自然损耗等引起的损失。通常包括偷窃提货不着、淡水雨淋、短量、混杂玷污、渗漏、碰损破碎、串味、受潮受热、钩损、包装破裂和锈损等。此外还包括战争、罢工、交货不到、拒收等特殊的外来风险。

（二）承保的损失

海洋货物运输保险承保的损失包括海上损失与费用损失两大类。

1. 海上损失

海上损失简称“海损”，是指货物在海运过程中，海上自然灾害和意外事故造成的船舶和货物的毁损和灭失。海损按损失程度不同，可分为全部损失与部分损失；按损失的性质，可分为共同海损和单独海损。共同海损和单独海损就其损失的程度看，都属于部分损失。

（1）全部损失

全部损失简称“全损”，指被保险货物全部遭受损失。全损又有实际全损和推定全损之分。

实际全损又称绝对全损。根据国际惯例，构成实际全损的必要条件主要有 4 种状态：① 保险标的完全灭失；② 被保险人已经失去对标的物的所有权，并无法挽回；③ 保险标的受损后已完全丧失其使用价值；④ 船舶失踪达到一定期限。

推定全损指保险标的遭受保险承保范围内的风险而造成损失以后，虽然事实上未达到完全毁损或灭失程度，但实际全损已不可避免，可以按照全损处理的一种推定性的损失。构成推定全损的情况有：① 保险标的实际全损已经无法避免；② 为了防止实际全损发生而需要支付的施救费用将超过获救后保险标的价值；③ 修理受损保险标的费用将超过修复后的价值；④ 保险标的遭受保险事故，致使被保险人失去了对其的所有权，而为收回所有权支出的费用将超过该标的的价值。

对于推定全损的情况，由于货物并未全部灭失，被保险人可以选择按全损或部分损失索赔。倘若按全损处理，则被保险人应向保险人提交“委付通知”，把残余标的物的所有权交付保险人，经保险人接受后，可按全损得到赔偿。

（2）部分损失

部分损失按其性质不同分为共同海损和单独海损。

共同海损指载货船舶在海运途中遇到危难，船长为了维护船舶和所有货物的共同安全或使航程得以继续完成，而采取的有意并且合理的行为所产生的某些特殊牺牲或支出的特殊费用。共同海损的牺牲和费用是为避免船货遭到更严重的损失而采取非常措施所导致的。因此，损失费用和赔偿责任应当由承保船舶和货物的各方保险人按比例共同分摊。

单独海损是指不属于共同海损的部分损失。这种损失只同单方面的利益有关，并不涉及其他货主或船方。例如，载货的船舶在海上航行时，部分货物遭受雨淋而损失，就属于货方的单独海损，其赔偿责任应当由货方保险人单独负责。

2. 费用损失

同一般货物运输保险相类似，海洋货物运输保险还承担有关费用的赔偿，主要是施救费用和救助费用。

施救费用是指被保险人、代理人及其雇用人施行救护措施所发生的抢救性费用。保险人赔偿的这种费用必须是合理的，而且赔偿数额应限制在一定的保险金额以内。

救助费用是由第三方实施救助行为而发生的合理费用。保险人进行救助费用赔偿时，要求救助行为必须是自愿的，并且贯彻“无效果无报酬”，即不予赔付的原则。

（三）海洋货物运输保险的种类及保险责任

海洋货物运输保险分为基本险和附加险两类。

1. 基本险

基本险包括平安险、水渍险和一切险三种。

平安险的责任范围包括：① 被保险货物在运输途中由于恶劣气候、雷电、海啸、地震、洪水等自然灾害造成整批货物的全部损失或推定全损；② 运输工具遭受搁浅、触礁、沉没、互撞、与流冰或其他物体碰撞以及失火、爆炸等意外事故造成货物的全部或部分损失；③ 在运输工具已经发生搁浅、触礁、沉没、焚毁意外事故的情况下，货物在此前后又在海上遭受恶劣气候、雷电、海啸等自然灾害所造成的部分损失；④ 在装卸或转运时由于一件或数件整件货物落海造成的全部或部分损失；⑤ 被保险人对遭受承保责任内危险的货物采取抢救、防止或减少货损的措施而支付的合理费用，但以不超过该批被救货物的保险金额为限；⑥ 运输工具遭遇海难后，在避难港由于卸货引起的损失以及在中途港、避难港由于卸货、存仓以及运送货物所产生的特别费用；⑦ 共同海损的牺牲、分摊和救助费用；⑧ 运输契约订有“船舶互撞责任”条款，根据该条款规定应由货方偿还船方的损失。

水渍险的责任范围除了平安险的各项责任范围外，还包括被保险货物由于恶劣气候、雷电、海啸、地震、洪水等自然灾害所造成的部分损失。

一切险的责任范围除了平安险和水渍险的各项责任范围外，还包括被保险货物在运输途中一般外来原因所造成的全部或部分损失。

2. 附加险

海洋货物运输保险附加险是附着于基本险之下的险别，不能单独投保，只有投保基本险之后才能加保附加险。附加险包括一般附加险、特别附加险和特殊附加险三种。

一般附加险包括 11 种：偷窃提货不着险、淡水雨淋险、短量险、混杂玷污险、渗漏险、碰损破碎险、串味险、受潮受热险、钩损险、包装破裂险和锈损险。

特别附加险包括 6 种：交货不到险、进口关税险、舱面险、拒收险、出口货物到香港（包括九龙在内）或澳门存仓火险责任扩展条款、黄曲霉素险。

特殊附加险包括战争险和罢工险两种，两个险种都有单独的、完整的保险条款。

（四）海洋货物运输保险的责任免除

一般来说，海洋货物运输保险责任免除有以下情形：

① 被保险人的故意行为或过失造成的损失；

② 属于发货人责任的损失；

③ 在保险责任开始前，被保险货物已存在品质不良或数量短差造成的损失；

④ 被保险货物的自然损耗、本质缺陷、特性以及市价跌落、运输延迟引起的损失或费用；

⑤ 海洋货物运输战争险条款和货物运输罢工险条款规定的责任范围和除外责任。

（五）海洋货物运输保险的保险责任期限与索赔期限

按照国际保险业的习惯，海洋货物运输保险基本险采用仓至仓条款，即保险责任自被保险货物运离保险单所载明的起运地仓库或储存处所开始运输时生效，包括正常运输过程中的海上、陆上、内河和驳船运输在内，直至该项货物到达保险单所载明目的地收货人的最后仓库或储存处所或被保险人用作分配、分派或正常运输的其他储存处所为止。如未抵达上述仓库或储存处所，则以被保险货物在最后卸载港全部卸离海轮后满 60 天为止。如在上述 60 天内被保险货物需转运到非保险单所载明的目的地，则以该项货物开始转运时终止。

在实际业务中，经常发生这种情况：保险货物卸离海轮后，未能及时进入仓库。为满足被保险人的需要，保险人对这段时间仍提供保险，但最长时间不能超过 60 天。若满 60 天后货物仍未进入收货人仓库，保险责任也将终止；若在 60 天内货物进入收货人仓库，保险责任即在进入仓库时终止。这种规定实际上是仓至仓条款的扩展。

海洋货物运输保险的索赔时效，从被保险货物在最后卸载港全部卸离海轮后起算，最多不超过 2 年。

三、国内水路、陆路货物运输保险

（一）国内水路、陆路货物运输保险的责任范围

国内水路、陆路货物运输保险的责任范围分为基本险和综合险两种。

1. 基本险的责任范围

① 火灾、爆炸、雷电、冰雹、暴风、暴雨、洪水、地震、海啸、地陷、崖崩、滑坡、泥石流造成的损失；

② 运输工具发生碰撞、搁浅、触礁、沉没、出轨或隧道、码头坍塌造成的损失；

③ 在装货、卸货或转载时，遭受不属于包装质量不善或装卸人员违反操作规程的事故造成的损失；

④ 按国家规定或一般惯例应分摊的共同海损的费用；

⑤ 在发生上述灾害、事故时，纷乱造成的货物散失以及为施救或保护货物所支付的直接合理的费用。

2. 综合险的责任范围

综合险保险人除了要承担上述基本险责任外，还要负责赔偿下列损失：

① 受震动、碰撞、挤压而造成破碎、弯曲、凹瘪、折断、开裂或包装破裂致使货物散失的损失；

② 液体货物受震动、碰撞或挤压致使所用容器（包括封口）损坏而渗漏的损失，或用液体保藏的货物因液体渗漏而造成保藏货物腐烂变质的损失；

③ 遭受盗窃或承运人责任造成的整件提货不着的损失；

④ 符合安全运输规定而遭受雨淋所致的损失。

（二）国内水路、陆路货物运输保险的责任免除

下列原因造成保险货物的损失，保险人均不负赔偿责任：①战争或军事行为；②核事件或核爆炸；③保险货物本身的缺陷或自然损耗以及包装不善所致的损失；④被保险人的故意行为或过失；⑤全程是公路货物运输的，盗窃或整件提货不着的损失；⑥其他不属于保险责任范围的损失。

（三）国内水路、陆路货物运输保险的责任期限

国内水路、陆路货物运输保险的责任期限自保险单所载明的货物运离所在地仓库开始，至货物抵达保险单所载明的目的地收货人的仓库为止。当保险货物送至目的地后，如果收货人（或被保险人）未及时提货，则保险责任的终止期最多延长至收货人接到到货通知单后的15天（以邮戳日期为准）。

第五节　责任保险

一、责任保险概述

（一）责任保险的概念

责任保险是以被保险人对第三者依法应负的民事损害赔偿责任，或经过特别约定的合同责任作为承保对象的保险种类。责任保险属于广义的财产保险范畴，所保障的标的不是有形的物质财产，而是无形的经济利益。

（二）责任保险的特点

1. 法制的健全与完善是其产生与发展的基础

各种民事法律风险的客观存在，社会生产力达到一定发展阶段，以及人类社会进步带来法制的不断完善，是责任保险产生与发展的基础。其中，法制尤其是民法的健全与完善，是责任保险产生与发展最直接的基础。

2. 保险标的具有特殊性

责任保险承保的是被保险人的侵权责任和经过特别约定的合同责任，是无形的经济利益，没有实体的标的。

3. 赔偿对象具有特殊性

从赔偿对象上看，责任保险的直接赔偿对象是与保险人订立责任保险合同的被保险人，间接赔偿对象是不确定的第三方即受害方，保险人支付的保险金依法最终到达受害人手中。

4. 赔偿限额的确定具有特殊性

责任保险承担被保险人对第三者依法应负的损害赔偿责任，而非被保险人的财产或者利益的实际损失。

5. 承保方式多样化

责任保险的承保方式有独立承保、附加承保或与其他保险业务组合承保。

在独立承保方式下，保险人签发专门的责任保险单，如公众责任保险、产品责任保险等。它是责任保险的主要业务来源。在附加承保方式下，保险人签发责任保险单的前提是被保险人必须参加了一般的财产保险，即一般财产保险是主险，责任保险则是没有独立地位的附加险。如建筑工程保险中的第三者责任保险，一般被称为建筑工程保险附加第三者责任保险。在与其他保险业务组合承保方式下，责任保险既不必签订单独的责任保险合同，也无须签发附加或特约条款，只要参加该财产保险便使相应的责任风险得到了保险保障。如机动车的第三者责任保险。

6. 赔偿处理涉及司法部门

在发生了责任保险事故，保险人要进行保险理赔时，其责任和赔偿金额通过司法机关的判决或裁定或仲裁机构的裁决来确定，以被保险人应依法承担的经济赔偿责任为基础。这与其他保险业务明显不同。

二、责任保险的基本内容

（一）适用范围

责任保险适用于可能造成他人财产损失与人身伤亡的所有团体组织和所有社

会成员。具体而言，责任保险的适用范围包括：① 各种公众场所的所有者、经营管理者；② 各种产品的生产者、销售者、维修者；③ 各种运输工具的所有者、经营管理者和驾驶员；④ 各种需要雇用员工的法人或个人；⑤ 各种提供职业技术服务的单位；⑥ 城乡居民家庭或个人。

（二）保险责任

责任保险的保险责任一般包括以下两项内容：

① 被保险人因造成他人财产损失或人身伤亡，依法应承担的经济赔偿责任。这是基本的保险责任，以受害者的损害程度及索赔金额为依据，以保单的赔偿限额为最高赔付额，由责任保险人予以赔偿。

② 因赔偿纠纷引起的由被保险人支付的诉讼、律师费用及其他事先经过保险人同意支付的费用。

（三）除外责任

除外责任包括以下几项内容：

① 被保险人故意行为所致的各种损害后果；

② 战争、军事行动及罢工等政治事件造成的损害后果；

③ 核事故风险导致的损害后果（投保核责任保险例外）；

④ 被保险人家属、雇员的人身伤害或财产损失（投保雇主责任保险的除外）；

⑤ 被保险人所有、占有、使用或租赁的财产损失，或由被保险人照顾、看管或控制的财产损失；

⑥ 被保险人的合同责任（经过特别约定者除外）。

（四）赔偿限额与免赔额

1. 赔偿限额

责任保险承保的是被保险人的赔偿责任，而不是有固定价值的标的，且赔偿责任因损害责任事故而异，很难准确预计。因此，责任保险一般用赔偿限额取代保险金额。从责任保险的发展实践来看，赔偿限额作为保险人承担赔偿责任的最高限额，通常有以下三种类型：

①每次责任事故或同一原因引起的一系列责任事故的赔偿限额，可以分为财产损失赔偿限额和人身伤亡赔偿限额两项。

②保险期内累计的赔偿限额可以分为累计的财产损失赔偿限额和累计的人身伤害赔偿限额。

③保险人也可以将财产损失和人身伤亡两者合成一个限额，或者只规定每次事故和同一原因引起的一系列责任事故的赔偿限额，而不规定累计赔偿限额。

2. 免赔额

在责任保险经营实践中，保险人除通过确定赔偿限额来明确其承保责任外，通常还有免赔额的规定，以达到促使被保险人小心谨慎，防止发生事故和减少小额、零星赔款支出的目的。

责任保险的免赔额通常是绝对免赔额，即无论受害方的财产是否全部损失，免赔额以内的损失均由被保险人自负。免赔额的确定一般以具体数字表示，也可以规定赔偿限额或赔偿金额的一定比例。责任保险人承担的赔偿责任是在免赔额之上且在赔偿限额之内的赔偿金额。

（五）保险费率的厘定

责任保险的费率，通常根据各种责任保险的风险大小及损失率高低来确定。从总体上看，保险人在制订责任保险费率时，主要考虑的因素应当包括：① 被保险人的业务性质及其产生意外损害赔偿责任的可能性；② 法律制度对损害赔偿的规定；③ 赔偿限额。

此外，承保区域的大小、每笔责任保险业务的量及同类责任保险业务的历史损失资料亦是保险人制订责任保险费率时的依据。

三、责任保险的主要险种

（一）公众责任保险

1. 公众责任保险的概念

公众责任泛指致害人在公众场合对他人人身和财产造成伤害依法应承担的赔偿责任。公众责任保险又称普通责任保险，是对被保险人在固定场所进行生产经营或其他活动时，由于意外事故造成他人人身伤害或财产损失依法应承担的赔偿责任承保的保险种类。

公众责任保险的适用范围非常广泛，其业务复杂、险种众多。主要包括综合公共责任保险、场所责任保险、承包人责任保险、承运人责任保险和个人责任保险等。

2. 公众责任保险的一般内容

（1）保险标的

以固定场所和规定区域内，因生产经营活动或日常生活对社会公众造成损害事故应承担的法律赔偿责任为保险标的。

（2）保险责任

公众责任保险的保险责任主要分为三大项：①被保险人依法应承担对第三者人身伤害或财产损失的经济赔偿责任；②在责任事故发生后，如果引起法律诉讼，由被保险人承担的相关诉讼费的支付责任；③保险责任事故发生后，被保险人为缩小或减少对第三者人身伤亡或财产损失的赔偿责任所支付的必要的、合理的费用。

（3）保险费率

公众责任保险的保险人将在风险评估的基础上厘定费率，费率确定的影响因素包括：①保险地点及周边环境，包括与消防站、医院的距离；②被保险人的业务性质、经营范围等产生损害赔偿责任的可能性；③被保险人的管理水平及人员结构，包括工人是否参加过岗前培训等；④被保险人有无健全的安全生产制度并予以落实，防灾防损情况如何，保险点的安全设施及应急抢救手段如何；⑤承保区域范围的大小及特点；⑥被保险人的以往损失记录，包括责任次数、时间、原因、损害后果及处理情况；⑦司法管辖权范围及当地法律对损害赔偿责任的规定。

公众责任保险费的计算，一般有以下两种情况。

①以赔偿限额（累计或每次事故赔偿限额）为计算依据：

$$\text{应收保险费} = \text{累计赔偿限额} \times \text{适用费率} \tag{5-2}$$

②对某些业务按场所面积计算保险费：

$$\text{应收保险费} = \text{保险场所占用面积（平方米）} \times \text{每平方米保险费} \tag{5-3}$$

（4）赔偿限额

赔偿限额由保险双方根据被保险人可能发生的赔偿责任风险协商确定。公众责任保险赔偿限额的确定通常有以下两种方法：①规定每次事故赔偿限额，无累计赔偿限额；②规定每次事故赔偿限额，同时规定保险期内累计赔偿限额。

一般在上述每次事故赔偿限额下，应分别规定每次事故人身伤亡赔偿限额、每次事故财产损失赔偿限额，并在每次事故人身伤亡赔偿限额下进一步规定每人人身伤亡赔偿限额。

（二）产品责任保险

1. 产品责任保险的概念

产品责任保险是指以产品生产者或销售者等的产品责任作为保险标的，一旦产品责任给消费者或其他人造成人身伤害或财产损失，依法应由其承担的赔偿责任以及由此导致的有关法律费用由保险人予以赔偿的保险。

早期的产品责任保险主要承保食品、药品、化妆品等与人体健康直接相关的产品，后来承保范围逐渐扩大到化工、轻纺、电子、成套设备等工业产品。在美国确定严格责任原则后，产品责任保险在20世纪70年代后得到快速发展。

我国产品责任保险始于1980年，仅限于出口商品，业务量不大，分布也很局限，主要限于经济发达区域。但是随着改革开放力度的扩大、高新技术的发展，产品责任保险将会得到很大的发展。

2. 产品责任保险的一般内容

（1）保险标的

产品责任保险的保险标的是产品生产者或销售者等的产品责任。

（2）保险责任

在保险期限内，被保险人生产、销售的产品在承保区域内发生事故，造成用户、消费者或其他任何人的人身伤害或财产损失，依法应由被保险人承担的损害赔偿责任，保险人在保单规定的赔偿限额内予以赔偿。承保这项责任的条件是，该产品责任事故须发生在制造、销售场所范围之外的地点。

被保险人为产品责任事故所支付的法律费用及其他经保险人事先同意支付的合理费用，保险人也负责赔偿。

（3）保险费率

产品责任保险与其他险种一样，费率的高低取决于风险的大小。不同产品、不同的承保条件决定了不同的保险费率。具体地说，影响其费率的因素有：

① 产品的特点和可能对人体或财产造成损害的风险。

② 赔偿限额。限额高，费率也高，但并非按比例增加。

③ 承保区域范围。

④ 产品数量和产品价格。与保险费呈正相关关系，与保险费率呈负相关关系。

⑤ 产品制造者的技术水平和质量管理情况。优质产品可以避免或减少产品责任风险，因此，技术和管理水平较好的被保险人可以享受优惠费率。

（4）赔偿限额

产品责任保险承保的是被保险人的经济赔偿责任，而不是有固定价值的资产。因此，保险单均不规定保险金额而仅规定赔偿限额。

产品责任保险和公众责任保险一样，其赔偿限额分为每次事故赔偿限额和保险单累计赔偿限额，以上每项限额还可分别划分为人身伤害和财产损失两个限额，有时还会在每次事故人身伤害限额中约定每人最高赔偿限额。

保险人与被保险人在商定赔偿限额时，一般要考虑不同产品引发事故的风险大小、赔偿责任的大小以及被保险人的要求。如食品、药品或某些机电产品发生事故后可能造成众多的人员伤害或财产损失，应确定较高的赔偿限额。又如销往美国的产品，一旦发生事故，索赔金额巨大，因此其赔偿限额也应高于销往其他国家的产品。一般来讲，产品赔偿责任越大、被保险人愿意支付的保险费越多，赔偿限额就越高。

（三）雇主责任保险

1. 雇主责任保险的概念

雇主责任保险是以被保险人的雇员在受雇期间从事业务时因遭受意外导致伤、残、死亡或患有职业性疾病而依法或根据雇佣合同应由被保险人承担的经济赔偿责任为承保风险的一种责任保险。

雇主责任保险是责任保险中最早兴起的险种之一，其直接起源是工业革命。雇主责任保险是早期工人罢工争取来的一项福利政策。从 20 世纪 60 年代起，投保雇主责任保险在西方国家已成为企业主必须履行的法定义务之一。我国的雇主责任保险是1980年恢复国内保险业务后，由中国人民财产保险股份有限公司及其分支机构最早开办的。

2. 雇主责任保险的一般内容

（1）保险标的

雇主责任保险的保险标的是根据雇佣合同或有关劳工赔偿法规，雇主对其雇员在受雇期间因遭受意外事故而受伤、残疾、死亡或患有职业性疾病应承担的经济赔偿责任。

（2）保险责任

①被保险人雇用的员工，于保险有效期内在受雇过程中（包括上下班途中），从事与保险单所载明的被保险人的业务工作而遭受意外所致伤、残、死亡，被保险人根据法律或劳动合同应承担的经济赔偿责任。

②患有与业务有关的职业性疾病，致使雇员伤、残、死亡的经济赔偿责任。职业性疾病必须是与员工现在从事的工作有关的职业病，且系国家有关部门明文规定的法定职业病。

③被保险人应依法承担的医疗费。该项费用的支出以雇员遭受前述两项事故而致伤残为条件，在该项赔偿限额内进行赔偿。

④被保险人应支出的法律费用，包括抗辩费用、律师费用、取证费用以及经法院判决应由被保险人代雇员支付的诉讼费用。

（3）保险费率

雇主责任保险的保险费率，有的是同一行业基本上采用同一费率，而对于有些工作性质比较复杂、工种较多的行业，规定了每一工种的适用费率。例如，20世纪80年代中国香港保险公会制定的雇主责任保险费率规章对码头、仓库业的费率规定如下：码头装卸工为5.25%，搬运工为4.25%，运货司机为2.25%，理货人员为1.75%，其他为1.5%。可见，雇主责任保险的费率制定必须以工种与行业为依据，同时还应当参考赔偿限额。

雇主责任保险费的计算公式为：

应收保险费= A 工种保险费 ×（年工资总额 × 适用费率）+B 工种保险费 ×（年工资总额 × 适用费率）+……（5–4）

$$\text{年工资总额}=\text{该工种人数}\times\text{月平均工资收入}\times 12 \tag{5-5}$$

如果有扩展责任，应另行计算，一并相加，构成该笔业务的全额保险费收入。

（4）赔偿限额

目前国内保险实务中有两种不同的赔偿限额设定方式：

第一，根据若干个月工资标准设定。这种方式通常会在保险合同中约定一个具体的计赔月工资额度；个别保单未约定月工资额度的，则按出险员工在事故发生前12个月的平均工资计算得出计赔月工资标准。再根据死亡、伤残等不同损害程度，约定赔偿限额为承保员工数月的工资水平。例如，死亡按36个月工资计算，伤残按48个月工资计算，并在此基础上上调，如分别上调为60个月和72个月等。随着赔偿月份的增大，费率也会同时上调。但由于我国各地区工资标准差异较大，且不同企业计发工资的标准也不相同，因此，此种方式目前占我国雇主责任保险业务的比例很小。

第二，根据需求直接设定。这种方式的赔偿限额主要依据投保人的意愿和缴费能力，并考虑当地法律、员工工资等因素，由保险人和投保人商议设定。此种赔偿限额设定方式较之工资标准设定的方式，便于保险人在不同地区制定统一的设定标准，且能有效降低道德风险，已为国内各保险公司普遍采用。

（四）职业责任保险

1. 职业责任保险的概念

职业责任保险又被称为职业赔偿保险或业务过失责任保险，是以各种专业技术人员因工作中的疏忽、过失造成他人财产损失或人身伤害依法而产生的经济赔偿责任为保险标的的保险。

1896年，英国北方意外保险公司为开错处方的药剂师提供职业损害补偿，开了职业责任保险的先河。随着市场竞争的加剧，专业技术人员需要利用保险公司的相关保障来提高自己的信誉，吸引更多的客户，因此，西方发达国家对职业责任保险存在着较为迫切的需求，职业责任保险市场比较发达。在我国，近年来，随着经济、技术的不断发展与民事赔偿法律制度的完善，各种专业技术人员面临的职业损害赔偿责任日益增大，风险意识日益提高，职业责任保险逐渐被了解、运用，有着广阔的发展前景。

2. 职业责任保险的主要险种

（1）医疗职业责任保险

医疗职业责任保险也叫医生失职保险，承保医疗机构的医务人员在诊疗护理活动中，因执业过失造成病人死亡或伤残、病情加剧、痛苦增加等，受害者或其家属要求赔偿且依法应当由医疗方负责的经济赔偿责任，是职业责任保险中最主要的业务来源，几乎覆盖了整个医疗、健康领域及一切医疗服务团体。

（2）律师职业责任保险

它是以律师事务所或律师在从事诉讼业务时，因工作过错给委托人造成经济损失时依法应当承担的经济赔偿责任为保险标的的保险。律师职业责任保险产生的时间不长，大约于19世纪末20世纪初在西方发达国家诞生，目前被律师业较为发达的国家和地区广泛采用。律师职业责任保险于1994年进入我国，此后迅速发展，大多数开展财产责任保险业务的保险公司都已开展了律师职业责任保险。

（3）建设工程设计责任保险

它承保的是建设工程设计单位对于工程设计人员因工作上的疏忽或过失造成建设工程本身的物质损失、第三者人身伤亡或财产损失所应承担的经济损害赔偿责任。

（4）会计师责任保险

它承保因被保险人或前任或被保险人对其负有法律责任的主体，因违反会计业务上应尽的责任及义务，而使他人遭受损失，依法应负的经济赔偿责任，但不包括身体伤害、死亡及物质财产的损毁。

（5）其他职业责任保险

建筑、工程技术人员责任保险，美容师责任保险，保险经纪人和保险代理人责任保险，情报处理者责任保险等多种职业责任保险业务，在发达保险市场上同样受到欢迎。

3. 职业责任保险的一般内容

（1）保险标的

职业责任保险的保险标的是专业技术人员的职业责任。但并非所有的职业责任都能够成为职业责任保险合同的承保对象，必须具备以下条件，才能成为职业责任保险的保险标的：

① 它应当是具有合法执业资格的从业人员的职业行为；

② 它应当是专业技术人员基于主观上的过失而为的致害行为；

③ 它应当是专业技术人员在从事相应的专业技术工作过程中实施的致害行为；

④ 它应当是因专业技术人员实施的致害行为而产生的赔偿责任。

（2）保险责任

由于职业责任风险千差万别，不可能设计统一的或综合的保险条款及保险单格式，也不可能规定统一的责任范围，需要保险人根据不同种类的职业责任设计制定专门的保险单承保。但是，由于职业责任保险承保的内容是职业责任，在保险责任范围上存在许多共性的规定，通常包括以下两项内容：

一是由于被保险人职业上的疏忽或过失行为而造成委托人或其利益相关者的人身伤害和经济损失，依法应由被保险人承担的经济赔偿责任。职业责任保险人将被保险人有无“过失”的行为作为理赔的要件，被保险人因无过失行为所承担的经济损害赔偿责任一般不属于保险责任范围。

二是被保险人为缩小或减少对委托人或其他利害关系人的经济赔偿责任而支付的必要的、合理的费用，以及保险公司同意支付的、在约定限额内的诉讼费用、鉴定费、取证费等。以上费用一般在赔偿限额以外另行赔付，但若最终总的赔偿金额超过了赔偿限额，保险人只能按比例分担法律诉讼费用。

（3）保险费率

保险费率的确定是职业责任保险中一个非常复杂而且十分重要的问题。由于各类职业都有其自身的风险与特点，因此也需要有不同的费率。只有科学地厘定费率，才能既保证保险人有足够的偿付能力，又维护投保人的利益。

偿付能力是指保险公司履行赔偿或给付责任的能力，是保险公司资金力量与自身承担的风险赔偿责任的比较。一般来说，厘定职业责任保险的费率或收取职业责任保险的保险费，应着重考虑以下因素：

① 职业种类，指被保险人及其雇员所从事的专业技术工作；

② 工作场所，指被保险人从事专业技术工作的所在地，如医院所在地、会计师事务所所在地等；

③ 业务数量，指被保险人在保险期间内提供专业服务的数量、服务对象的数

量等，被保险人为执业机构的，还需考虑其从业人员的人数；

④ 被保险人的单位性质及公司治理结构，如营利性或非营利性、合伙制或股份制等；

⑤ 被保险人及其雇员的专业技术水平和执业资质；

⑥ 被保险人及其雇员的工作责任心和个人品质；

⑦ 被保险人职业责任事故的历史统计资料及索赔、处理情况；

⑧ 赔偿限额、免赔额和其他承保条件。

综合考虑以上因素后，保险人制定出标准不一的保险费率，以适应各类专业技术人员投保不同职业责任保险的需要。

（4）赔偿限额

职业责任保险的赔偿限额通常不按每次事故设定，而是规定一个累计赔偿限额，但也有一些承保人会采用每次事故的赔偿限额而不规定累计限额。法律费用在赔偿限额之外另行计算赔付，若被保险人最终的总赔偿金额超过了保险赔偿限额，则保险人只能按比例分担法律费用［见式（5–6）］。

$$\text{应付法律费用}=\text{实际支付的法律费用总额}\times\frac{\text{保险赔偿限额}}{\text{被保险人最终赔偿金额}} \quad (5\text{–}6)$$

（五）环境责任保险

1. 环境责任保险的概念与发展

环境责任保险又有“绿色保险”之称，是以被保险人因玷污或污染水、土地、空气而影响环境功能及资源的有效利用或危害人体健康和人类生活，依法应承担的民事赔偿责任为保险标的的保险。

与其他责任保险险种相比，环境责任保险产生较晚，大约在20世纪60年代以后才出现。一方面，为了遏制日益严重的工业污染，环保潮席卷了西方发达工业国家；另一方面，公民环境权理论的出现极大地推动了环境侵权理论的发展。20世纪70年代，一系列环境保护法案纷纷出台，各国对环境污染行为给予严厉处罚，罚金之高让非故意造成污染的企业面临破产倒闭的危险，企业主迫切需要转嫁责任风险，环境责任保险也因此发展起来。目前，主要发达国家的环境责任保险业务已经较为成熟，成为各国通过社会化、市场化途径解决环境风险管理的重要手段。

我国的环境责任保险始于20世纪80年代，产生之初是为了履行相关国际公约。我国于1980年加入《国际油污损害民事责任公约》，该公约明确规定了油污损害强制保险制度。1991年，中国人民财产保险股份有限公司（以下简称“人保财险”）和环保部门在大连试点，联合推出了我国第一张环境污染责任保险单。但除了为履行国际公约而承保的油污损失责任外，我国环境责任保险的发展十分缓慢。随着工业的高速发展和环境问题的日益突出，环境责任保险又在21世纪初重新成为各界关注的热点，一系列政策措施相继出台，推动了环境责任保险制度的建立。我国环境责任保险近年来虽有政策立法上的大力支持，但在实践中却“叫好不叫座”。如何摆脱一系列制约因素、应当选择怎样的制度模式等，都是我国环境责任保险发展面临的考验。

2. 环境责任保险的基本内容

环境责任保险要求的技术水平高，赔偿责任范围广，各家企业的生产经营模式各不相同，对环境的危害程度也不一样，这就要求保险公司在承保相关业务时，进行实地调查和评估，单独确定保险费率。

环境责任保险的责任范围，不仅包括因被保险人污染环境导致他人的人身或者财产的损害赔偿，而且包括被保险人根据法律规定应当承担的治理污染的责任。在投保时或者保险期限之内，被保险人要严格履行如实告知义务，对于可能影响环境污染评价的事项，要及时通知保险人。

环境责任保险一般将被保险人自己的财产损失作为除外责任来处理。也就是说，如果被保险人所有或者照管的财产因环境污染受到损害，保险人一般不负赔偿责任。

综合训练

一、单项选择题

1. 按照保险利益原则，财产保险合同生效后，如被保险人对保险标的失去了保险利益，则该合同（　　）。

A. 仍然有效　　B. 随之失效　　C. 自始无效　　D. 效力无法判断

2. 按照财产保险条款规定，可以作为财产保险保险标的的财产包括（　　）。

A. 票证　　B. 物质商品　　C. 技术资料　　D. 违章建筑

3. 不同的财产保险种类承保不同的保险标的。狭义的财产保险的保险标的包括（　　）。

A. 信用　　B. 机器设备　　C. 预期利润　　D. 民事赔偿责任

4. 厘定机动车辆保险费率时，保险人都十分重视从车和从人两方面因素，其中从车因素包括（　　）等。

A. 停放地点　　B. 驾龄　　C. 违章肇事记录　　D. 索赔记录

5. 家庭财产两全保险的保险费是（　　）。

A. 保险金额产生的利息　　B. 准备金产生的利息

C. 保险利益产生的利息　　D. 保险储金产生的利息

6. 公众责任保险承保的民事赔偿责任是（　　）。

A. 直接责任和间接责任　　B. 侵权责任和合同责任

C. 过失责任和刑事责任　　D. 民事责任和行政责任

7. 按照保险合同关系来看，机动车辆商业第三者责任险中的"第三者"是指（　　）。

A. 保险人　　B. 被保险人

C. 使用保险车辆的人　　D. 上述以外的其他人

8. 车辆损失险的保险金额的确定方式通常是（　　）。

A. 按保险人的要求确定　　B. 按出险时车辆的实际价值确定

C. 按新车购置价确定　　D. 按赔偿时车辆的实际损失确定

9. 目前，我国可供投保人选择的企业财产保险险别中，费率水平最低的险别是（　　）。

A. 综合险　　B. 一切险　　C. 基本险　　D. 财产险

10. 企业财产保险的特约可保财产有（　　）等。

A. 建筑物　　B. 机器设备　　C. 铁路　　D. 原材料

二、简答题

1. 财产保险的特征是什么?
2. 机动车损失保险的保险责任有哪些?
3. 我国交强险的特点有哪些?
4. 货物运输保险的特点是什么?
5. 试述产品责任保险的一般内容。

三、案例分析题

2008 年 10 月，澳大利亚达通贸易有限公司向我国华东吉发有限责任公司订购饲料用玉米 1 万吨。货船在厦门装船以后直接驶向达尔文港。途中船舶货舱起火，大火蔓延到机舱。船长为了船货的共同安全，命令采取紧急措施，往舱中灌水灭火。火虽然被扑灭，但由于主机受损，无法继续航行。为使货轮继续航行，船长发出求救信号，船被拖至就近的维佳港口修理，检修后重新将货物运往达尔文港。事后经过统计，事故总共造成如下损失：①2500 吨玉米被火烧毁；②1300 吨玉米由于灌水不能食用；③ 主机和部分甲板被火烧坏；④ 雇用拖船支付费用若干；⑤ 因为船舶维修，延误船期，额外增加了船员工资以及船舶的燃料。

试问：在上述各项损失中，哪些属于单独海损？哪些属于共同海损？在投保了平安险的情况下，被保险人有权向保险公司提出哪些赔偿要求？为什么?

第六章

人身保险

学习目标

通过本章的学习，掌握人身保险的概念、特点、分类及人身保险合同的常见条款；熟知传统寿险、特种寿险、创新寿险、年金保险、健康保险及人身意外伤害保险的含义与保险责任；能熟练运用本章知识作出合理保险规划。

案例导入

2015 年 6 月 22 日，李某购买了一份终身人寿保险。2017 年 12 月 3 日，李某因交通事故不幸死亡，他的家人带了相关证明资料，到保险公司申领保险金。保险公司在查验这些单证时，发现被保险人李某投保时填写的年龄与其户口簿上登记的不一致，投保单上填写的 63 岁是虚假的。实际上，投保时李某已经超出了人身保险条款规定的最高投保年龄。保险公司遂以李某投保时虚填年龄且李某投保时的实际年龄已超出了保险合同约定的年龄限制为理由，拒付该笔保险金，只同意扣除手续费后向李某家人退还李某的保险金。李某家人则以李某并非故意虚报年龄，不存在过错为由，要求保险公司按照合同支付保险金。请问保险公司是否应当作出支付？

让我们一起通过本章的学习，探寻问题的答案。

第一节　人身保险概述

一、人身保险的概念与特点

（一）人身保险的概念

人身保险是以人的生命和身体为保险标的的一种保险。它的基本内容是投保人与保险人通过订立保险合同明确双方的权利和义务，投保人向保险人缴纳一定数量的保险费，在保险期内，当被保险人发生死亡、伤残、疾病等保险事故或者生存至保险合同约定的年龄或期限时，保险人向被保险人或其受益人给付一定数量的保险金。

（二）人身保险的特点

1. 保险标的的不可估量性

人身保险的保险标的是人的生命和身体，其价值无法用货币来衡量，这与财产保险保险标的的货币可衡量性有很大的差异。由此，人身保险与财产保险产生了两方面重要区别。

（1）保险金额的确定方法不同

各种财产保险都有客观的实际价值，可以是用货币表示的市价或按市场价格估算的价值。保险标的客观价值是财产保险保险金额的确定依据。人身保险则不同，生命价值缺乏客观的估值标准，保险金额只能由投保人和被保险人双方约定。约定保险金额时一般要考虑两个因素：一是投保人对人身保险的需要程度；二是投保人的保费缴纳能力。如果保险金额定得过低，则失去了保险的意义；如果保险金额过高，又容易诱发道德风险甚至危及被保险人的安全。因此，双方当事人必须通过协商合理确定保险金额。

（2）保险合同的性质和权益不同

与财产保险的补偿性不同，人身保险是给付性合同。由于人身的无价性，只要人身受到保险责任范围内的伤害，保险公司就必须按事先合同约定的金额支付。基于相同的理由，人身保险不存在重复保险和代位追偿（医疗费用保险除外）等权益问题。因为人的生命、身体的价值无法以货币衡量，是不能定量的，投保人可以将同一人身标的向多家保险公司重复投保；如果保险事故是由第三者的责任造成的，被保险人或受益人可以同时向保险公司与肇事的第三者索赔，而无须转移追偿权至保险公司。

我国保险法第四十六条规定："被保险人因第三者的行为而发生死亡、伤残或者疾病等保险事故的，保险人向被保险人或者受益人给付保险金后，不享有向第三者追偿的权利，但被保险人或者受益人仍有权向第三者请求赔偿。"

2. 人身保险合同的长期性

与财产保险一般不超过一年的短期性不同，人身保险尤其是人寿保险多是长期性保险，保险期限短则数年，长则数十年甚至延续个人的一生。由此，人身保险业务在经营中产生了以下重要特点。

（1）人身保险多采用均衡保费的收取方式

与均衡保费相对的是自然保费。自然保费是按照不同年龄不同死亡率计算出投保人在当年应缴纳的保险费。被保险人年轻的时候，由于死亡率比较低，缴纳的保险费就比较少；被保险人年龄越大，死亡风险越高，所需缴纳的保费就越高。这看似符合公平的原则，收费与风险相对应，但却有可能导致被保险人在晚年最需要保险保障时无力负担递增的保险费而不得不退保，这样就失去了人寿保险存在的意义。为解决这一问题，1756 年，詹姆斯·多德森提出了均衡保险费理论，即某一投保人在整个保险期间每年的保险费保持相同水平，不随年龄的增大而变化。均衡保费在某一年龄时点前大于自然保费，此后又小于自然保费，等于将晚期应缴的部分自然保费提前缴付，从而有效地解决了老年人付费困难的问题（见图 6–1）。

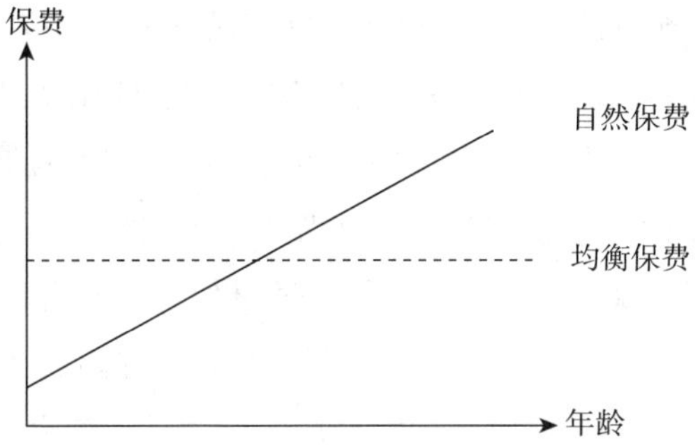

图 6–1　自然保费与均衡保费的比较

（2）人身保险的投资资金来源充足

在人身保险中，保险人可以从长期稳定的保费收入中积聚巨额的保险基金供中长期投资。保险人采取均衡保费的收取方式，意味着在每笔业务的缴费期，保险人都可以获得稳定的保险费，而在保险前期多收的保费，通常需要经过很长时间才被用于保险金支付。因此，保险人可以将此笔可观的资金用于各种投资。

（3）人身保险具有储蓄性

人身保险尤其是人寿保险不仅能提供经济保障，还兼有储蓄性。在人身保险均衡保费的收取方式下，存在保险人每年收取的保险费超过其当时需要支付的保险金的现象。这个超过部分是投保人提前交给保险人，用于履行未来义务的资金。在还没有履行保险义务期间，它相当于投保人存在保险人处的长期储蓄性存款。这笔存款由保险人通过各种形式的投资获取收益，保单持有人可以享受分红派利。

二、人身保险的分类

（一）按保障范围划分

根据保障范围不同，人身保险可分为人寿保险、健康保险、意外伤害保险。这是最常见的划分。本章后续各节将按此分类方法进行阐述。

人寿保险是人身保险中最主要、最基本的险种。人寿保险是以被保险人的生命为保险标的，以生存和（或）死亡为给付保险金条件。传统的人寿保险可分为死亡保险、生存保险和两全保险三类。20世纪70年代以来，保险人为了适应形势的变化，增加产品的竞争力，开发了一系列新型寿险，如投资连结保险、万能保险等。

健康保险是以人的身体为保险标的，当被保险人在保险期间内因保险责任范围内的疾病或意外事故导致伤害时，对其费用支出或收入损失提供补偿的一种人身保险。中国保监会2006年8月颁布的《健康保险管理办法》中，明确将健康保险分为疾病保险、医疗保险、失能收入保险和护理保险四大类。

意外伤害保险是以被保险人在保险期内遭受意外伤害事故造成死亡或残疾为保险事故的人身保险。意外伤害保险可以分为普通意外伤害保险和特种意外伤害保险两类。意外伤害保险的保费较低、保障程度高、投保简便，但此类险种的保单不具有现金价值。

（二）按保险事故发生的可能性划分

根据保险事故发生的可能性，即被保险人的人身危险程度不同，人身保险可分为健体保险和弱体保险。

健体保险又称标准体保险，是指对于身体、职业、道德等方面没有明显缺陷的被保险人，保险人按标准费率进行承保的保险。大部分人身保险险种都是健体保险。

弱体保险又称次健体保险或非标准体保险，是指被保险人的风险程度高于正常标准范围，保险人不能按标准费率承保，但可以通过附加条件承保的保险。

（三）按投保方式划分

根据投保方式不同，人身保险可分为个人保险、团体保险和联合保险。

个人保险是指被保险人只有一个人的人身保险，即一张保险单只承保一个被保险人。

团体保险是向一个团体的在职人员提供人身保险。保险人在承保时，并不对团体内的各个被保险人一一进行审查，而是考虑这一团体的总体危险程度。

联合保险以存在一定利害关系的两个或两个以上的人作为联合被保险人。父母、夫妻、子女、兄弟姐妹或合作伙伴等关系主体均可成为一份联合保险合同的被保险人。

第二节　传统人寿保险

一、传统寿险的种类

（一）定期寿险

1. 定义

定期寿险又称定期死亡保险，是指保险人对被保险人在期限内死亡负责给付保险金的人寿保险。

2. 特点

（1）保险期限固定

定期寿险只提供一个确定时期的保险保障。其保险期限可以为 5 年、10 年、15 年、20 年或 25 年不等，有的以达到特定年龄（70 岁）为保险期满。

（2）保费低廉

定期寿险保单的设计较为简单，通常也没有现金价值或红利，因此，保费相对比较低廉，可满足低收入者较高的保险需求，也可以作为终身寿险、两全保险等长期寿险的补充。

（3）容易产生逆向选择

定期寿险低费率和高保障的特点，意味着投保定期寿险可以以较少的支出获取较大的保障，所以容易产生逆向选择，表现为被保险人在感到或已经存在身体不适或处于某种极度危险时，往往会投保较大金额的定期寿险。

（4）属于纯保障型寿险

如果被保险人在保险期满后仍生存，保险人不给付保险金，也不退还保险费，保单也没有现金价值。

（二）终身寿险

1. 定义

终身寿险又称终身死亡保险，是指为被保险人提供终身保障的人寿保险。保单签发后，除非应缴的保险费未缴，否则被保险人在任何时候死亡，保险人都给付保险金。

2. 特点

（1）保险金给付的必然性

终身寿险没有确定的保险期限，自保险合同生效之日起，至被保险人死亡为止，无论被保险人何时死亡，保险人均按照合同约定给付死亡保险金。

（2）保单具有现金价值

终身寿险不仅提供保险保障，保单还累积现金价值，如果投保人中途退保，保险人必须支付退保金。

（3）终身寿险的“利他性”

通常终身寿险是为他人谋求利益的保险，即由受益人领取保险金。

（三）生存保险

生存保险是以被保险人在保险期满或达到某一年龄时仍然生存为给付条件的一种人寿保险。保险金的支付方式可以是一次给付（单纯的生存保险），也可以是分期给付（年金保险）。

1. 单纯的生存保险

单纯的生存保险以被保险人在保险期满或达到某一年龄时仍生存为给付条

件，并一次性给付保险金。只要被保险人生存到约定时间，保险人就给付保险金。若在此期间被保险人死亡，则不能得到保险金。在寿险实务中，单纯的生存保险一般不作为独立的保险险种出售，而是附加死亡或者意外伤害保险。

2. 年金保险

年金保险是指在被保险人生存期间，保险人按合同的规定每隔一个固定期限支付一定数额保险金的保险。年金保险大多用于养老，所以又称养老年金保险。

年金保险虽然与以死亡为给付条件的寿险基本原理相同，都是运用大数法则由多数人分担损失，但两者有本质的区别。

第一，防范的风险不同。年金保险防范被保险人因年老而导致生活费用来源不足的财务风险。人寿保险防范被保险人因早亡给家庭带来收入损失的财务风险。

第二，适宜人群不同。人寿保险适合家庭经济压力比较大的人，尤其是上有老下有小、作为家庭经济支柱的人群，以防止被保险人自己出现意外导致家庭收入骤降。年金保险适合经济压力不大、有一定灵活积蓄的人，为自己的晚年生活提早作出规划。

第三，保险费率测算的依据不同。年金保险承保生存风险，生存率随着年龄的增加而降低；人寿保险承保死亡风险，随着年龄的增长而加大；二者呈相反趋势。因此，年金保险计算保险费率时依据生命表中的生存率；人寿保险则依据生命表中的死亡率，还要综合考虑被保险人的健康状况、家庭病史、职业、收入、地区，甚至个人癖好等因素。

第四，逆向选择结果不同。身体健康、预期死亡率低于平均水平的人更倾向于购买年金保险，而身体不好、预期死亡率高于平均水平的人更倾向于购买人寿保险。

（四）两全保险

两全保险，又称生死合险，是指被保险人在保险期内死亡或保险期满时生存，均能获得保险人保险金给付的保险。它是死亡保险与生存保险的结合，是人身保险中承保责任最全面的一个险种。

二、寿险合同的常见条款

（一）不可抗辩条款

不可抗辩条款又称不可争条款，是指在被保险人生存期间，从保险合同订立之日起满 2 年后，除非投保人停止缴纳续期保险费，否则保险人不得以投保人在投保时的误告、漏告和隐瞒事实等为由，主张合同无效或拒绝给付保险金。合同生效的 2 年内为可抗辩期，超过 2 年后就变成不可抗辩期。该条款旨在保障被保险人的利益，以防止个别不负责任的保险公司在有赔偿事故发生时，故意与被保险人为难，以逃避赔偿责任。

（二）年龄误告条款

年龄与性别是人寿保险中的重要事实，直接影响到投保人的投保成本。投保人在投保时误告被保险人的年龄，致使投保人支付的保险费少于应付保险费的，保险人有权更正并要求投保人补缴保险费，或者在给付保险金时按照实付保险费与应付保险费的比例支付。投保人申报的被保险人年龄不真实，致使投保人支付的保险费多于应付保险费的，保险人应当将多收的保险费退还投保人。

年龄误告保险金额给付的调整公式为：

$$\text{调整后的保险金额}=\frac{\text{实缴保险费}}{\text{应缴保险费}}\times\text{原保险金额} \tag{6-1}$$

（三）宽限期条款

宽限期条款是对没有按时缴纳续期保费的投保人给予一定的时间宽限（通常是 30 天或 60 天）去缴纳续期保费。在宽限期内，即使未缴保险费，保单仍然有效；如果超过宽限期，投保人仍未缴纳保险费，保险合同效力中止。

（四）中止与复效条款

如果投保人在宽限期满时仍未交付保险费，并且保险合同里没有其他约定的，保险合同效力中止。

在保险合同效力中止后，投保人可以在一定时期内（通常是 2 年）申请恢复原保险合同的效力，此即复效。在复效之前，因合同已经停止效力，若发生保险事故，保险人可以拒绝给付。

申请复效通常要求具有下列条件：① 复效申请不能超过规定期限，并且不曾退保或把保险单变更为定期寿险；② 被保险人要符合可保条件，以防范逆向选择风险；③ 投保人须补缴失效期间欠缴的保险费及利息，扣除应分配的红利，并归还所有保险单质押贷款。

（五）保费自动垫缴条款

该条款通常规定，投保人在合同有效期内已缴足 2 年以上分期保险费的，因故未能在宽限期内交付保险费时，保险人可以用保单的现金价值自动垫缴投保人所欠保费，使保单继续有效。如果垫缴后，投保人保费仍未交付，垫缴应继续进行，直到累计的贷款本息达到保单上的现金价值时，保险合同的效力中止。此中止适用于复效条款。

保费自动垫缴条款的规定是为了避免非故意的保单失效，维持保单的有效率。为防止投保人的过度使用，有的合同要求投保人须申请才能办理，有的合同对自动垫缴使用设定限制次数。

（六）不丧失价值任选条款

此条款规定，长期寿险合同的投保人享有保单现金价值的权利，不因保单效力的变化而丧失。也就是说，即使保险合同解约或终止，保单的现金价值依然存在。保险人应当在其保险单上附上现金价值表，有的还应说明计算方法，从而使投保人能准确知道保单的现金价值量。

投保人对现金价值的处理可以有以下三种方式：① 办理退保，领取退保金；② 把原保险单改为展期保险单；③ 将原保险单变更为减额缴清保险单。

（七）保单贷款条款

该条款规定，人寿保险单经过 2 年时间后，如果投保人有临时性的经济上需要，可以将保单作为质押向保险人申请贷款，贷款金额本息不得超过保单累积的现金价值。保险单抵押贷款制度可使投保人以简便手续借款，有利于提高人寿保险的使用价值，同时也降低了保险解约率。

（八）红利任选条款

寿险保单包括分红保单和不分红保单。如果投保人投保的是分红保单，便可享受红利分配的权利。红利来源于利差益、费差益和死差益。红利的领取方式一般有领取现金、抵缴续期保费、存储生息、缴清增额。

（九）自杀条款

为了更好地保障投保人、被保险人、受益人的合法权益，保险人也出于维护自己利益的考虑，很多人寿保险合同中都将自杀列入保险条款。通常规定：在保险合同成立之日起及复效后的一段时间内（我国规定为2年），被保险人自杀，保险人不承担给付保险金的责任，但是对投保人已支付的保险费，保险人按照保险单退还；而超过规定时间之后，被保险人自杀，保险人按合同给付保险金。

（十）受益人条款

规定受益人条款的目的在于明确当被保险人死亡时，受益人有权领取保险金。若未指定受益人，则当被保险人死亡后，保险金将以遗产的方式由被保险人的法定继承人继承。

受益人条款一般包括两个方面的内容：一是明确规定受益人；二是明确规定是否可以变更受益人。

按身份不同，可将受益人分为可撤销受益人和不可撤销受益人两种。可撤销受益人是指保单所有者有权撤销受益人的身份。不可撤销受益人是指受益人身份的撤销权限仅归受益人本人拥有，保单所有人若想作出某些决定，必须征得不可撤销受益人的同意。实际上相当于保单所有人和受益人共同拥有保单。

第三节 特种人寿保险

通常把除传统人寿保险之外具有特定目的、特殊保险对象、特别保险责任或特别承保方式的人寿保险称为特种人寿保险。

一、简易人寿保险

为了使低收入阶层也能获得人寿保险的保障，美国谨慎保险公司在 19 世纪中叶首先推出了简易人寿保险。它是一种保险金额低、免验体格的死亡保险或两全保险，对每一保单或每一被保险人的保险金额有最高额限制。例如，在美国，每张保单或每位被保险人的最高保险金额通常为 5000 美元，我国则限制为最高保额人民币 1 万元。

简易人寿保险的保险费率相对高于普通终身寿险，原因有三：一是被保险人一般是低收入阶层，又未经过体检，因而死亡率相对要高；二是保险费由保险代理人或保险人委托的邮政人员每周或每月上门收取，增加了销售和管理费用；三是保险单失效率高。

简易人寿保险在 20 世纪三四十年代达到发展高峰期，曾成为美国人寿保险的第二大险种，有效人寿保险金额一度占到总有效人寿保险金额的 18% 左右；但时至今日已风光不再，仅占总有效人寿保险金额的 1%，主要是由于雇主举办的团体人寿保险得到迅速发展，以及大多数美国工人购买大额人寿保险的经济能力增强。

二、弱体保险

弱体保险是以身体有缺陷或从事危险职业的人作为被保险人的保险。在此项保险中，保险人要求被保险人提供本人病历、家属死亡年龄、本人职业、居住条件等一系列材料，依据这些对其评分，计算其死亡指数。若指数符合标准，则可作为弱体承保，否则将不予承保。

弱体保险的承保方式有以下三种：

第一，保额削减法。即对被保险人按正常费率承保，但若被保险人在投保的最初几年内死亡，保险人按比例减少保险金额给付，然后逐渐趋于正常。这种处理方式主要适用于递减型危险者，如受外伤的人等。

第二，年龄增加法。即按高出被保险人实际年龄若干岁的年龄计算保费。这种处理方式适用于递增型危险者，如某种病人等。

第三，征收额外保费法。即针对被保险人的额外风险，增加收取一个固定的费率。这种处理方式适用于固定性额外危险的被保险人，如有职业危险的被保险人等。

三、修正终身寿险

修正终身寿险指的是保费或保险金额可以根据家庭经济状况和生命周期的变化进行相应调整的保险。而传统寿险一般不允许改变保费与保险金额。

（一）保费修正终身寿险保单

它是普通终身寿险保单的一个变种，允许投保人最初几年，如 5 年、10 年不等，以低于正常的保费率缴纳保险费，此后须以高于正常的保费率缴纳保费（见图 6–2）。

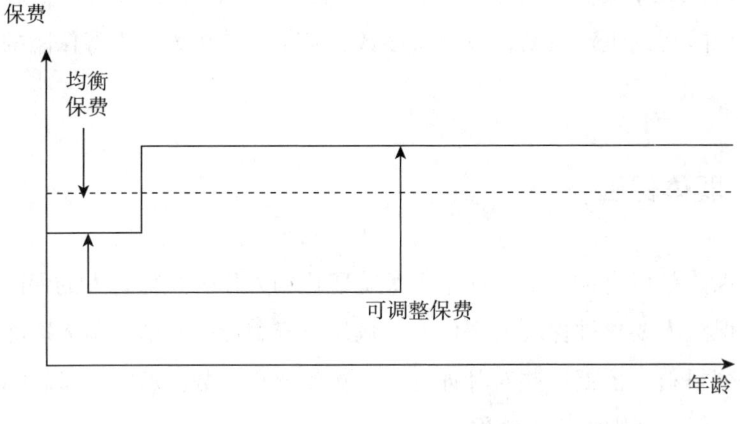

图 6–2　保费修正终身寿险保单

（二）保额修正终身寿险保单

它是基于年纪越大，需要的保险金额越小的假设而设计的一款特别保单。比如，被保险人随着年龄增长，可能还清了各种债务和抵押贷款，子女已经独立成家，经济负担可能减轻。在这种保单之下，保险金额会在被保险人达到某指定年龄时自动减少。例如，一个保额修正终身寿险保单的初定保额为 2.5 万元，当被保险人达到 60 周岁时，保额下降到 2 万元，到 70 周岁时进一步下降为 1.6 万元，然后在被保险人的余生保持不变。

四、家庭收入保险

家庭收入保险通常由有家庭负担的年轻夫妇购买，在被保险人过早死亡的情况下，保险公司向受益人即其供养的配偶或抚养的子女给付年金，以提供生活费用。它是保额递减定期死亡保险和终身寿险的结合（见图 6–3）。

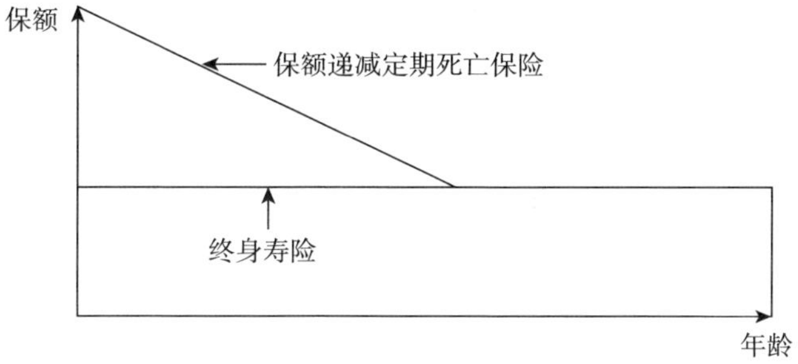

图 6–3　家庭收入保险

例如，一个年轻丈夫购买了一份保险金额为 10 万元、保险期限为 10 年的家庭收入保险，保单规定在被保险人死亡后保险公司向受益人每月给付 1000 元（给付金额为 1% 的保险金额），并且保险期满时保险公司给付相当于保额的保险金。如果他在保险单签发后第 5 年死亡，则给付期为 5 年，保险公司共支付 16 万元（5×12×1000+100000）；若第 7 年死亡，则给付期为 3 年，保险公司共计支付 13.6 万元（3×12×1000+100000）；若超过 10 年后的死亡，则给付期为 0 年，但须支付保险金额 10 万元。

五、家庭抚养保险

家庭抚养保险与家庭收入保险相似，主要区别是该保险受益人可以享有更充分的保障。只要被保险人是在保险期内死亡，保险公司就会向其受益人按相当于保险期限的给付期支付年金，并且给付期满后，保险公司还会向其受益人给付相当于保额的保险金（见表 6–4）。

例如，将上例改为一份家庭抚养保险单，无论被保险人在保险单签发后的第几年死亡，只要是在保险期限内，给付期都是 10 年，且给付期满后支付相当于保额的保险金，受益人共获取 22 万元（10×12×1000+100000）。

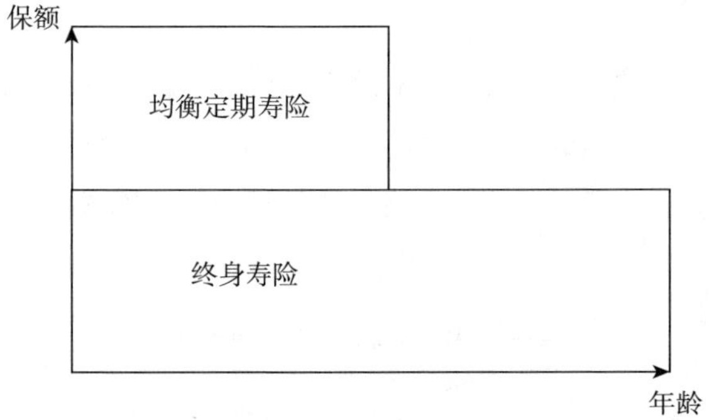

图 6–4　家庭抚养保险

六、家庭保险

家庭保险为整个家庭的每个成员提供保障，通常向户主提供终身寿险，向其配偶（期限到户主 65 岁为止）和子女（期限到子女 21 岁为止）提供定期寿险。这种保险的保额用单位表示，如一个单位保额可以提供户主 1 万元的终身寿险、配偶 5000 元的定期寿险、每个子女 1000 元的定期寿险。许多保险公司允许的最大保额为 5 个单位保额。

对子女的保障是一种定额的定期寿险。其保费是一固定数额，不随子女数量而改变，即缴纳一定的保费可向所有子女提供保障，家庭新生孩子（寿命超过 15 天）会在该保单下自动享受这种保障而不用增加保费。

七、子女保险

子女保险又称少儿保险或儿童保险，是父母或抚养人为其刚出生至 14 岁或 15 岁的子女投保的一种人寿保险，有终身寿险或两全保险两种形式。

子女保险有多种保险单，其中一种叫“跳跃式”的子女保险规定：被保险人的投保年龄为 1 岁至 15 岁，以每 1 万元为一个保险金额单位，当被保险人的年龄达到 21 岁时，一个保险金额单位自动增加到 5 万元，即增加 5 倍，而无须增加保险费。子女保险使家长能以较低的费率为其子女建立一个长期寿险计划。

八、信用人寿保险

信用人寿保险是商业银行、储蓄和贷款协会对以抵押贷款购买住宅的债务人的信用风险进行转嫁的一种保险。它以债务人为被保险人，以债权人或债权人指定的人为受益人，在债务人未偿清贷款之前死亡或全部丧失工作能力的情况下，由保险公司负责偿还未偿贷款余额。

它是一种保险金额递减的定期死亡保险，保险金额随着贷款的偿还递减。当贷款全部还清时，保险责任终止。

第四节　创新型人寿保险

20 世纪 70 年代，整个西方世界发生了严重的通货膨胀，利息率明显提高，对传统均衡保费下终身寿险的竞争能力和盈利能力提出了挑战。

在 20 世纪 70 年代以前，寿险公司都是根据利率和保单持有人行为的静态假设厘定保险费率，且常为均衡保费。但是，随着利率的剧烈波动，保单持有人的行为发生了变化；或是用寿险保单作抵押取得贷款，然后再将贷款投资于高利率的其他产品；或是直接退保，通过退保后再投资的方式以取得更多的投资收益。由保单质押贷款和退保引起的“资金游离”成为人寿保险业面临的重大问题。寿险公司根据利率和保单持有人行为的静态假设厘定费率的方法亟待调整。在此背景下，面临财务困境的人寿保险公司设计开发了一系列创新产品以提高竞争力。在美国被称为变额人寿保险（variable life insurance）、万能人寿保险（universal life insurance）、变额万能人寿保险（variable universal life insurance），在英国被称为单位基金连结保险（unit-linked policy），在加拿大被称为权益连结保险（equity-linked policy），在新加坡、中国大陆被称为投资连结保险（investment-linked life insurance）。

一、变额人寿保险的概念及特征

（一）变额人寿保险的概念

变额人寿保险简称变额寿险，是一种死亡保险金和现金价值随分立账户资产的投资业绩上下波动的终身寿险。

（二）变额人寿保险的特征

与传统寿险相比，变额寿险通常具有以下特点：

1. 保费固定，保额可变

变额寿险的保费与传统寿险产品相同，是固定的，但是保险金额被分成基本保险金额与额外保险金额两部分。基本保险金额是固定的，是给予被保险人的最低保障金额；额外保险金额则是变动的，取决于投保人选择的投资分立账户的投资收益。

2. 设立分立账户

人寿保险公司将客户交付的保险费分成保障和投资两个部分，多数为投资部分。投资部分单独开立一个分立账户或多个收益、风险特性不同的分立子公司，由保险公司本身或委托基金公司专业经营。投资部分的回报率是不确定的，保险金额随投资收益的变化而变化。

3. 保单所有人拥有投资决策权

传统寿险业务中，保险资金投资的决策权属于保险公司，由保险公司按照安全性、收益性、盈利性原则，在保险法律规定的范围内进行投资。而在变额寿险中，保险人一般不能直接运用变额寿险的资金，而是按照保户指定的运用方式，根据保户的委托，将其保单项下积累的资金投资于共同基金、股票、债券或货币市场基金。保险人会根据资产运用状况，对分立账户的资产组合不断进行调整；保单所有人也可以至少每年一次在各种投资产品中自由选择调整组合。

4. 投资风险由客户承担

在变额寿险中，保险人只负责死亡风险和费用风险，即保证被保险人最低的死亡给付金额，而投资风险则由保单持有人全部承担。如果资金运用得好，可多得保险金，如果资金运用得不好，就少得保险金。

二、万能人寿保险

万能人寿保险又称综合人寿保险，是一种缴费灵活、保险金额可调整的寿险。1979 年，世界上第一款万能寿险在美国应运而生。当时是为了满足要求保费支出较低且缴纳方式灵活的寿险消费者的需求而设计的，一经推出就受到了市场的青睐。万能寿险具有以下特征：

（一）缴费灵活

相对于传统寿险而言，万能寿险的缴费基本上不具备强制性。大多数万能人寿保险单只限定首期保险费的最低金额，以后每年交付多少保险费由投保人自己决定。投保人交付的保费必须以维持保险合同的有效性为条件，一旦保单的现金价值低到不足以维持以后 60 天的死亡给付分摊和费用，保单将自动失效。不过在保单失效之前，保险公司会寄一份保费催缴单，提醒保单所有人，除非再交付保险费，否则将会中止保险。此时，保单所有人可以在最低和最高保险金额之间选择任意金额交付保险费。

由于万能寿险没有对保费缴纳的严格限制，其潜在弊端是保单持有人会轻易退保。而寿险公司自然希望保单所有人连续交付保险费，积累金额可观的现金价值。为了弥补这一缺陷，寿险公司使用下列几种措施来促使保单所有人定期交付保险费：规定一个目标保险费，如每年 750 美元，这样保单所有人可以提前计划其开支，按时寄送交付目标保险费的催单；可以要求保险单所有人签发一张银行汇票，授权保险公司从他的银行支票存款账户定期收取目标保险费。

（二）透明度高

相对于其他险种而言，万能寿险的费用非常透明，保险人向每个保单所有人发送年度、半年度或季度报告，向客户说明保费、保险金额、利息、保险成本、各项费用及保单现金价值的数额及变动状况，从而便于客户在不同产品间进行对比，并监督保险公司的经营状况。

保险公司替每个保险单持有人设置了单独账户，该账户上有三个收入项目：新缴保险费、对现金价值保证支付的利息、对现金价值支付的超额利息。支出项目有两个：按死亡率收取的提供死亡给付保障的费用、管理和销售费用。收支余额可以用来增加保险单的现金价值。

（三）保险金额可调整

万能寿险的保单持有者可以在一定限制范围内选择所需要的保额。万能寿险为投保人提供两款死亡给付方案：A 计划和 B 计划。

A 计划是一种均衡式给付，死亡保险金不变，始终等于保单保险金额的万能寿险，类似于传统的具有现金价值的终身寿险。在保险有效期内，发生保险事故，受益人得到约定的死亡给付金。该计划的净危险额随着保单现金价值的增加而减少。计算公式如下：

$$\text{死亡保险金}=\text{保险金额} \tag{6-2}$$

$$\text{净风险保额}=\text{死亡保险金}-\text{现金价值} \tag{6-3}$$

B 计划是一种递增式给付，死亡保险金会不断增加的万能寿险。死亡给付额为均衡的净风险保额与现金价值之和。现金价值的变化直接影响死亡给付额，即死亡给付额与现金价值成正比，如果现金价值增加了，死亡给付额会等额增加。但是，不会改变净风险保额，净风险保额不随时间变化。计算公式如下：

$$\text{死亡保险金}=\text{保险金额}+\text{现金价值} \tag{6-4}$$

$$\text{净风险保额}=\text{保险金额} \tag{6-5}$$

（四）保证收益

万能寿险多承诺给予客户保底收益率，目前较多给定的收益率为1.75%~2.5%。即使保险公司的实际投资收益率低于这个数字也得支付这个收益率。此外，允许保单所有人与保险公司分享超额的投资收益。例如，本期投资收益率达到5%，与保证的投资收益率的差异是2.5%，保单持有人和保险公司可以分享这超额的投资收益。当然，各公司的保证收益并不相同，最终收益还是取决于保险公司的资金运用水平和综合管理能力。另外，需要注意的是，万能险的保证收益并不是全部保费的收益率，而是扣除费用及保障成本后的保费进入单独账户的部分。

三、变额万能人寿保险

变额万能人寿保险简称变额万能寿险，是针对将寿险保单的现金价值视为投资的保单所有人设计的。它是一种终身寿险，将万能寿险的缴费灵活性、死亡保险金的可变性和变额寿险的投资弹性相结合。其具有以下特点：

第一，变额万能寿险遵循万能寿险的保费缴纳灵活的原则，保单持有人可以在规定限度内自行决定每期保费支付金额，或在具备可保性及符合保单最低保额的条件下，任意选择降低或调高保额。

第二，变额万能寿险的资产与变额寿险相同，也是通过分立账户保存，其现金价值的变化与变额寿险相同，且没有最低投资收益率和本金的保证。换言之，最坏的预计现金价值可能会降至零。因此，在美国，此产品被认为是一种投资证券产品，必须在美国证券交易委员会注册，由有证券经纪商许可证和保险从业资格的代理人销售。

第三，变额万能寿险的投资与变额寿险一样，是多种投资基金的集合。保单所有人可以在一定时期内将其现金价值从一个账户转移到另一个账户。

第四，变额万能寿险的死亡给付额采用与万能寿险相同的方式。可由投保人自行选择，或为A计划——均衡死亡给付方式，或为B计划——死亡给付额随投资资产价值的不同而不同。

第五，变额万能寿险中，保单所有人承担了其投资账户上资产的全部投资风险。如果投资账户的资产增值则皆大欢喜，不会减少收益，而且保单也有效；但一旦保单的现金价值减少为零，若投保人没有足够的保费缴纳，保单将会失效。

变额万能寿险与传统的保险产品完全不同。由于它具有很强的投资功能，加上其在保费缴纳上的灵活性、死亡保险金的可选择性，因此各国对其的经营和管理都有较高要求。此类保险为高级投资连结产品。

第五节　意外伤害保险

意外伤害保险起源于 15 世纪，最初是作为海上保险的补充，以保障经海上贩运的奴隶，后来，船长船员也投保此险。但是，意外伤害保险的真正形成和发展是从 19 世纪 40 年代火车发明之后开始的。在最初使用铁路时，乘火车旅行有一定风险，于是在 1848 年，英国开办旅行意外伤害保险，保险期限是一个旅程。此后，这种保险逐渐从铁路客运扩展到其他常常遭受伤害的部门。随着业务的不断扩大，保障的范围也在扩大。我国在 1950 年由中国人民保险公司正式面向全国提供意外伤害保险服务。

一、意外伤害保险的概念

意外伤害保险是指在保险期内因发生意外事故致使被保险人死亡或伤残，保险人按照合同的规定向被保险人或受益人给付保险金的保险。意外伤害保险是人身保险的一种，但有些国家把意外伤害保险归于非寿险，因为意外伤害保险在保险期限、费率厘定和责任准备金计提等方面与财产保险有相似之处。我国保险法第九十五条规定："经营财产保险业务的保险公司经国务院保险监督管理机构批准，可以经营短期健康保险业务和意外伤害保险业务。"

从概念中可以看出，对意外事故的界定至关重要，直接影响到保险公司是否承担赔偿责任。意外事故的构成要具备三个要素：

第一，非本意的。具体可以从三个层面作出分析：① 事先无法预料的和非故意的伤害，如高空坠物引起的路人伤害。② 事先能够预见但是因为过失或疏忽没有预见，如在停电时未切断电源修理线路，不久恢复供电而触电受伤。③ 事先能预见但违背主观意愿。一种情况是预见到事故即将发生，但在技术上已不能采取措施避免。如海上航行突遇暴风雨，无法自救；另一种情况是已预见到事故的发生，在技术上也可以避免，但由于法律或职责上的约束与规定而不能躲避，如警察与歹徒搏斗受伤等。

第二，外来的。指被保险人身体外部原因造成的身体伤害，而不是人体内部生理机制的作用或新陈代谢的结果。例如食物中毒、烫伤等。

第三，突然的。指相对于缓慢发生的事件而言，事故的原因与伤害的结果之间具有很直接的关系，并且这种关系的出现是突发的。如吸入剧毒气体立即使身体遭受损伤，可作为意外伤害事故，但像硅肺这类职业病，其伤害是逐步造成的，不属于意外事故。

二、意外伤害保险的可保风险

意外伤害保险承保的人身风险是意外伤害，但并非一切意外伤害都是保险人所能承担和保障的。按照是否可保划分，意外伤害可以分为不可保意外伤害、特约承保意外伤害和一般可保意外伤害。

（一）不可保意外伤害

不可保意外伤害是指违反法律规定或违反社会公共利益的行为引发的意外伤害，具体包括：

① 被保险人自残或自杀行为导致的意外伤害；

② 被保险人在犯罪过程中所受的意外伤害；

③ 被保险人在寻衅斗殴中遭受的意外伤害；

④ 被保险人在酒醉，吸食、服用或注射毒品、国家管制的精神药品或麻醉药品后发生的意外伤害。

（二）特约承保意外伤害

特约承保意外伤害是指只有经过投保人与保险人特别约定，有时还要另外加收保险费之后才予以承保的意外伤害。具体包括：

① 被保险人在从事登山、跳伞、滑雪、攀岩、蹦极、赛车、摔跤、武术比赛、江河漂流等剧烈的体育活动或比赛中遭受的意外伤害；

② 战争、军事行动、核爆炸、核辐射等使被保险人遭受的意外伤害；

③ 医疗事故造成的意外伤害（如医生误诊、药剂师发错药品、检查时造成的损伤等）。

（三）一般可保意外伤害

除了不可承保意外伤害、特约承保意外伤害，均属于一般可保意外伤害。需要说明的是，一般可保意外伤害与特约承保意外伤害之间并没有绝对的界限，即一般可保意外伤害可以因时、因地、因保险公司而有差异。某些保险公司可能会根据自身的技术条件、承保能力及经营业务地区的情况，把某些一般可保意外伤害列为特约承保意外伤害；而某些曾经因为危险程度过高而被列为特约承保意外伤害的活动，会随着科学技术的发展导致危险程度不断降低，变为一般可保意外伤害。如，被保险人因飞机失事造成的意外伤害曾被列为除外责任，只有经过特别约定才能承保，但如今该风险已成为一般可保意外伤害。

三、意外伤害保险的特点

（一）保险期限相对较短

人寿保险的期限一般超过 1 年，可能是 10 年、20 年、30 年甚至被保险人的终身；而人身意外伤害保险的保险期限较短，一般不超过 1 年，短的甚至只有几天或几个小时。如公路旅客意外伤害保险只承保旅客从上车到下车这一段时间；游泳者平安保险的保险期限更短，只有一个场次。

（二）保险事故的发生具有一定的季节性

一般而言，春秋季节是旅行者人身意外伤害保险的旺季；炎夏季节则是游泳溺水等相关风险多发季节；寒冬季节常常冰雪铺路，跌滑致伤者较多；台风季节，人身事故较多。

（三）纯保费的计算依据是意外事故发生的概率

人寿保险承保的是人的自然生死，而一般认为自然死亡率取决于年龄，其大小可由生命表查出，因此人寿保险的纯保费依据生命表和利息率计算。而意外伤害保险承保的是意外伤害事件，与性别及年龄关系不大，而与被保险人的职业、工种、从事活动的危险程度密切相关。因此，意外伤害保险的费率是依据过去各种意外伤害事故发生概率的经验及其对被保险人造成的伤害程度等进行分类、统计、计算的。

（四）承保条件一般较宽

由于疾病在意外伤害保险中属于除外责任，因此保险公司在承保时条件比较宽，高龄人士也可以投保，对被保险人的身体也不作健康检查。

（五）保费低廉，一般不具备储蓄功能

在保险期终止后，即使没有发生保险事故，保险公司也不退还保险费。所以一般保费较低，保障较高。

（六）给付方式为定额给付

在意外伤害保险中，死亡保险金的数额是保险合同中约定的，当被保险人死亡时如数给付；残疾保险金多按保险金额的一定百分比给付，一般由保险金额和残疾程度两个因素确定。

四、意外伤害保险的分类

意外伤害保险可以单独承保，也可以作为一种附加险承保。人身意外伤害保险的分类方法有多种，可以按照承保危险、保险期限和保险责任分类。

（一）按承保危险不同分类

按照保险承保危险不同，可以分为普通意外伤害保险和特种意外伤害保险。

1. 普通意外伤害保险

普通意外伤害保险又称一般意外伤害保险或个人意外伤害保险，指被保险人在保险有效期内因遭受意外伤害而死亡、残疾时，由保险人给付保险金的保险。它通常是一种独立的险种，多采用短期保险的形式。在实际业务中，大多数意外伤害保险均属普通意外伤害保险。例如，我国的学生团体平安保险以在校学生为保险对象，在保险期内，不论被保险人在校内或校外，凡因意外事故或疾病致死或致残，均按合同规定给付保险金。

2. 特种意外伤害保险

特种意外伤害保险的保险责任仅限于特定原因、特定时间、特定地点遭受到的意外伤害。例如，游泳者平安保险的保险责任仅限于在游泳池（场）内发生的溺水事件。这类保险通常需要投保人与保险人特别约定，有时保险人还要求加收保险费。此类保险承保的意外伤害包括：战争所致的意外伤害；从事剧烈体育运动、危险娱乐运动所致的意外伤害；核辐射造成的意外伤害；医疗事故所致的意外伤害；等等。这些特约承保的意外伤害可以单独承保，也可以在其他保险单中附加或签注特约或出具批单从除外责任中剔除。

（二）按保险期限不同分类

按照保险期限不同，可以分为极短期意外伤害保险、一年期意外伤害保险和多年期意外伤害保险。

1. 极短期意外伤害保险

极短期意外伤害保险是指保险期限不足一年只有几天、几个小时甚至更短时间的意外伤害保险。我国目前开办的索道游客意外伤害保险、大型电动玩具游客意外伤害保险、航空人身意外伤害保险等均属于极短期意外伤害保险。

2. 一年期意外伤害保险

一年期意外伤害保险是指保险期限为一年的意外伤害保险。在我国的保险市场中，这类保险占很大的比重。

3. 多年期意外伤害保险

多年期意外伤害保险是指保险期限超过 1 年的人身意外伤害保险。如我国开办的长效还本意外伤害保险，该险种的保险期限有 3 年、5 年、8 年等，被保险人可以自己选择，投保时缴纳的保险费本质上是一笔保险本金，其金额取决于保险期限、保险金额、被保险人的职业以及相应年期的利率。当被保险人在保险期限内遭受意外伤害造成死亡或伤残，保险人给付死亡保险金或伤残保险金，当保险期满时，无论是否发生过保险金支付，保险本金都将返还。其实长效还本意外伤害保险中的保险费就是保险本金在保险期限内所产生的利息。

（三）按保险责任不同分类

按照保险责任不同，人身意外伤害保险可分为意外伤害死亡伤残保险、意外伤害医疗费用保险和意外伤害收入损失保险。

1. 意外伤害死亡伤残保险

意外伤害死亡伤残保险通常简称为意外伤害保险，是以被保险人因意外伤害所致的死亡和残疾为给付条件的人身保险业务。它的保障项目包括：意外伤害造成的死亡和意外伤害造成的残疾等两项。该险种是意外伤害保险最基本的险种。

2. 意外伤害医疗费用保险

意外伤害医疗费用保险是以被保险人因遭受意外伤害需要就医治疗而发生的医疗费用支出为保险金给付条件的人身保险。它的保险责任是被保险人因遭受意外伤害需要治疗时支付的治疗费用，保险人按合同规定进行经济补偿。

意外伤害医疗费用保险的补偿方式有两种：① 补偿式，即在保险金额的限度内根据实际支出的医疗费用进行补偿。被保险人在合同有效期内，不论一次还是多次因遭受意外伤害而需医院治疗，保险人均按规定支付保险金，但累计给付医疗保险金不超过保险金额。② 定额给付式，即在一定时期内，不管被保险人实际支出的医疗费用，只按约定的保险金额给付医疗保险金。在此险种中，因疾病所致医疗住院费用等属于除外责任。此险种大多为附加条款附加在主险上。

3. 意外伤害收入损失保险

意外伤害收入损失保险指当被保险人由于遭受意外伤害暂时丧失劳动能力而不能工作时，保险人给付误工损失保险金的一种保险。由于薪金标准不好掌握，故目前我国这类险种并不多见。

五、意外伤害保险的内容

（一）意外伤害保险的保险责任

意外伤害保险的保险责任由三个必要条件构成，三者缺一不可：被保险人在保险期限内遭受了意外伤害；被保险人在责任期限内死亡或残疾；被保险人受意外伤害是其死亡或残疾的直接原因或近因。

1. 被保险人在保险期限内遭受了意外伤害

被保险人在保险期限内遭受了意外伤害是构成意外伤害保险的保险责任的前提条件。具体包括两个方面：一方面，被保险人遭受意外伤害必须是客观事实，而不是主观臆想或推测。另一方面，被保险人遭受意外伤害的客观事实，必须发生在保险期限内。

2. 被保险人在责任期限内死亡或残疾

责任期限是意外伤害保险和健康保险特有的概念，指被保险人从可保意外伤害发生之日起的一定期限，如 90 天或 180 天等。

如果被保险人在保险期限内遭受意外伤害，在责任期限内死亡，显然构成保险责任。但是，如果被保险人在保险期限内因意外事故下落不明，从事故发生之日起满两年，法院宣告被保险人死亡，但已超过责任期限，保险人是否承担保险责任呢？针对这种情况，可以在意外伤害保险条款中订立失踪条款，或在保险单上签注关于失踪的特别约定，规定被保险人确因意外伤害事故下落不明超过一定期限时（如 3 个月或 6 个月），视同为被保险人死亡，保险人给付死亡保险金，但如果被保险人日后生还，受领保险金的人应如数返还保险金给保险人。

对于意外伤害造成的残疾，责任期限实际上是确定残疾程度的一个期限。被保险人遭受意外伤害后往往需要进行一段时间的治疗才能确定是否造成残疾以及残疾程度如何。如果被保险人在保险期限内遭受意外伤害，治疗结束后被确定为残疾时责任期限尚未结束，保险人自然可以根据残疾程度给付残疾保险金。但是，如果到责任期限结束时被保险人仍在治疗，尚不能确定最终是否造成残疾以及残疾程度，那么就应该推定责任期限结束这一时点上被保险人的组织残缺和器官正常机能丧失是不是永久性的，即以这一时点被保险人的身体状况来确定残疾程度，并按照这一残疾程度给付残疾保险金，保险责任终止。以后，即使被保险人经过治疗痊愈或残疾程度减轻，保险人也不能追回全部或部分残疾保险金；反之，即使被保险人残疾程度加重甚至死亡，保险人也不追加保险金给付。

3. 被保险人受意外伤害是其死亡或残疾的直接原因或近因

意外伤害与死亡、残疾之间存在因果关系，即意外伤害是被保险人死亡或残疾的直接原因或近因，才属于人身意外伤害保险的承保范围。具体有以下三种情况：

（1）意外伤害是被保险人死亡或残疾的直接原因

例如，被保险人因雨天路滑，不小心摔倒导致骨折，或被保险人乘坐的汽车因交通事故引起被保险人的死亡等，属于保险责任，保险人必须按合同规定给付死亡保险金或残疾保险金。

（2）意外伤害是被保险人死亡或残疾的近因

当意外伤害是被保险人死亡或残疾的近因时，属于保险责任，保险人必须按合同规定给付死亡保险金或残疾保险金。例如，被保险人被狂犬咬伤后患狂犬病死亡，在"狂犬咬伤—狂犬病—死亡"这一逻辑过程中，狂犬咬伤这一意外伤害是被保险人患狂犬病死亡的近因，保险人必须承担给付死亡保险金的责任。

（3）意外伤害是被保险人死亡或残疾的诱因

意外伤害诱发被保险人原有疾病发作、恶化造成被保险人死亡或残疾，属于保险责任。例如，被保险人患有高血压，不小心被石头绊倒摔跤诱发脑出血而死亡。此案例中，摔跤是意外伤害，但这意外伤害对健康人而言所能造成的伤害不致死，真正造成死亡的是原患疾病，意外伤害只是诱因。在这种情况下，保险人不是按照保险金额和被保险人的最终伤害后果给付保险金，而是比照身体健康的人遭受同样意外伤害可能产生的后果进行给付。

（二）意外伤害保险的给付方式

意外伤害保险属于定额给付保险，当保险责任构成时，保险人按保险合同中约定的保险金额给付死亡保险金或残疾保险金。

1. 死亡保险金的给付

在意外伤害保险合同中，只要意外伤害发生在保险期限内，被保险人死亡发生在责任期限内，保险人按合同规定的保险金额定额给付，一般为合同保险金额的 100%。

2. 残疾保险金的给付

意外伤害保险的残疾保险金给付数额由保险金额和残疾程度两个因素确定。其计算公式为：

$$残疾保险金=保险金额\times 残疾程度对应的给付比例 \quad (6\text{–}6)$$

第六节　健康保险

一、健康保险的概念

健康保险是以人的身体为保险标的，对被保险人在保险期内因保险责任范围内的疾病或意外事故所致伤害发生的费用或损失进行补偿的一种保险。

健康保险中涉及的疾病应当具备三个条件：第一，疾病是明显非外来原因造成的。外来的、剧烈的原因造成的病态视为意外伤害，而疾病是身体内在的生理原因所致。但若因饮食不慎、感染细菌而引起疾病，则不能简单视为外来因素。因为外来的细菌还是经过体内抗体的抵抗以后，最后形成疾病。因此，一般以原因是否明显外来作为疾病和意外伤害的分界线。第二，疾病是非先天性的原因所致。健康保险仅对被保险人的身体由健康状态转入病态承担责任。先天身体缺陷，如先天的聋哑或身体的畸形，则不能称为疾病由保险人负责。第三，疾病是非规律性的生理现象所致。随着年龄增长，人的身体机能会出现一些正常的衰退，如视力、听力的正常下降等，这种不能被称为疾病，也不是健康保险的保障范围。但若衰退诱发其他疾病，却是偶然的，需要健康保险来提供保障。

健康保险包含的内容比较广泛，按人身保险业界的习惯，只要不属于人寿保险、意外伤害保险的人身保险业务，都可以归为健康保险。健康保险的承保范围主要包含费用和损失，具体如下：

① 疾病或意外事故所致的医疗费用。在实际操作中，人们习惯上将承保医疗

费用的健康保险统称为医疗保险或医疗费用保险。

② 疾病或意外伤害事故所致的收入损失。如果被保险人无法参加任何工作，则其收入损失是全额的。如果只能从事比原工作收入低的工作，那么收入损失是部分的，其损失数额为原收入与新收入的差额。这种健康保险被称为残疾收入补偿保险。

二、健康保险的特征

（一）保险责任范围的广泛性

人寿保险的保险金给付条件是被保险人生存或死亡；意外伤害保险的保险金给付条件是被保险人发生意外伤害事故导致死亡或残疾；而健康保险给付条件相对复杂，会涉及多种情况。当被保险人因疾病或生育导致死亡或残疾产生医疗费用或收入损失时，或者因意外伤害产生医疗费用或收入损失时，保险人均需给付保险金。

（二）保险赔付的变动性和不易预测性

健康保险涉及许多医学上的技术问题，尤其是危险的估测、保险费的测定都比较复杂。随着环境的变化、经济的发展，疾病种类越来越多；随着医疗技术的进步，医疗器械和药品也不断更新，医疗费用的支出水平也不断上升。另外，医疗费用开支中有不少人为因素存在，合理与不合理支出有时难以区分，因此，保险人的赔付具有不易预测性。

（三）承保条件的严格性

健康保险的承保条件比较复杂，对疾病产生的因素需要进行相当严格的审查，一般是根据被保险人的病历来判定。

（四）保险金给付方式的多样性

健康保险合同既有定额给付性，也有补偿性。例如，疾病保险根据疾病给付保险金，具有定额给付性。而医疗费用和收入损失保险则是补偿性的，往往按照实际发生的费用或收入损失来确定给付金额。也就是说，健康保险的一些险种具有人寿保险的属性，一些险种具有损害保险的属性。正因为如此，有些国家把医疗费用保险列入损害保险，允许财产保险公司承保健康保险。我国 2003 年 1 月 1 日起施行的保险法将原来财产保险业务的经营范围扩展为：经营财产保险业务的保险公司，经保险监督管理机构核定，可以经营短期健康保险业务和意外伤害保险业务。

三、健康保险的特别规定

从健康保险的特点可见，医疗费用或医疗成本具有较强的不确定性，健康保险的经营充满变数。为了有效控制经营风险，保险公司在进行健康保险产品开发时，规定了免赔额、观望期、比例给付和给付限额等条款。

（一）免赔额条款

健康保险中，一般对金额较低的医疗费用采取免赔额的规定，即免赔额以内的医疗费用由被保险人自理，超出部分交由保险公司承担。这一规定可以有效抑制部分被保险人的道德风险，同时也可减少保险公司的理赔费用，从而减少成本。

（二）观望期条款

该条款规定，在保险单生效后的一段时间内，如果被保险人因疾病而发生医疗费用支出或导致收入减少，保险人不负责赔偿。一般情况下，一年短期健康险的观望期为 31 天，长期健康险的观望期为 90~180 天。该条款的规定可以在很大程度上控制逆向选择。

（三）比例给付条款

又称共保比例条款。该条款规定对超过免赔额的医疗费用部分采用保险人和被保险人共同分摊的比例给付方法。由于健康保险以人的身体为保险标的，不存在是否足额投保问题，同时由于健康保险的风险不易控制，因此，在大多数健康保险合同中，对于保险人医疗保险金的支出均有比例给付的规定。一般认为，自付比例达到 25% 时，医疗服务的需求即有显著降低（国际上健康保险计划的自付比例通常为 20%~25%）。这一规定，既有利于保障被保险人的经济利益，解除其后顾之忧，也有利于保险人控制医疗费用，防止被保险人滥用卫生资源。

（四）给付限额条款

该条款是指保险人对被保险人的医疗费用限定最高给付额，以控制总支出水平。由于危害人体健康的风险，风险程度差异很大，医疗费用支出也相差很大，规定此条款可以加强对健康保险的管理，部分地消除道德风险，保障保险人和广大被保险人的利益。

四、常见健康保险的种类

（一）医疗费用保险

1. 医疗费用保险定义

医疗费用保险，一般简称医疗保险，是以保险合同约定的医疗行为发生为给付保险金条件，为被保险人接受诊疗期间的医疗费用支出提供保障的一种健康保险。在医疗保险中，保险事故为意外和疾病，保险人的责任是对被保险人支出的医疗费用作出补偿。

2. 医疗费用保险的主要业务种类

不同的医疗保险产品的费用项目和补偿内容各有不同，常见的医疗保险有以下几种：

（1）普通医疗保险

普通医疗保险主要补偿被保险人因疾病和意外伤害所导致的直接费用，如门诊费用、医药费用、检查费用等。该险种是一种简单的医疗保险，保费成本比较低，适合一般社会公众。但是保险公司面临较高的来自被保险人和医务工作人员的道德风险，对医药费、检查费的支出比较难控制，从而该险种都会有免赔额和比例给付条款的规定。

（2）门诊医疗保险

门诊医疗保险是为被保险人的门诊费用提供保障。门诊费用主要包括检查费用、化验费用、医药费用等。目前，门诊医疗保险主要采取团体方式承保，且仅限于被保险人住院前后一段时间内的门诊诊断和治疗费用的补偿。

（3）住院医疗保险

住院医疗保险主要补偿被保险人因疾病或意外伤害住院而发生的医疗费用，如床位费用、治疗费用、检查费用、医药费用、手术费用以及医院杂费等。住院时间长短将直接影响费用的高低。为控制不必要的长时间住院，这种保单一般规定每日的给付金额、免赔天数、最长给付天数，保险人只对超过免赔天数但没有超过最长给付天数内的住院费用承担赔付责任。有些合同还规定保险人只负责全部费用的一定百分比（如70%）。

（4）手术医疗保险

手术医疗保险主要补偿被保险人因疾病或意外事故需进行必要的手术而发生的手术费用，一般有给付限额和给付期间的规定。该险种既可作为独立的险种，也可作为住院医疗保险的附加险。

（5）综合医疗保险

综合医疗保险为被保险人提供较全面的医疗保障，能够对疾病或意外伤害导致的大多数医疗费用进行补偿，其保障项目包括住院床位费用、手术费用、诊疗费用和门诊费用等。

（6）高额医疗保险

高额医疗保险对被保险人因疾病或意外事故所致的高额医疗费用提供保险保障，承保大多数医疗费用，能为被保险人提供范围更广、保额更高的保障。保险合同订有免赔额和比例给付条款，约定当被保险人的医疗费用超过一定数额后，对于超过部分，保险人按约定的比例承担给付责任。同时设立最高给付限额，以防止保险人责任过高。

（7）补充医疗保险

补充医疗保险以被保险人罹患某些特殊疾病或存在某项特定医疗费用支出为保险事故。当被保险人确诊患有某种特殊疾病时，保险人按照约定金额给付保险金或者对被保险人治疗该种疾病的医疗费用进行补偿。具体包括牙科保险、处方药保险、眼科保险、意外伤害医疗保险等。

（二）疾病保险

1. 疾病保险的定义

疾病保险是指以保险合同约定疾病的发生为给付保险金条件的保险。当被保险人罹患合同约定的疾病时，保险公司按保险金额定额给付保险金，并不考虑被保险人的实际医疗费用支出，属于典型的给付性保险。

2. 疾病保险的类型

（1）重大疾病保险

重大疾病保险是指当被保险人在保险合同有效期间内罹患合同所指定的重大疾病（如心脏病、癌症等）时，由保险人按合同约定给付保险金的保险。

（2）特种疾病保险

特种疾病保险以被保险人罹患某些特殊疾病为给付条件，按照合同约定金额给付保险金或者对被保险人治疗该种疾病的医疗费用进行补偿。如生育保险、牙科保险、眼科保险等。

（三）残疾收入保险

1. 残疾收入保险的定义

残疾收入保险是对被保险人因疾病或意外导致残疾、丧失部分或全部工作能力而不能获得正常收入或劳动收入减少的损失给予阶段性保险金保障的补偿保险。

2. 残疾收入保险的保险金给付

与人寿保险的给付性不同，残疾收入保险是补偿性的，因而保险金额不能由投保人任意确定，而是由保险人根据被保险人的职业及残疾前的各项收入确定。该保险金额一般低于被保险人残疾前的正常收入，目的是防止道德风险，避免被保险人为了领取残疾收入保险金而采取自残行为或者残疾后不积极实施重返工作岗位计划；但是保险金额也不能太低，否则就会偏离为被保险人遭受的经济损失提供保障的目的。

残疾收入保险可以用固定给付金额法和收入给付公式法两种方法来确定被保险人的残疾收入给付金额。

（1）固定给付金额法

个人残疾收入保险通常规定了一个固定给付金额，当被保险人因疾病或意外事故造成全残时，保险人按照约定的金额定期向被保险人进行给付。这一约定给付金额取决于投保时被保险人的收入水平。在固定给付金额法下，无论被保险人在残疾期间是否还有其他收入来源，保险人都要按照约定金额给付残疾收入保险金。通常，个人残疾收入保险的保险金最大限额是其购买保单时惯常收入的50%~70%，无论如何，应低于其残疾前的税后收入。

（2）收入给付公式法

团体残疾收入保险通常规定了一个收入给付公式，用以确定应该向残疾的被保险人定期支付的金额。收入给付公式法将残疾收入保险金表述为被保险人残疾前收入的一个约定百分比，而且给付数额应该扣除被保险人从其他渠道领取的所有残疾收入来源。这一约定的百分比因保单而异。通常团体长期残疾收入保单规定的给付百分比为60%~70%，团体短期残疾收入保单规定的百分比通常高于团体长期残疾收入保单，一般在90%~100%。

如果被保险人因疾病或意外伤害造成部分残疾，保险人则给付被保险人全残保险金的一定比例，保险金给付公式为：

$$\text{部分残疾收入保险金} = \text{完全残疾给付保险金} \times \frac{\text{残疾前收入} - \text{残疾后收入}}{\text{残疾前收入}} \quad (6\text{–}7)$$

（四）长期护理保险

1. 长期护理保险的定义

长期护理保险是指对个体由于年老、疾病或伤残导致生活不能自理或不能完全自理，为其在安养院或家中接受长期的医疗护理或照顾性护理服务提供经济保障的保险。它是一款适应老龄化社会发展趋势的保险产品，在发达国家已经成为健康保障的潮流，有几十年的实践经验。2006年6月15日，中国人民健康保险股份有限公司在全国范围内推出了“全无忧长期护理个人健康保险”，成为国内首个具有全面保障功能的长期护理保险，填补了该类业务在国内保险市场上的空白。

2. 长期护理保险的内容

（1）承保范围

长期护理保险负责提供被保险人在符合条件的情况下享受护理服务所支出的

费用。服务类型可分为医护人员看护、中级看护、照顾式看护和家中看护四个等级，早期的长期护理保险产品不包括家中看护。医护人员看护属于专业性护理，由训练有素的医护人员在医生监督下提供24小时全天候特别医疗护理。其余三类看护为非专业性护理。

（2）保险费

长期护理保险的保费一般按照被保险人投保时的年龄采用均衡保费的形式，但有的公司每年或每一期间固定上调保费，其年缴保费因投保年龄、等待期间、保险金额和其他条件的不同而有很大区别。

表6–1　各种因素影响下的保费情况

指标	保险金/（美元/日）	等待期	给付期限	年龄/岁	保费/美元
保单1	80	20天	6年	60	626
				65	1069
				70	2037
				75	3848
				79	5817
保单2	80	无	终身	60~64	952
				65~69	1893
				70	2800
				75	5409
				79	9475

资料来源：Black K Jr., Skipper H D Jr. Life Insurance［M］. 地址：Prentice–Hall Inc., 1994：486.

（3）保险金

长期护理保险的保险金主要分三种形式：一是费用补偿型的保险金。保险人按照被保险人接受长期护理服务所产生的费用发票给付保险金。二是固定型保险金。一旦被保险人满足给付保险金的条件，保险公司不考虑其实际发生的费用，按合同中约定的金额向被保险人给付保险金。三是提供护理服务。保险人既不补偿被保险人支出的护理费用，也不约定固定的给付金额，而是以向被保险人提供健康护理服务的方式进行理赔。

（4）保险金给付限制

长期护理保险的保险金给付限制主要包括给付时间限制和给付水平限制。

给付时间限制包括免责期、递延支付期、相关联期间和给付期限。

免责期是指长期护理保险单生效后即使被保险人接受了护理服务，并且符合领取保险金的条件，保险公司仍不给付保险金的一段时期。我国 2019 年 12 月 1 日实施的《健康保险管理办法》中规定，护理保险的免责期不得超过 180 天。免责期越长，相应的保费越低。

递延支付期指的是已经过了免责期后，被保险人仍继续接受护理服务，且符合领取保险金的条件，但保险公司依然不予给付的期间。递延支付期有 10 天、1 个月、3 个月不等。

相关联期间是指被保险人康复后在较短时间内（通常为 6 个月）身体状况再度恶化，则免责期不再使用，也就是说，不用重新计算免责期，保险人要继续给予赔偿。但是如果超过这一时长，需重新计算另一个免责期。

给付期限是指被保险人能够领取保险金的最长时间，通常是两年与终身之间的任何期限，但是很少有保单提供终身给付，终身给付保单的价格相当昂贵。

保险公司还会多角度地以给付水平限制来代替给付期限限制。例如，被保险人购买了一份保额为 50 万元的最大终身给付保险金额的长期护理保单，一旦发生护理费用，则每天按实际发生费用从保额中扣除，扣完为止。一般在保险条款中会列出日常活动表，如饮食、如厕、沐浴、穿衣等，采用梯形结构计算给付数额。比如，所有日常生活都无法自理给付 100% 的保险金，3~5 项日常活动无法自理给付 50%，等等。又如，既往病症限制。既往病症是保单生效之前已存在的伤病。大多数长期护理保险保单都对既往病症有所限制，最常见的既往病症限制期是 6 个月，一般不超过 2 年。

综合训练

一、选择题

1. 下列有关人身保险合同的陈述不正确的是（　　）。

A. 以人的寿命与身体为保险标的

B. 人身保险合同的金钱给付，事实上是一种约定给付

C. 人身保险合同同样使用补偿原则，也存在重复保险、分摊、代位求偿等问题

D. 人身保险合同的主体包括保险人、投保人、被保险人和受益人

2. 某些人从事危险较大的职业，更愿意投死亡保险，这种现象可被称为（　　）。

A. 正常　　B. 逆向选择　　C. 职业需要　　D. 保险意识强

3. 人身保险不适用代位求偿原则的主要原因是（　　）。

A. 人身保险的期限较长

B. 人身保险保险金额较大

C. 人身保险的保险标的价值无法估价

D. 人身保险具有储蓄性

4. 某人投保 5 年期寿险，投保人申报其年龄 50 岁，一年后被保险人死亡，理赔时发现其实际年龄为 55 岁。对此，保险人的正确处理方式是（　　）。

A. 将多收保险费退还投保人

B. 拒绝赔付

C. 按照实付保费与应付保费的比例支付保险金

D. 按原有合同支付，不需特别处理

5. 在某定期生存保险的被保险人领取生存保险金时，保险人发现其投保年龄小于实际年龄，保险人处理方法是（　　）。

A. 增加保险金的给付　　B. 补收少缴的保险费

C. 退还多收保险费　　D. 退保

6. 我国现行保险法规定，下列人员中，投保人对其具有保险利益的有（　　）。

A. 本人　　　　　　B. 配偶

C. 父母、子女　　　D. 与投保人有抚养、赡养关系的人

二、简答题

1. 人身保险的特点有哪些?
2. 健康保险的特点有哪些?
3. 简述健康保险的特别规定。
4. 试分析比较变额人寿保险、万能人寿保险和变额万能人寿保险的异同。

三、案例分析题

2009 年 12 月，季某患肺炎无法正常上班，便办了提前病退手续。2010 年 5 月，季某投保了简易人身险，保险期限 15 年，季某在健康询问栏中填写了“健康”字样。2012 年 11 月 10 日，季某身故，其家属要求死亡给付。保险公司进行了调查，发现被保险人投保前患有严重肺炎，并且是因患病而提前病退，这显然不符合简易人身险的投保条件（身体健康，能正常劳动和正常工作，即符合全勤工作和劳动条件的人）。季某故意隐瞒重要事实，不履行如实告知义务，违反了保险法的相关规定。季某死于肺心病，这与其曾患的肺炎有一定联系。基于这种情况，保险公司拒绝理赔。

问题：保险公司的拒赔理由是否成立？为什么?

第七章
再保险

学习目标

通过本章的学习，掌握再保险的概念及其与原保险的关系；理解再保险的作用；熟悉比例再保险中成数再保险和溢额再保险的特点及应用方式；掌握作为非比例再保险中险位超赔再保险、事故超赔再保险和赔付率超赔再保险的具体应用。

案例导入

英国的北海蕴藏着丰富的石油资源。1975 年，英国建成了一艘大型石油钻井平台——派帕·阿尔法号，很快成了这一地区石油钻井队伍中的庞然大物。这艘类似于航空母舰的石油钻井平台，日产石油 13 万桶、天然气 1800 万立方米，总重量超过 3.6 万吨，可同时供 200 人生活、作业，成了英国的一棵“摇钱树”。1988 年 7 月 6 日晚 9 时 57 分，工人们正在舱房内休息，一股高压天然气突然从一个气体压缩室中泄出，接着被意外引燃。顷刻间，震耳的爆炸声接连响起，整个平台被淹没在浓烟与烈火中。20 分钟后，随着一阵更大的爆炸巨响，整个平台从根本上被摧毁开始下沉，最后水面上只露出不到 1/4 的平台残骸。这场大火爆炸损失惨重，直接经济损失达 12 亿 ~15 亿美元，还不包括对死伤者的抚恤费用。

这个石油钻井平台为 9 家公司组成的一个国际财团所有，每家公司都就自己的股份安排保险，这些保险又大都通过各种途径分保到伦敦的劳合社和世界各地的保险公司或再保险公司。因此，这次钻井平台的巨大损失最后实际上是由世界各地的几十家保险公司共同分摊的。

这是一个充分发挥再保险作用的典型案例。让我们通过本章的学习来认识再保险。

第一节　再保险概述

一、再保险及其相关术语

（一）再保险的定义

再保险又叫分保，是指保险人将其所承保的部分风险或责任转让给其他保险人的行为。我国保险法第二十八条第一款对再保险的界定为："保险人将其承担的保险业务，以分保形式部分转移给其他保险人的，为再保险。"

在再保险业务中，将保险业务分出的一方被称为原保险人或分出公司；接受分保业务的一方被称为再保险人，或分入公司、接受公司。

原保险人的风险或责任的转移，可以是一部分，也可以是全部。前者被称为部分再保险，后者被称为全部再保险。现实中的再保险业务大都为部分再保险，原保险人需自留一部分所承保的业务，目的是加强再保险人与原保险人之间利害与共的关系。全部再保险的原保险人将承担的保险业务全部转让出去，不再需要承担责任，仅仅赚取再保险佣金或手续费，类似于经纪人。

为了分散风险、控制责任、避免巨额损失，再保险人还可以将分入的保险业务再次转分给其他保险人。这种经营活动被称为转分保，双方当事人分别被称为转分保分出人和转分保接受人。

（二）相关术语

1. 分保费与分保手续

在再保险业务中，再保险人为原保险人分摊了部分或全部风险与责任，与该份责任相匹配，再保险人要从原保险人处获取一定的保费收入，这种保险费被称为分保费；同时，原保险人在直接承保业务过程中存在费用支出，当将业务分出时，原保险人可以向再保险人收取费用，这一费用被称为分保手续费。

2. 危险单位

危险单位是保险标的发生一次灾害事故可能波及的最大损失范围。危险单位的划分重要且复杂，直接关系到再保险当事人双方的经济利益，甚至影响到被保险人的利益；而要想准确估计出可能的最大损失范围需要非常专业的知识。

危险单位的划分一般由不同的保险标的和危险类别来决定。例如，车辆保险以一辆汽车为一个危险单位，船舶险以一艘船为一个危险单位，人寿保险以一个人为一个危险单位。火险的考虑因素比较复杂，一般以一栋独立的建筑物为一个危险单位，但是如果某连接物将两栋原本没有任何联系的楼房关联起来，使它们在发生火灾时容易相互波及，可能的最大损失范围不再仅限于一栋楼房，而是扩大到了两栋楼房，则原本相互独立的两个危险单位就变成了一个危险单位。可见，危险单位的划分并不是一成不变的。

3. 自留额与分保额

对于每一危险单位或一系列危险单位的责任或损失，分保双方通过合同按照一定的计算基础对其进行分配。分出公司根据自身偿付能力确定的所能承担的责任限额被称为自留额或自负责任额；分入公司所承担的责任限额被称为分保额，或分保责任额、接受额。

自留额与分保额的计算基础可以是保险金额，也可以是赔款金额。以保险金额为计算基础的分保方式被称为比例再保险，以赔款金额为计算基础的分保方式被称为非比例再保险。保险公司一般会根据自身的财务状况、经营管理水平、承保业务的危险状况等，多方面确定自留额。

为了确保保险公司的经营稳定性和偿付能力，世界各国都对再保险的自留额有严格规定。我国保险法第一百零二条规定："经营财产保险业务的保险公司当年自留保险费，不得超过其实有资本金加公积金总和的四倍。"第一百零三条第一款规定："保险公司对每一危险单位，即对一次保险事故可能造成的最大损失范围所承担的责任，不得超过其实有资本金加公积金总和的百分之十；超过的部分应当办理再保险。"

二、再保险与原保险的比较

在再保险合同中，原保险人的权利是在特定条件下，将赔款分摊给再保险人，其义务是向再保险人缴纳分保保费；而再保险人的权利是收取分保费，义务是在发生合同规定的保险事故时承担分保责任。可见，再保险合同只对原保险人和再保险人具有约束力，与原保险业务中的投保人、被保险人不存在任何业务关系。也就是说，被保险人只能向原保险人索赔，无权越过原保险人向再保险人索赔，再保险人也无权向被保险人收取保费。原保险人不能因再保险人未履行分保责任的义务而不履行对被保险人的赔偿义务。

（一）再保险与原保险的联系

原保险是再保险的基础，再保险是原保险的延续。再保险的责任以原保险的责任为限；原保险合同若失效，再保险合同也同时失效。

原保险与再保险都能发挥分散风险的作用，只是直接服务的对象不同。原保险是对投保人的风险责任进行分散；再保险是对原保险人的风险责任进行分散。

（二）再保险与原保险的区别

1. 保险标的不同

原保险的保险标的既可以是财产、利益、责任、信用，也可以是人的生命和身体；再保险的保险标的只是原保险人对被保险人承保合同责任的一部分或全部。

2. 保险合同的主体不同

原保险合同的主体一方是保险人，另一方是投保人与被保险人；再保险合同主体双方均为保险人。

3. 保险合同的性质不同

原保险合同有补偿性或给付性，即在财产保险合同上表现为补偿性，在人身保险合同上表现为给付性；再保险合同是再保险人对原保险人承担分保责任，因而不论是财产保险还是人身保险的再保险合同，都表现为分摊性。

三、再保险的作用

再保险的基本职能同原保险一样，是对危险的分散，而且是在更大范围内的分散，是将保险人承担的风险在同业之间进行分散，以弥补可能遭遇的巨灾损失和巨额损失。具体作用主要表现在以下几个方面。

（一）均衡保险人的业务结构，分散风险

根据可保风险条件的要求，保险标的数量要足够多且具有同质性。保险标的数量越多，保险金额越均匀，风险就越分散，保险经营的稳定性也就越好。但在现实中，保险人承保的标的丰富多样，价值量可能相差悬殊。如果一味拘泥于可保风险条件的要求，就有可能使保险人丧失许多业务。但如果承保了许多不具有可保风险条件的标的，又会加大保险人面临的风险。为了化解此矛盾，保险人可以通过再保险，将同类业务中超过平均保险金额水平的业务分给其他保险人，以使保险金额相对均匀，减少保险经营中的不稳定因素，分散风险。

（二）控制赔款损失，保证财务的稳定性

保险人在承保选择中，对可能引起较大损失的保险标的，可以拒绝承保，也可以采取各种控制措施有条件地予以承保。但是在保险实务中，保险人往往考虑到与投保人的长期合作关系，或者希望得到一项较大的保险项目，不得不接受一些风险较大的保险业务；或者某一保险险种的业务经营在年度间有波动性，会出现亏损。针对这些情况，保险人可以通过再保险的方式控制其赔款损失，即保险人根据自己的财力，确定自身所能承担的责任限额，而将超额部分转分给再保险人承担，使风险控制在合理的范围内，保证财务的稳定。

（三）扩大保险人的承保能力，增加业务量

原保险人的承保能力通常会受本国保险法的约束。例如，我国保险法规定原保险人可接受的保险业务与其资本金数额相关，资本金越多，可接受的保险业务就越多，反之就越少。但大多数保险人，都不希望业务量受到自身资金的限制，都希望尽量多承保保险标的，增加业务量。此外，随着高科技的发展和应用，保险标的的价值越来越高，如卫星、核电站等标的物的价值动辄几亿元或几十亿元，保险人受自身资金的限制，无法承保巨额保险标的。

有了再保险，保险公司就可以突破限制，大胆承接大额业务，将超过自身财力的业务分给其他保险人，从而在不增加资金的前提下，扩大承保能力。保险人的承保能力扩大了，承保业务量相应增加，承保风险也就得到了更彻底的分散。

（四）促进保险业竞争，优化保险市场结构

再保险的存在和发展使得小型保险公司得以生存，由此促进了保险业的竞争。保险产业与工业产业的一个不同之处在于：小企业提供的产品与大企业提供的产品往往是同质的。如一家拥有500亿元资产的人寿保险公司会提供各类寿险产品，而一家只有1亿元资产的人寿保险公司也会提供各类寿险产品，如果没有再保险，这家小公司就很难与大公司抗衡并生存下去。可见，再保险促进了保险行业的竞争，有效避免或控制了大公司完全垄断和操纵市场的情况，优化了市场结构。

（五）形成巨额联合保险基金，扩大承保范围

保险人通过再保险的分出、分入业务，将超过自身能力的风险责任在同业间转移和分散，将各保险人及各国分散的、彼此独立的、为数较少的保险基金联合起来，形成了一个联合的巨额的、全球性的保险基金。有了这种联合的、巨额的、全球性的保险基金，就可以承保一家保险公司或一国保险市场无法承担的巨额风险，满足现代化生产和高新技术发展对巨额保险的需要。

四、再保险的分类

（一）按分保形式分类

按分保形式，再保险可以分为比例再保险和非比例再保险。

比例再保险是以保险金额为计算基础安排分出公司与分入公司各自分享的保费与分担的责任的分保方式。比例再保险可分为成数再保险和溢额再保险等。

非比例再保险是与比例再保险相对而言的，以赔款为基础确定原保险人的自负责任和分出责任。分出公司和分入公司的保险责任和有关权益与保额没有固定的比例关系。下两节将会对比例再保险和非比例再保险进行详细阐述。

（二）按业务操作方式分类

按业务操作方式，再保险可以分为临时再保险、合同再保险和预约再保险。

1. 临时再保险

临时再保险是原保险人与再保险人之间为了进行临时再保险而签订的合同。这一合同安排的优点是原保险人与再保险人的自由选择度较强。对于某一风险，原保险人可以根据自身承受风险的情况来决定是否安排再保险以及安排多少再保险额度；再保险人也可根据风险的性质、自身的承受能力等因素综合决定是否接受分保及接受多少。其缺点是必须逐笔安排业务并到期续保，手续较烦琐、费用较高；分保业务须征得分保接受人的同意，只有在全部临时分保业务安排完毕后，原保险人才可以对保户承保，因此有可能失去机会，影响业务的开展。

临时再保险是再保险的初级形式。由于其费时、费力的缺点，后来逐渐被合同再保险所代替。目前主要用于超过固定再保险合同限额的业务或数量少、业务不稳定的新业务。

2. 合同再保险

合同再保险又称固定再保险或强制性的再保险，由原保险人与再保险人用签订合同的方式确立双方的再保险关系，在一定时期内对一宗或一类业务，原保险人必须按照合同规定的条件向再保险公司办理分保，而再保险公司则必须接受分保，承担保险责任，不得拒绝。可见这种分保形式对当事人双方都有“强制性”。在分保合同中，原保险人和再保险人协商确定分保条件，包括再保险方式、业务范围、自留额、除外责任、分保佣金、合同最高限额、再保险费、赔款摊负、责任开始与终了等。

在合同再保险下，分出公司不必向再保险人逐笔通知承保业务，原保险人能够便捷地转嫁风险责任，有利于经营的顺利开展；对再保险人而言，可以比较均衡地获得批量业务，且危险较为分散。此外，合同双方当事人有着更密切的共同利害关系。正因如此，合同再保险是国际市场上普遍采用的分保方法。

3. 预约再保险

预约再保险是介于临时再保险和合同再保险之间的一种再保险方式，是在临时再保险的基础上发展起来的一种再保险方式。它既具有临时再保险的性质，又具有合同再保险的形式。双方事先签订分保合同，分出公司可以自由决定合同内订明的各项业务是否分出、分出多少；而分入公司则没有选择的自由，凡合同规定范围内的业务，只要原保险人决定分出，再保险人就必须接受，不能拒绝。

预约再保险往往作为合同再保险的一种补充。当原保险人承保业务的保险金额超过合同再保险的自留额和再保险限额之和时，就需要对溢额部分进行分保。如果采用临时再保险，不仅时间紧迫，而且手续烦琐、费用高；又因为溢额部分数量不确定，也不适宜另外组织合同分保。在这种情况下，预约再保险对原保险人来说是比较合适的选择。预约再保险对分出公司更加有利，而分入公司处于被动地位。因此，此类合同仅在业务关系密切的保险人之间签订，并未被广泛运用。

（三）按再保险业务的强制性分类

按再保险业务的强制性，可将再保险业务分为法定再保险与自愿再保险。

法定再保险也称强制再保险，是根据国家法律法规的规定，原保险人必须将其承保业务的一部分向国家再保险公司或由政府指定的再保险公司进行分保。通过法定再保险对本国保险市场实施保护，是世界各国通常的做法。经验表明，办理法定再保险对扩大本国保险市场的承保能力、减少对外国公司再保险的依赖、控制分保费外流具有重要意义。

自愿再保险是法定再保险的对称，是原保险人和再保险人双方根据自愿原则，约定各自的权利和义务、确定再保险合同条件和收益。自愿再保险中，分出公司在整个购买再保险的过程中拥有完全的自主权，可以自主决定风险责任是否分出、分出多少、采用何种方式分保、选择谁作为分保接受公司等。同样，分入公司也有完全的自主权。

第二节 比例再保险

一、比例再保险的概念

比例再保险是以保险金额为基础来划分分出公司和分入公司的责任基础的一种分保方式。在这种方法中，分出公司的自留额和分保额表现为保额的一定比例。比例再保险的最大特点就是原保险人和再保险人按照比例分享保费，分担责任，并按照同一比例分担赔款，同时再保险人按照比例支付手续费。比例再保险充分显示了分出公司与分入公司利益的一致性。

例如，原保险人承保了一份保额为1000万元人民币的寿险业务。原保险人与再保险人签订协议，再保险人接受所有终身寿险保单业务的60%，但至多不超过2000万元人民币。则在这份保单中，再保险人应承担600万元（60%×1000万元）的风险，而原保险人承担400万元［（1−60%）×1000万元］的风险。

比例再保险又具体分为成数再保险、溢额再保险及成数和溢额混合再保险三种不同形态。

二、成数再保险

1. 成数再保险的内涵

成数再保险是最简单的分保方式，是指原保险人将每一危险单位的保险金额划出一个固定的比率即一定的成数作为自留额，然后把其余的一定成数转让给再保险人。这一方式中，再保险合同双方的利害关系是一致的，比较公平。因为不论分出公司承保的每一危险单位的保险金额大小，只要是在合同规定的限额内，都要按照双方约定的比率来分担责任，每一危险单位的保险费和发生的赔款，也同样按双方约定的固定比率进行分配和分摊。如果分出公司自留保险金额多，自留保险费就多，赔款责任承担得也多，分入公司也同样如此。并且无论标的质量好坏，原保险人都必须同等对待。

在实际运用中，原保险人可能会向不止一个再保险人分保，每个再保险人接受的分保额也不必相同，但分出公司的自留比例一般较高，在40%~50%。如果一份成数合同自留比例为40%，分出比例为60%，则称该合同为60%的成数再保险合同。

由于成数再保险对每一笔业务均按约定的固定比率分配责任，如果遇到巨额风险责任，原保险人和再保险人承担的责任仍然可能很大。为了把保险责任控制在一定的范围内，成数再保险合同按每个危险单位或每张保单规定了最高责任限额，原保险人和再保险人在此最高限额内各自承担一定的份额。超过限额的部分由原保险人自己承担或另行处理。

例如，某一成数再保险共有A、B、C、D四个危险单位，保险金额分别是500万元、1000万元、1500万元、2000万元。合同规定每一危险单位的最高限额为 1000 万元，自留比例为 40%，分出比例为 60%，则合同双方当事人的责任分配如表 7–1 所示。

表 7–1　成数再保险责任分配表 1　　单位：万元

危险单位	额度			
	保险金额	自留部分（40%）	分出部分（60%）	其他方式
A	500	200	300	0
B	1000	400	600	0
C	1500	400	600	500
D	2000	400	600	1000

从表 7–1 中可见，A、B 两个危险单位的保险金额不足或等于 1000 万元时，双方按比例分担；C、D 两个危险单位保险金额超过了最高限额 1000 万元，双方以 1000 万元为基础按原定比例分担，超过部分需另行处理或自己承担。

因此，该保险公司将剩下的危险单位又与另一家再保险公司签订了再保险合同。合同规定每一危险单位的最高限额为 800 万元，自留比例为 50%，分出比例为 50%，则合同双方的责任分配如表 7–2 所示。

表 7–2　成数再保险责任分配表 2　　单位：万元

危险单位	额度			
	保险金额	自留部分（50%）	分出部分（50%）	其他方式
C	500	250	250	0
D	1000	400	400	200

从表 7–2 可见，经过二次分保，危险单位 C 被彻底分散。而 D 这一危险单位仍未能完全作出安排，保险人可以采用继续分保的方式进行处理或者自留。

2. 成数再保险的计算

成数再保险双方在分配保费和承担赔款方面，也是按同样的比例进行处理。假定某保险人与再保险人签订了一份成数再保险合同，合同规定每一危险单位的最高限额为1000万元，分出公司自留40%、分出60%，则保险人和再保险人对于责任、保费和赔款的计算如表7–3所示。

表7–3　成数再保险计算表　　单位：万元

危险单位	总额（100%）			自留比例（40%）			分出比例（60%）		
	保险金额	保费	赔款	自留额	自留保费	自负赔款	分保额	分保费	摊回赔款
A	500	5	0	200	2	0	300	3	0
B	1000	10	25	400	4	10	600	6	15
C	1500	15	150	400	4	40	600	6	60

3. 成数再保险的特点

（1）双方利益一致

成数再保险中，原保险人和再保险人对每一危险单位的责任是按固定比例来分配的，所以，不论业务大小、质量好坏，经营结果盈亏，双方利益一致，共同承担，基本上无争议。

（2）手续简化，节省人力和费用

由于合同双方对保险责任、保费分配以及赔款分摊或给付都按同一比例计算，分保实务和分保账务处理的手续相对简化，省时省力，可以节省费用开支。

（3）缺乏灵活性

由于成数再保险的比率是固定不变的，对于原保险人来说，每笔业务均同等对待，严格按照成数再保险合同的固定比例进行分保，导致部分优质业务不能多留，部分较差业务也不能少留，失去了制定分保方案的选择权；同样，对再保险人来说，对于风险较大的保险业务，也不能减轻责任，必须按约定的分保比率接受。

（4）不能均衡风险责任

因为成数再保险合同双方是按照固定比例分出业务，如果原保险合同的保险金额不均匀，成数再保险以后仍维持着这一不均匀的状况。例如船舶保险，有的船只保险金额很大，有的很小，而原保险人都是按同一比例确定自留额，从而分保后原保险人对不同船只承担的保险责任仍然差异性很大。

三、溢额再保险

1. 溢额再保险的内涵

溢额再保险是指原保险人根据承保业务的风险性质和自留能力，与再保险人签订协议，将每个危险单位保险金额的一定额度作为自留额，超过自留额以上部分即溢额转给分入公司，同时按自留比例与分保比例计算分配保险费与赔款责任。

自留额是分出公司的责任限额。自留额与保险金额之比被称为溢额再保险的自留比例；分保额与保险金额之比被称为分保比例。由于分出公司的自留额是固定不变的，而每笔业务的保险金额是变化的，因此溢额再保险的责任分配比例就不同。但溢额再保险的分入公司不是无限度地接受分出公司的溢额责任，通常以自留额的一定“线”数为限。“线”是以分出公司确定的自留金额为单位的，一条“线”也就是自留额的数量。再保险人接受的分保溢额量以自留额的倍数，即几条线来表示。如果某分出公司持有自留额 6 倍溢额的合同，就被称为 6 线溢额合同，意味着保险合同共可承保 7（1+6）线，即 7 倍于自留额的风险数量。

现假设，某分出公司确定某危险单位的自留额为 50 万元，并获得了 5 线溢额合同，由此，其承保能力扩大至 300 万元，其中：分出公司 50 万元（1 线），占总承保能力的 1/6；分入公司 250 万元（50 万元 ×5 线），占总承保能力的 5/6。若发生 120 万元的损失，实际结算如下：分出公司赔偿额：120 万元 ×1/6 = 20 万元；分入公司赔偿额：120 万元 ×5/6 = 100 万元。根据责任与权利对应原则，该危险单位的保险费也按同一比例分配结算。

在溢额再保险中，若承保业务的保额增加，或是由于业务的发展，有时仅仅第一溢额分保的限额不能满足分出公司的业务需要，分出公司可以在原有溢额的基础上，设置多层次的溢额。对超过第一溢额合同分保限额的保险业务，分出公司会安排第二溢额合同，甚至第三溢额合同，作为对第一溢额合同的补充，以增加分出公司的承保能力，满足特殊的业务需要。

假定某分出公司与再保险人就海上运输货物保险分别签订了两份溢额再保险合同，危险单位按每一航次每一船只划分。分出公司的自留额为 50 万元，第一溢额合同限额为 6 线（即 300 万元），第二溢额合同限额为 4 线（即 200 万元）。假设保险费率为保险金额的 1%，则分出公司与各再保险人之间有关保险责任和保险费的分配及赔款的分摊如表 7–4 所示。

表 7–4 分层溢额再保险计算表

金额构成	指标	A 船	B 船	C 船	D 船
总额	保险金额 / 万元	50	200	250	400
	总保费 / 万元	0.5	2	2.5	5
	总赔款 / 万元	0	2	10	8
自留部分	自留额 / 万元	50	50	50	50
	自留比例 /%	100	25	20	12.5
	保费 / 万元	0.5	0.5	0.5	0.625
	赔款 / 万元	0	0.5	2	1
第一溢额	分保额 / 万元	0	150	200	300
	分保比例 /%	0	75	80	75
	分保费 / 万元	0	1.5	2	3.75
	分摊赔款 / 万元	0	1.5	8	6
第二溢额	分保额 / 万元	0	0	0	50
	分保比例 /%	0	0	0	12.5
	分保费 / 万元	0	0	0	0.625
	分摊赔款 / 万元	0	0	0	1

2. 溢额再保险合同的特点

（1）承保具有灵活性

在溢额再保险中，分出公司可以根据不同业务种类、质量、性质以及自身承担风险的能力确定最佳自留额，凡是在自留额以内的业务不必分出。全部自留的业务，往往是原保险人精心挑选的结果，质量一般高于全部业务的平均水平。

（2）可以均衡风险责任

与成数再保险不同，溢额再保险可以灵活地确定自留额，对于业务质量不齐、保险金额不均匀的业务，可以均衡风险责任。也就是说，如果原保险合同保险金额差异较大的话，在溢额分保后可以使风险责任均衡化。

（3）计算比较烦琐费时

由于对于不同的业务，自留额不同，分保比例各不相同，需要按各自比例计算保险费和赔款的分配，因此编制分保账单比较复杂、费时费力，增加管理费用。

（4）合同双方的经营成果不完全一致

如果赔款大多来自自留额以内的业务，则分出公司的累积责任可能很大。如果赔款大多来自大额业务，则分入公司可能出现亏损，而分出公司并无大碍。所以双方的利益可能不完全一致。

四、成数和溢额混合再保险

成数和溢额混合再保险是将成数再保险和溢额再保险组织在一个合同里，以成数再保险的限额作为溢额再保险的起点，再确定溢额再保险的限额。具体运用分为两种方式：成数合同之上的溢额合同、溢额合同之内的成数合同。

（一）成数合同之上的溢额合同

这种混合方式是分出公司先安排一个成数合同，规定合同的最高限额，当保险金额超过这个限额时，再按另订的溢额合同处理。例如，某成数再保险合同最高责任限额为 100 万元，在 100 万元以下的业务，全部按成数再保险合同处理，其中分出公司自留 40%、分出 60%。现在分出公司为防止业务保额太大消化不了，在该合同基础上另安排了一份溢额再保险合同，约定某笔业务保额超过 100 万元的部分，由另一再保险接受人接受 2 线。若有保额分别为 60 万元、80 万元、100 万元、140 万元、320 万元的 5 笔业务，则两份合同的具体情况分别如表 7–5 与表 7–6 所示：

表 7–5　成数再保险合同安排表　　单位：万元

业务	保额	成数分保部分		溢额分保部分	
		分出公司自留（40%）	分入公司 1 接受（60%）	分入公司 2 接受	其他
1	60	24	36	0	0
2	80	32	48	0	0
3	100	40	60	0	0
4	140	40	60	40	0
5	320	40	60	200	20

表 7–6 成数合同之上的溢额合同安排表 单位：万元

业务	保额	分出公司自留	分入公司 2 接受溢额	其他
1	60	60	0	0
2	80	80	0	0
3	100	100	0	0
4	140	100	40	0
5	320	100	200	20

（二）溢额合同之内的成数合同

这种混合方式是分出公司先安排一个溢额分保合同，确定自留部分，并对自留额部分按另订的成数合同处理。

例如，一个自留额 50 万元、责任限额为 5 线的溢额合同规定，对于 50 万元的自留额部分，分出公司有权另订成数分保合同，比如将其中的 60% 进一步分出，则分出公司实际上只保留了 20 万元的保险责任，具体如表 7–7 所示。

表 7–7 溢额合同之内的成数合同安排表 单位：万元

业务	保额	成数分保部分			溢额分保部分
		金额	自留（40%）	分出（60%）	
1	10	10	4	6	0
2	50	50	20	30	0
3	100	50	20	30	50
4	200	50	20	30	150
5	250	50	20	30	200

第三节　非比例再保险

一、非比例再保险的概念

非比例再保险又称超额损失再保险，是一种以赔款金额为基础来确定自赔限额和分保责任限额的再保险。该种再保险方式下，分出公司与分入公司并不是按比例分配相关的保费和赔付款，而是通常先规定两个限额：一是分出公司自己承担的赔付限额（赔款限额或赔付率限额）；二是分入公司承担的最高赔付限额。当原保险人发生保险事故后的赔付金额或全年赔付率不超过自负责任限额时，相关损失由分出公司自行承担；超过自负责任限额部分的赔付款由分入公司承担，但不超过约定应承担的最高限额。非比例再保险有多种形式，最常用的有三种：险位超额赔款再保险（简称“险位超赔再保险”）、事故超额赔款再保险（简称“事故超赔再保险”）和赔付率超额赔款再保险（简称“赔付率超赔再保险”）。

二、险位超赔再保险

险位超赔再保险是指原保险人以每一危险单位所发生的赔款为基础确定原保险人自留责任额和再保险责任额的分保方式。如果总赔款金额不超过自负责任额，则由原保险人全部承担；如果总赔款金额超过自负责任额，超出部分由再保险公司负担，这部分被称为再保险责任额。再保险责任额在合同中也是有一定限度的。

当发生一次危险事故后，可能有不止一个危险单位遭受损失，险位超赔再保险在一次事故中的赔款计算方法主要有两种：一种是按危险单位分别计算赔偿责任，每一危险单位赔款的超额部分都由再保险人承担，没有总额限制；另一种是再保险人对每次事故中发生的损失有赔款分摊限制，一般为原保险人自负责任额即险位限额的 2~3 倍，即再保险人对每次事故只赔付 2~3 个危险单位的损失。

例如，有一份超过 50 万元以后的 500 万元的险位超赔再保险合同，其险位限额为 50 万元，在一次事故中有 A、B、C 三个危险单位遭受损失，则在无事故限额和有事故限额（假设为 150 万元）时，赔款分摊情况分别如表 7–8 和表 7–9 所示。

表 7–8 险位超赔赔款分摊表（无事故限额） 单位：万元

危险单位	赔款	分出公司承担赔款	分入公司承担赔款
A	100	50	50
B	150	50	100
C	70	50	20
共计	320	150	170

表 7–9 险位超赔赔款分摊表（事故限额 150 万元） 单位：万元

危险单位	赔款	分出公司承担赔款	分入公司承担赔款
A	100	50	50
B	150	50	100
C	70	70	0
共计	320	170	150

由于事故限额为 150 万元，因此再保险人对危险单位 C 的赔款不再分摊，危险单位 C 的 70 万元损失全部由分出公司负担。

三、事故超赔再保险

事故超赔再保险是以一次事故发生的赔款总和计算自留额和分保额，即一次事故中许多危险单位同时发生损失，责任累积额超过自留额的部分，由分入公司负责。在这种再保险的方式下，不论每次事故涉及的危险单位有多少、保险金额有多大，只要总赔款在分出公司的自负责任额内，就由分出公司自己负责，而分入公司只对超过的部分负责。事故超赔再保险主要用于巨灾事故的保障，避免一次事故造成的责任累积。因此，事故超赔再保险又称巨灾超赔保障再保险。

事故超赔再保险的责任计算中最关键的是一次事故的划分。当发生自然灾害后，如果划分为一次事故，那么全部赔款都按照事故超赔再保险合同约定的比例分担，超过再保险人责任限额的部分由原保险人负担。如果划分为数次事故，则每次事故的赔款分别按照合同约定的比例分担。由于一次赔款超过再保险责任限额的可能性较小，因此相对于划分为一次事故，赔款更多地由再保险人分担。

例如，有的保险合同规定，台风、飓风、暴风连续 48 小时内为一次事故，地震、洪水连续 72 小时内为一次事故。假设有一份超过 100 万元以后的 200 万元的事故超赔再保险合同，一次台风持续了 4 天，共损失 400 万元。若按一次事故计算，分出公司先自负 100 万元，分入公司承担 200 万元赔款，剩下的 100 万元损失仍由原保险人自负，原保险人共承担 200 万元。若按两次事故计算，该事故超赔再保险合同双方应承担的赔款如表 7–10 所示。

表 7–10　事故超赔再保险赔款分摊表（按两次事故计算）　　单位：万元

事故	损失	分出公司	分入公司
1（第一个 48 小时）	150	100	50
2（第二个 48 小时）	250	100	150
共计	400	200	200

在事故超赔再保险中，如果一次事故的责任较大，在分保合同中有类似于分层溢额再保险的安排方式，分别由不同的再保险人接受。

例如，一笔 150 万元的事故超赔再保险业务分三层安排。第一超额赔款合同为 20 万元以上的 80 万元；第二超额赔款合同为 100 万元以上的 20 万元；第三超额赔款合同为 120 万元以上的 30 万元。

如果发生赔款 150 万元，原保险人和第一、第二、第三层再保险人分摊的赔偿金额分别为 20 万元、80 万元、20 万元、30 万元。这就像有多层的盛水的容器，一层盛满了，就流向下一层。

在事故超赔再保险中，当各个危险单位的全部损失赔偿总量一定时，损失在各标的中的分布状况，影响着分保双方承担的赔偿总量。

例如，某险别总损失量为120万元，现有一份为30万元以上的40万元的事故超赔合同。若其损失分布状况如表7–11所示：

表7–11 该事故超赔再保险损失分布状况 单位：万元

标的	分布状态A		分布状态B	
	标的金额	分出公司承担	标的金额	分出公司承担
标的1	24	24	6	6
标的2	36	30	12	12
标的3	48	30	18	18
标的4	12	12	84	30
共计	120	96	120	66

由此可见，研究损失分布状况有利于把握事后才能明朗化的分出公司合同责任量。

四、赔付率超赔再保险

赔付率超赔再保险是按年度赔款与保费的比率来确定自负责任和再保险责任的一种再保险方式。在约定的年度内，当赔付率超过分出公司自负责任比率时，超过部分由分入公司负责至某一赔付率或金额。这种再保险由于可以将分出公司某一年度的赔付率控制在一定的限度之内，因此又称损失中止再保险。赔付率超赔再保险合同中一般约定两个限制性比率：一是分出公司的自负责任比率；二是分入公司所负的最高责任比率。合理制定分出公司的自负责任比率和分入公司的最高责任比率是经营赔付率超赔再保险的关键。

假定某公司安排购买了一份分入公司承担70%以上至100%以内赔付率中90%的损失的赔付率超赔再保险合同。若该分出公司的净保费收入为200万元，发生的损失赔款达到210万元，则全部业务的赔付率为210÷200＝105%。根据合同安排，分出公司与分入公司的业务清算如表7–12所示。

表 7–12　赔付率超赔再保险合同分保责任计算表　　单位：万元

赔付率	赔款	分出公司承担（10%）	分入公司承担（90%）
70%	140	140	0
70%~100%	60	6	54
100%~105%	10	10	0
105%	210	156	54

从表 7–12 中可以看出，通过分保，分出公司有效地将赔付率由 105% 降低为 156 ÷ 200 = 78%。

赔付率是赔付率超赔再保险的核心，所以确定合理适当的赔付率是开展该再保险业务的关键。常用的赔付率计算方法是按照已发生赔款与满期保费的比例计算［见式（7–1）］。

$$\text{赔付率} = \frac{\text{已发生赔款}}{\text{满期保费}} \times 100\% \tag{7–1}$$

其中，

$$\begin{aligned}\text{已发生赔款} = &\text{本年度已付赔款} + \text{本年度未决赔款准备金}\\ &- \text{上年度未决赔款准备金}\end{aligned} \tag{7–2}$$

$$\begin{aligned}\text{满期保费} = &\text{本年度保费} + \text{上年度未满期保费准备金}\\ &- \text{本年度未满期保费准备金}\end{aligned} \tag{7–3}$$

由于这种赔付率计算方法涉及未了责任，准确性差，缺乏合理性，而且手续烦琐，因此实际中赔付率的计算按签单年度的赔款净额与同一年度净保费收入的比率来计算，即

$$\text{赔付率} = \frac{\text{赔款净额}}{\text{净保费收入}} \times 100\% \tag{7–4}$$

其中，

赔款净额=已发生赔款－追回的赔款－摊回的再保险赔款　（7-5）

净保费收入=毛保费＋加保费－退保费－佣金－再保费支出－保费税－盈余佣金　（7-6）

考虑到分出公司的赔付率是按签单年度的会计账计算的，必须等所有签单的责任全部满期后，才能较为精确地计算出来，因而虽然赔付率是每年计算的，但习惯上要延迟两个年度，于第三年年底进行计算调整，赔付率超赔再保险合同期限也因此一般为3~5年，并通常约定5年为最终决算年限。

五、比例再保险和非比例再保险的比较

比例再保险与非比例再保险都是转移和分散原保险人责任的方式，但两者存在着明显的区别。

（一）自负责任与分保责任的确定基础不同

比例再保险中，原保险人和再保险人划分保险责任的依据是保险金额，并根据各自承担的保险金额的比例来分配保费和赔款；而非比例再保险是以赔款为基础，根据赔款总额来划分原保险人和再保险人各自的保险责任，与保险金额没有关系。

（二）分保比例不同

比例再保险中，原保险人和再保险人按照固定的比例分担保险责任，承保金额、保费和赔款都按照该比例分配；非比例再保险则完全不同，再保险人不按照比例计算保险责任，只是在原保险人的赔款超过一定标准时担负再保险责任，保费和赔款的分摊也没有比例可循。

（三）分保费计算方式不同

比例再保险的分保费是按照原保险费率来计算的，属于原保险费的一部分，且按照分出业务的同一比例支付；非比例再保险费率以业务年度的净保险费为基础，由双方协议而定，采取单独的费率制度，与原保险费率没有关系。

（四）分保手续费是否支付不同

在比例再保险中，分出公司一般要求分入公司支付一定比例的分保手续费；而在非比例再保险中，分出公司通常不规定分入公司支付分保手续费。

（五）保费准备金是否扣留不同

比例再保险往往规定扣留保费准备金和未决赔款准备金，以便应付未了责任和其他意外；非比例再保险的分出公司通常不对个别风险负责，仅在赔款超过起赔点时才负责，因此，一般不扣留保费准备金和未决赔款准备金。

第四节　再保险的组织形式与合同内容

一、再保险的组织形式

再保险的组织形式主要有一般保险公司、专业再保险公司、再保险集团、专属保险公司、劳合社会员。

（一）一般保险公司

经营直接保险业务的保险公司兼营再保险，是再保险最早的组织形式。在19世纪中期专业再保险公司产生之前，通常都是由直接承保公司兼营再保险的。在现代，它们更多的是以自己的分出业务与同业进行交换再保险，在再保险市场上既是分出公司，也是分入公司。

（二）专业再保险公司

专业再保险公司或再保险公司，并不承保直接业务，而是专门接受原保险人分出的业务，有时也将接受的一部分再保险业务进行转分。它们既可以直接与客户建立业务联系，也可通过再保险经纪人与客户建立间接的业务联系。专业再保险公司资金雄厚，具有较强的技术能力，信誉好，能够获得保险人的信任，有稳定的业务来源。当今世界上具有影响力的国际性再保险公司有德国慕尼黑再保险公司、美国通用再保险公司和瑞士再保险公司等。

（三）再保险集团

再保险集团是由几个或很多个保险公司经共同协议，为集中承保能力而建立的集团，有全球性的，也有地区性的，如亚非再保险集团、美国核保险集团、英国超额赔款集团等。参加集团的保险公司，一般既是分出公司，又是分入公司。它们将自身承保业务的全部或扣除自留额后的部分，通过集团在成员公司之间分保，各成员公司按约定的比例接受，也可根据业务性质的不同，逐笔协商接受。

（四）专属保险公司

专属保险公司是由大企业、大财团自己设立的保险公司，主要为其公司与子公司及其他相关企业提供保险，并办理再保险，简称自保公司。专属保险公司具有扩大承保范围、降低保险成本、改善企业现金流等优势，但是资金及能承担的风险单位数量有限，无法独立承担母公司巨大的风险，难以在大范围内有效分散风险，因此在经营中须依赖再保险。

（五）劳合社会员

劳合社就其组织的性质而言，不是一个保险公司，而是一个社团组织，更确切地说是一个保险市场，与纽约证券交易所相似，只为其成员提供交易场所和有关服务。它不直接接受保险业务或出具保险单，所有保险业务都通过劳合社会员，即劳合社承保人单独进行交易。1994 年以前，劳合社的承保人都是自然人，或称个人会员。1994 年以后，劳合社允许公司资本进入该市场，出现了公司会员。从此以后，个人会员的数量连年递减，而公司会员的数量逐年递增。目前，劳合社成员的承保业务大体分为四大类，即水险、非水险、航空险和汽车保险。

二、再保险合同双方的权利与义务

（一）原保险人的权利与义务

1. 原保险人的权利

原保险人全权负责处理再保险事务。

原保险人有权依照再保险合同的规定向再保险人要求摊回赔款。

原保险人有权向再保险人收取再保险手续费。

对于比例再保险中，原保险人有权要求再保险人提存保费准备金和未决赔款准备金。

在遇到巨额赔款，赔款责任超过约定金额时，原保险人可以要求再保险人以现金摊赔。现金摊赔可以在原保险人理赔之后，从再保险人处摊回；也可以在理赔之前，先估计损失，向再保险人摊回。

2. 原保险人的义务

原保险人对再保险人负有如实告知、通知义务。

原保险人负有按照约定的期限支付再保险费的义务。

原保险人负有定期编送业务账单、业务更改报表、赔款通知书、已决和未决赔款报表的义务。

原保险人负有防灾防损义务。原保险人应对保险标的安全情况进行检查，及时提出消除不安全因素的建议；在保险事故发生时，有责任提供合理的施救、整理措施，避免损失扩大。

原保险人在归还保费准备金和未决赔款准备金时有同时支付议定利息的义务。

如有损余收回或向第三者责任方追回款项时，原保险人有按分保比例向再保险人退回的义务。

根据再保险人工作的需要，原保险人有向再保险人提供有关账册、单据和文件的义务。

原保险人在安排再保险时，必须先作自留。

（二）再保险人的权利与义务

1. 再保险人的权利

再保险人有权按规定向原保险人收取再保险费。

再保险人有权要求原保险人履行保险合同中约定的义务。

当原保险人不履行法定或约定义务时，再保险人有权根据具体情况提出解除或终止再保险合同。

如有损余收回或向第三者责任方追回款项时，再保险人有权要求原保险人按分保比例摊回有关款项。

在工作需要时，再保险人有检查原保险人业务记录的权利。检查的内容是原保险人有关再保险业务的相关事项，如危险单位的划分、危险单位的分配与安排、保险标的的风险评估、自留额、再保险费率等。

2. 再保险的义务

再保险人有按合同规定向原保险人摊回赔款的义务。

在约定的保险责任发生时，再保险人应按合同规定履行损失补偿的义务。

再保险人有按合同规定支付分保佣金及盈余佣金的义务。

再保险人按合同规定对保费准备金和未决赔款准备金的提存与管理履行承认义务。

对原保险人为维护双方共同利益而支出的合理必要费用，再保险人有按比例承担的义务。

再保险人有现金摊赔的义务。

三、再保险合同的主要条款

再保险与原保险一样，也是通过合同的方式来明确原保险人和再保险人之间的权利和义务关系的。再保险合同的条款可以分为共同条款与非共同条款。

（一）共同条款

再保险合同的种类繁多，合同条款根据不同的再保险方式和业务类别也多有差异。不过有些条款是国际再保险业务中通用的，为保险界所熟知，所以不需要事先约定，只需在合同中列明。这些条款可以被称为再保险合同的共同条款。共同条款的主要类别如下：

1. 共命运条款

共命运（follow the fortunes）条款通常表述为："兹特约定凡属于本合同约定之任何事宜，再保险人在其利害关系范围内，与原保险人同一命运。"根据该条款，再保险人与原保险人在利益与义务方面共命运。这是由再保险业务的特点需要而作出的安排。再保险人与原保险人往往位于不同的国家和地区，再保险人缺乏直接介入原保险业务的条件。再保险人将承保对象的审核、费率厘定、保费收取以及赔款处理等诸多事宜都授权给原保险人单独处理，只要原保险人是为了维护双方的共同利益，由此产生的一切权利和义务均按再保险双方达成的协议共同分享和分担。不过，由原保险人单方面利益而产生的费用，再保险人就无须共命运，不承担费用的分摊。

此处所谈及的"命运"是保险上的命运，而非商业上的命运。保险上的命运是指原保险人按照原保险合同约定所必须承担的责任，再保险人因接受原保险人责任转移，所以须与其共命运。商业上的命运是指原保险人财务上的问题。原保险人在财务上出现的困难甚至破产、倒闭，再保险人对原保险人的债务并不承担连带责任。

条款还规定再保险人不负责超过合同规定限额以上的赔款和费用，以及合同规定责任范围以外的灾害事故损失。

2. 错误与遗漏条款

错误与遗漏（errors and omissions）条款规定，在合同的执行过程中，原保险人和再保险人某一方可能出现一些错误、延迟、疏忽或遗漏，但只要是非故意的，另一方不应因此而拒绝履行此后相关的义务。在实务中，发生错误与遗漏的一般情形有：应纳入再保险合同的业务而未办理分出或办理有错误；应予登记而未登记的业务或登记错误；赔款发生后应通知而未通知或未及时通知；等等。错误与遗漏等的发生至被发现应当有一个合理期限，实践中通常为30天之内。一旦发现错误、遗漏或疏忽，原保险人应立即采取相应的措施予以纠正。

规定该条款的主要目的在于保护原保险人，避免偶然的错误和遗漏产生对其十分不利的后果，同时对原保险人非故意过失或疏忽造成的错误、遗漏或延迟给予弥补的机会，以利于再保险业务的发展。

3. 双方权利保障条款

双方权利保障条款是原保险人与再保险人应保证对方享有其权利，以使合法利益得到保护。再保险人赋予原保险人选择承保对象、制定费率和处理赔款的权利。原保险人应赋予再保险人查校账册，如保单、保费、报表、赔案卷宗等业务文件的权利，使再保险人可以了解开展业务和赔案处理等的情况，明确自己再保险的危险责任。再保险人给予原保险人独立处理原保险合同诸多保险问题的权利，主要是出于对原保险人的充分信任，避免反复周折，使再保险交易有效顺利地进行。原保险人给予再保险人检查的权利，主要是出于公平交易原则，既然保险标的处在原保险人控制下，由原保险人全权处理，再保险人就有了解其承保风险、经营管理、赔款处理等情况的权利，防止出现对再保险人不利的结果。但是在实务中再保险人一般不使用这种权利，特别是在友好公司之间。只有在缔约双方发生争执，有可能付诸诉讼时才运用本条款。

4. 仲裁条款

按照国际惯例，对于争议可通过协商、调解、仲裁或诉讼方式予以解决。在再保险合同中，通常都订有仲裁条款（arbitration clause），同时还强调，若有争议，首先应通过友好协商予以解决，若仍不能达成协议，可通过仲裁。仲裁条款规定再保险合同的仲裁程序、仲裁机构、仲裁地点和仲裁效力等内容。

仲裁程序主要规定如何进行仲裁。一般规定，在发生争议时，可由合同的任何一方在仲裁开始前的一个月内，提出仲裁申请，提供各种资料，另一方在收到申请书一个月内提出答辩书。然后由订约双方各自指定一名仲裁人进行仲裁，双方异议均应在裁决前的抗辩书中提出。

仲裁机构可分为常设仲裁机构和临时仲裁庭两种，前者是在常设的仲裁机构进行仲裁，后者是由双方指定的仲裁员自行组成仲裁庭，案件处理完毕即自行解散。

仲裁地点通常约定在原保险人的所在地。按一般法律规定，在哪个国家仲裁，就要适用哪个国家的仲裁法规和法律冲突规则。

对于仲裁效力，世界各国的规定不一。我国的民事诉讼法规定："经中华人民共和国的涉外仲裁机构裁决的案件，当事人不得向人民法院起诉。"为了明确仲裁裁决的效力，避免引起复杂的上诉程序，再保险合同的仲裁条款一般都明确规定：公断人的结论是最终裁决。它高于任何法律，对双方当事人都有约束力，必须认真执行，不得上诉。双方各执一份，具有同等效力，并作为再保险合同的一个组成部分。

（二）非共同条款

与共同条款不同，非共同条款由合同双方当事人约定，并写进再保险合同之中。

1. 执行条款

执行条款（operative clause）是用以规定再保险具体方式、再保险业务种类、地区范围、责任范围和责任限制的条款。

再保险合同中必须明确再保险具体方式，是成数再保险、溢额再保险，还是超赔再保险等。若是超赔再保险还要进一步区分是险位超赔再保险、事故超赔再保险还是赔付率超赔再保险。

保险业务种类包括各类财产险业务、人身保险业务，原保险人与再保险人究竟对哪一种业务进行分出和分入，在合同中也要有明确的规定。

再保险合同业务的地区范围，即这些业务是来自本国或本地区，还是来自世界各地。明确规定再保险业务的地区范围，有利于原保险人控制自己的责任，避免责任过度累积，保持其财务上的稳定。

责任范围的规定，既要明确保险责任，还要明确除外责任，以免在保险标的出险后需要分摊赔款时因保险责任范围界定不清晰而产生纠纷。

责任限制是在合同中要明确原保险人和再保险人的责任限制，即规定每一危险单位或每一次事故的自留责任和最高分保责任。

2. 佣金条款

佣金条款是比例再保险合同的重要条款。再保险佣金是再保险人根据分保费支付给原保险人的一定费用，用以分担原保险人为招揽业务及经营管理等所产生的费用开支。再保险佣金包括固定佣金、浮动佣金及净利润佣金。再保险双方都十分重视分保佣金。对再保险人而言，佣金支出直接影响到分保合同的利润；对原保险人而言，各种佣金收入与其收益密切相关。因此，再保险的当事人应在合同中明确佣金的比例及其计算办法。

3. 共同保险条款

共同保险条款是非比例再保险合同的特有条款。设立该条款的目的在于限制分出公司在赔款已经超过合同规定的自负责任额时，由于不负责任处理赔案而损害分入公司的行为，从而促使分出公司在理赔时采取谨慎的态度。

例如，在合同中规定：“分出公司保证和接受公司成为共同再保险的接收人，且至少为本合同所承保的超赔额的 10%。此份额作为分出公司自留的责任而不分保。”可见，超过合同规定的自负责任额的赔偿责任并不全由分入公司承担，分出公司自己也要分担，增强了分出公司的风险意识。

4. 赔款处理条款

该条款是对原保险人处理赔款的权利、赔款的通知以及赔款账单的编送和摊回的规定。

在再保险合同中一般规定，当损失发生时，分出公司可以按自己认为适当的方法全权处理赔款，包括全部赔付、部分赔付和拒绝赔付等，不需要征得分入公司的同意。另外，分出公司还有权对受损标的采取合理的施救措施，对任何赔款提出抗辩。分入公司应对分出公司支出的赔款和合理的费用依分保比例进行分摊。对有损余收回或向第三者追回款项时，分出公司也应按分保比例返还分入公司。

对于小额赔款，分出公司一般无须通知分入公司，只将赔款记录在相关报表中，并在分保账单的应付分保费中扣减。当发生赔款超过一定数额时，分出公司要将详细损失情况通知分入公司。如果发生巨额赔款，分出公司可要求分入公司现金摊赔。现金摊赔是指在分出公司遇到超过一定数额的巨额赔款时，可以立即凭借必要的证件或证明向分入公司提出用现金来支付该赔款的一项规定。在通常情况下，分出公司只能在按合同规定期限结账的时候向分入公司摊回赔款。至于巨额赔款的起赔数额，则根据分出公司与分入公司之间的协议而定。

对于一切赔案，分出公司必须按照原保单条款的规定处理。分入公司只对分出公司负有法律责任的赔款进行摊付。除非事先征得分入公司的同意，分出公司不按原保单条款的规定通融处理的赔案，分入公司有权拒付赔款。所谓通融赔付处理就是保险公司不应承担赔偿责任的损失，由于某些原因，保险公司给予全部或部分的赔偿。近年来，国际保险市场上对通融赔付的处理都十分谨慎，一般都要求事先征得再保险人的同意，才可以作通融赔付处理。

5. 物价指数条款

物价指数条款也叫稳定条款或调整条款，是指当再保险合同生效时与赔款时的货币币值不同时，以指数来重新核算和调整两者的数值，使赔款受币值影响的高涨部分，由原保险人与再保险人共同分摊。例如，有一超过 5 万美元以后的 7 万美元的超赔合同，现发生损失 4.9 万美元，如该赔案当年解决，再保险人不承担赔款。但由于该赔案数年后才解决，因通货膨胀，该案赔款上升为 5.8 万美元，如果合同上没有指数条款，则再保险人要负责 8000 美元的赔款。

6. 汇率变动条款

如分保合同项下所遭受的损失不是合同所表示的货币，而是其他货币时，由于汇率的变动，可能会有货币兑换方面的风险。为了使合同责任限额保持在较为稳定的水平，超赔分保合同一般都有汇率变动条款（exchange rate fluctuation clause）。该条款规定，如果有其他货币的损失，有关分出公司的自负额和分入公司的责任额按合同起始日或商定日期的汇率折成合同中规定的使用货币来计算。

7. 除外责任条款

除外责任条款（exclusion clause）主要载明再保险合同不保的危险和责任。除外责任条款因国家、地区、业务种类及分保方式的不同而有所差异，但大多数再保险合同都包括以下除外责任：① 战争、类似战争行为、敌对行为、武装冲突、罢工、暴动和民变等引起的损失；② 直接或间接由于核反应、核辐射和放射性污染引起的损失；③ 政府当局的没收、征用等命令造成的损失；④ 被保险人及其代表的故意行为及重大过失引起的损失。

8. 账务条款

账务条款规定关于账单的编制、寄送及账务结算事宜。分出公司应在每季度结束后的 60 天内编制业务账单寄送分入公司。分入公司在收到账单后应予以证实，如在 15 天内不予证实，即视为默认。

该条款虽然规定由分出公司编制业务账单送交分入公司，但实际上通常是分出公司向经纪人提供保费、赔款等资料，再由经纪人编制业务账单送交分入公司。为简化手续，有的合同规定每半年期送交一次账单。

编制账单和结算的货币一般应是原保单货币。如果原保单有多种货币，则可分别编制账单和结算。但有的合同也规定采用当地货币或某种外币为编制账单和结算的货币，其他货币的保单，其保费按出单日、赔款按付款日的外汇牌价折算成所采用的货币记账。如采用当地货币编制账单，那么结算时按结算日当地银行外汇牌价折算成国际可兑换的货币进行结算。

9. 保险费条款

比例再保险业务的费率，一般都是按原保单上规定的费率办理，所用货币也与原保单一致。但是非比例再保险的费率是按每一个合同的专定费率。

10. 期限条款

比例再保险与非比例再保险合同都有期限条款，但规定略有不同。比例再保险合同具有长期性的特点。在通常情况下，合同经订立生效后，除非经过一定的终止手续，否则无限期存在。一般分保合同均规定合同从某年 1 月 1 日 0 时起生效。若任何一方有意终止再保险合同，必须在年终前 3 个月向对方发出注销通知，经对方证实后终止。在非比例再保险合同中，由于超赔分保接受人不愿意承诺长期的责任，所以通常规定合同的期限为 1 年。但险位超赔再保险合同也有不订明合同期限的，任何一方不发出注销通知，合同继续有效。

综合训练

一、选择题

1.（　　）是指一次保险事故可能造成的最大损失范围。

A. 危险单位　　B. 赔偿限额　　C. 保险金额　　D. 偿付能力

2. 以每一危险单位发生的赔款为基础来确定分出公司自负责任额和分入公司分保责任额的再保险方式是（　　）。

A. 事故超额再保险　　B. 赔付率超赔再保险

C. 超过平均赔付率再保险　　D. 险位超赔再保险

3. 再保险合同的保险标的是（　　）。

A. 原保险的保险费　　B. 原保险人承担的保险责任

C. 原投保人投保的原保险的保险标的　　D. 不同于原保险标的的新保险标的

4. 共同保险与再保险虽然都具有分散风险的职能，但是二者之间存在明显的不同。就风险的分摊方式看，再保险是（　　）。

A. 风险的第一次分摊　　B. 风险的直接分摊

C. 风险的第二次分摊　　D. 风险的横向分摊

5. 下列中的（　　）属于非比例再保险。

A. 溢额再保险　　B. 险位超赔再保险

C. 事故超赔再保险　　D. 赔付率超赔再保险

二、简答题

1. 试比较再保险与原保险。
2. 再保险的作用有哪些？
3. 简述再保险合同的共同条款。

三、计算题

某保险公司与某再保险公司签订了一份溢额再保险合同，合同约定，分出公司自留额为50万元，分保限额为5线。现有一保险金额为200万元、保险费为20万元的原保险合同。在保险期限内发生赔款120万元。请计算分出公司的自留保险费和自担赔款分别是多少。

第八章

互联网保险

学习目标

通过本章的学习，了解互联网保险的概念、与传统保险的区别；了解国内外互联网保险的发展历程，对我国互联网保险的发展现状形成基本的认识；理解我国保险行业存在的弊端及问题，在此基础上理解互联网保险对传统保险的革新和改进；了解互联网保险在我国现有的四种主要经营模式，掌握每种模式的特点以及优缺点，对典型且较成功的案例有基本的了解；了解互联网保险的主要风险。

案例导入

全国首家互联网保险机构众安保险成立于2013年10月。阿里巴巴持股19.9%，为最大单一股东；腾讯和平安保险并列第二大股东，持股比例各为15%；其余6个创始股东为携程等。公司运营模式不同于传统保险公司，没有线下团队，不设分支机构，完全线上运营。众安保险一直以解决互联网场景中的保障需求为根本目的，创新应用互联网模式，不断积累大数据及保险经验，沉淀金融科技能力，为更好地服务互联网生态进行储备。2014—2019年公司原保费收入从7.9亿元增长到146亿元，2019年，同比增加30%左右。2018年，在中国保险业原保费收入增长幅度创7年来新低的背景下，众安保险并未受保险行业疲软的影响，全年保险业务收入同比增速依旧高达89%。

那么，什么是互联网保险？互联网保险有什么特点？有哪些经营模式？

让我们一起通过本章的学习，探寻问题的答案。

第一节　互联网保险的概念和发展历程

随着互联网的发展及其向金融领域的渗透，互联网金融在我国蓬勃兴起，并出现了传统金融业务的网络化、第三方支付、P2P网络借贷、众筹、互联网银行、互联网保险、互联网基金、大数据征信、第三方金融服务平台等多种新型业态。

作为互联网金融的四个细分板块之一，中国的互联网保险异军突起。截至2020年底，中国开展互联网保险业务的公司已有200余家，市场规模已超过2900亿元。互联网保险的发展为保险行业增加了新渠道，提供了新动力。互联网渠道流量大，接触客户的数量和频率远高于传统渠道，易于销售简单化、标准化的产品，互联网保险因此迅速发展起来。

一、互联网保险的概念

2020年12月14日，银保监会网站发布《互联网保险业务监管办法》(以下简称《办法》)，明确了"互联网保险业务"的定义："保险机构依托互联网订立保险合同、提供保险服务的保险经营活动。"《办法》规定，同时满足以下三个条件的保险业务，即为互联网保险业务：

① 保险机构通过互联网和自助终端设备销售保险产品或提供保险经纪服务；

② 消费者能够通过保险机构自营网络平台的销售页面独立了解产品信息；

③ 消费者能够自主完成投保行为。

互联网保险不仅是保险的互联网化，还是服务互联网生态的保险创新。因此，互联网保险并不是简单地把保险放在网上销售，即销售渠道的网络化，更重要的是以互联网思维充分运用大数据、云计算的巨大潜力，对现有的保险产品、运营和服务模式进行重构。比如，利用互联网技术的搜集和存储功能，整合与保险有关的社会资源，包括车载智能终端、医疗健康可穿戴设备、电子病历等垂直数据入口，让基于用户行为的保险成为现实；通过对互联网大数据的处理和分析，及时准确掌握市场状况，洞察消费者行为和偏好特征，挖掘出更多样化的保险需求，开发更个性化的产品，不断进行产品和服务的创新。

互联网保险的概念随着整个行业的发展逐渐演变。最初仅被局限在对传统保险的改良，包括产品更个性化、价格更透明、服务更快捷等；随后则基于互联网的用户消费习惯和技术手段，发掘新的保险服务形式，甚至打破原有的产品结构、投保方式；同时改变了保险企业的内部结构，使之更加扁平化。真正意义上的互联网保险是用互联网的模式改变整个行业的运行逻辑，各个环节因互联网的应用逐步被拆解并再次整合，形成完全不同于现有保险行业的新业态。

二、国外互联网保险的起源与发展

互联网保险最早出现于美国国民第一证券银行。它首创运用互联网渠道进行保险产品的销售，仅一个月，成交保单就创造了上千亿美元的价值。随后欧洲、日本等国家和地区都出现了“第一个吃螃蟹”的保险公司，通过互联网销售渠道提供最新的保险产品报价、信息咨询和网上投保服务。以渠道为主的互联网保险业务在全球范围内普及，我们称之为保险销售的互联网化阶段。

随着保险销售逐步向线上迁移，销售之后的其他环节也开始逐步线上化。传统保险公司试图借助互联网，尽其所能将可以线上化的环节如在线报案、进行索赔等线上化，逐渐减少线下流程，提升了便捷度，降低了运营成本。

随着用户对互联网保险服务的接受度和依赖度越来越高，保险公司开始思考用户体验问题，试图通过更为互联网化的运营方式来服务保险客户，包括重视客户的口碑、采用更透明的运营方式、优化操作体验、提供配套服务等。

在围绕用户体验的创新基础上，一些国外互联网保险公司开始关注对用户数据的收集，并充分利用社交网络的影响以及云计算、物联网、车联网技术，进行保险产品的开发、定价和配套服务。在意大利和英国，传感器的应用已经比较普遍，使汽车险、家财险、寿险都产生了很大改变。比如，通过汽车传感器监控驾驶人驾驶习惯，依据驾驶习惯确定其保费金额，解决了驾驶习惯良好的年轻人保费过高的问题。

案例8-1

Discovery 是南非最大的健康险公司，在数据获取方面的经验非常值得借鉴。Discovery 的“健行天下”（Vitality）健康促进计划，旨在通过建立科学的健康管理和激励体系，鼓励消费者关注自身健康，并对参与者的健康行为和饮食进行干预，改变其行为。例如，通过线上、线下方式有效评估一个人的健康状态，根据健康状态给予客户旅游、购物等奖励，并决定后续保费的数额。通过这一计划，Discovery 收集了大量的用户数据，用户也通过该计划获得了实际的利益，形成了双赢的局面。2014 年，Discovery 入股中国平安旗下平安健康保险股份有限公司，通过整合双方资源，以产品创新为龙头，积极推动中国健康险市场的发展。

（资料来源：网络资料。）

三、我国互联网保险的发展历程

对于中国保险行业来说，互联网保险在过去 20 多年里经历了兴起、发展以及不断成熟的过程。从宏观的角度看，可以分为以下四个阶段，如图 8-1 所示。

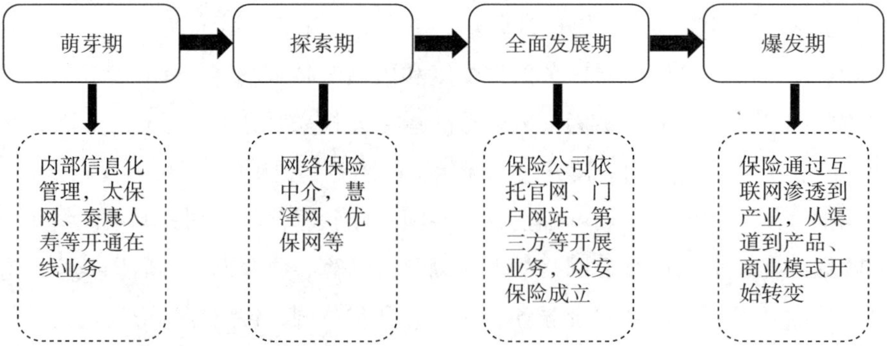

图 8-1　中国互联网保险发展历程

（一）萌芽期（1997—2004 年）

这一阶段的主要特点是保险公司在互联网端提供门户咨询和销售服务。1997 年 11 月 28 日，中国保险学会和北京维信投资股份有限公司成立了我国第一家保险网站——中国信息保险网。同年12月，新华人寿保险公司促成的国内第一份互联网保险单，标志着我国保险业迈进互联网融合的大门。2000年8月，中国太平洋保险公司建成了国内第一个连接全国、全球的保险互联网系统，开始了真正意义上的互联网保险业务，推出了30多个险种。同年9月22日，泰康人寿保险股份有限公司独家投资建设的大型保险电子商务网站——“泰康在线”全面开通。这是国内第一个由寿险公司投资建设的、真正实现在线投保的网站，也是国内首个通过保险类电子商务认证授权机构认证的网站。外资保险公司也紧随其后，2000年9月，友邦保险上海分公司网站开通，通过互联网为客户提供保险的售前咨询和售后服务。

此阶段互联网保险作为销售代理而存在，各大保险公司都建立了自己的官方网站，发布保险产品的相关信息，但由于互联网金融规章制度尚未健全，法治环境尚不成熟，人们对互联网保险的认识也存在很多不足，互联网保险促进保险公司业务发展的作用并不明显，主要起到宣传及普及保险知识的作用。

（二）探索期（2005—2011年）

2005年4月《中华人民共和国电子签名法》颁布，使互联网保险真正得到发展。此后，人保财险实现了第一张全流程电子保单。在该阶段，互联网保险开始出现市场细分，涌现出一批以保险中介和保险信息服务为定位的网站，如慧择网、向日葵网、优保网等。此阶段，随着互联网用户的迅速增多，人们越来越倾向于通过互联网来获取保险产品和服务，同时各保险机构也致力于通过创新实现网络渠道的营销，逐步探索保险电子商务营销方式。

（三）全面发展期（2012—2013年）

2012年中国保监会开始实施《保险代理、经纪公司互联网保险业务监管办法》，标志着互联网保险走向专业化和规范化。互联网保险业务发展秉承着透明化和信息化的原则。

2012年8月之后，多家公司有了更进一步的行动：平安人寿发布“平安人寿E服务”App客户端；国华人寿通过淘宝“聚划算”销售平台推出3款产品，短短3天的时间里就实现了1.05亿元保费收入；泰康人寿则分别与携程、淘宝等互联网平台合作，打造互联网保险销售平台，取得了较好成效。

2013 年被称为互联网金融元年，出现了各种互联网金融的创新，比如 2013 年 6 月推出的专为个人用户打造的余额增值服务——余额宝。互联网金融理念渐渐深入人心，也逐步显现出巨大的影响力。2013 年 11 月 6 日，由阿里巴巴、中国平安、腾讯公司共同筹资建立的众安在线财产保险有限公司正式开业，标志着我国互联网保险进入机构专营阶段。同年，淘宝理财频道首次参与“双 11”活动，保险产品成为新主角。

这一阶段的互联网保险通过创新实现了跨越式发展，基于电子商务及信息技术的发展开发了与此相应的保险险种（如退货运费险、游戏账号装备险、微信支付安全险等），依托第三方电子商务平台、保险公司官方网站、保险超市等多种方式，探索出了其特有的业务管理模式。

（四）爆发期（2014 年至今）

2014 年 2 月，中国保险行业协会发布《2011—2013 年互联网保险行业发展报告》指出，2011—2013 年，中国互联网保险的保费收入不到整个保险市场的 3%，而在美国这个比重为 30% 左右。

2014 年 8 月 13 日，“新国十条”的颁布给保险业的转型升级勾勒了蓝图，支持保险公司积极运用现代互联网技术进行创新。在有利的行业环境和相关政策的支持下，2014 年，我国互联网保险保费收入达到 858.9 亿元，同比增长 170%，互联网保险的渗透率（指互联网保险的保费收入占整个保险市场的比重）达到 4.24%，是 2013 年的 2.29 倍。到 2017 年，我国互联网保险保费收入达到 1835.29 亿元，互联网保险公司行业占比高达 59.0%。

在这一阶段，互联网保险高速发展，势如破竹，保险行业全面电商化时代来临。云计算、大数据等技术无疑将为保险业的发展带来更多可能和无限潜力。互联网保险公司需依照互联网的规则与模式，改变现有的保险产品、服务及运营方式，重新构造互联网保险关联各方的价值体系，开发出适合互联网消费群体的保险产品。

四、我国互联网保险的发展概况

伴随着“互联网 +”的深入推进，互联网保险逐渐成为互联网金融的一个风口，近年来开始呈爆发式增长。

（一）互联网保险保费收入总体呈增长趋势

中国保险行业协会发布的公开数据显示，我国互联网保险在2011—2015年的5年间经历了爆发式增长，保费收入从32亿元增长至2234亿元，增长近70倍，渗透率从0.2%上升到9.2%。但从2016年开始，受保险业政策影响，互联网保险行业发展经历了短期阵痛，互联网保险保费规模增长陷入停滞并开始减少，渗透率连年下滑，到了2018年渗透率仅有5.0%。但从长远来看，政策调整后的互联网保险行业得到了更加健康的发展，2020年我国互联网保险市场规模超过2900亿元，渗透率达到6.4%（见图8-2）。

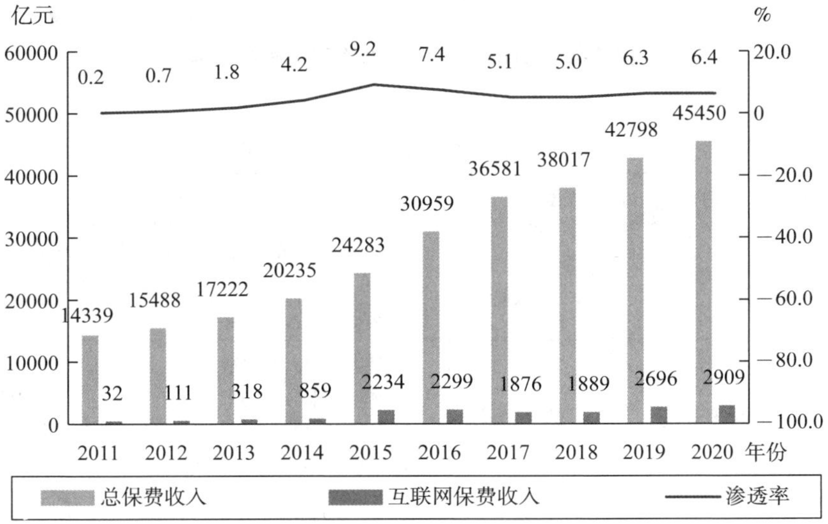

图8-2　中国总保费规模和互联网保费规模

资料来源：中国银保监会、中国保险行业协会、艾瑞咨询研究院。

（二）互联网保险种类越发多元

从最初的车险、人身险、意外险、理财险等传统保险类型，到大量涌现的退货险、支付宝安全险、银行卡安全险等依托电子商务而设立的保险品种，再到鞭炮险、高温险等新型保险，我国互联网保险创新越来越活跃，种类越来越多元（见图8-3、表8-1）。

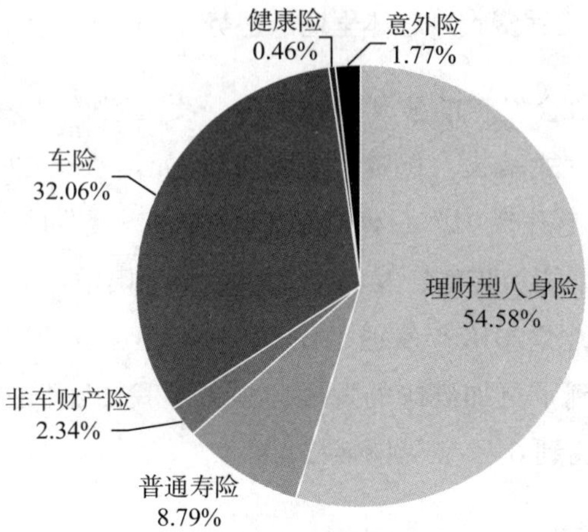

图 8–3　2015 年互联网保险产品保费结构

表 8–1　近年部分互联网保险创新产品

产品名称	时间	推出公司	简介
鞭炮险	2014 年 1 月	富德生命人寿、淘宝保险	针对 3~16 岁的未成年人，价格是 9.99 元，每人只能购买一份，如果被保险人被鞭炮所伤可以申请最高 3 万元的赔偿
高温险	2014 年 5 月	众安保险	在保险期间内，因被保险人身处的投保区域高温日天数超过本合同约定的免赔天数，导致被保险人需额外支出生活成本的，保险人按照本保险合同约定在保险金额内给付保险金
旅游天气险	2014 年 9 月	众安保险、同程旅游网	嵌入同程旅游 1 元景点营销活动，只要出行当天指定时间内景区下雨，同程网将赔偿被保险用户 10 元
加班险	2015 年 7 月	华海保险、财客钱包	在财客钱包 App 支付 9.9 元，可获得一份有效期 1 个月的“加班险”，在购买之日起 1 个月内，只要用户在 21：00 之后下班（下班时通过财客钱包 App 进行打卡），即可获得 9~12 元的现金赔付

（三）互联网保险主体不断拓展

我国互联网保险的经营主体范围不断扩大，已涵盖传统保险公司、第三方互联网保险平台、专业互联网保险公司、互联网巨头等各种类型。经营主体数量也大大增加，从 2012 年的 34 家增至 2020 年的 134 家（见图 8–4）。

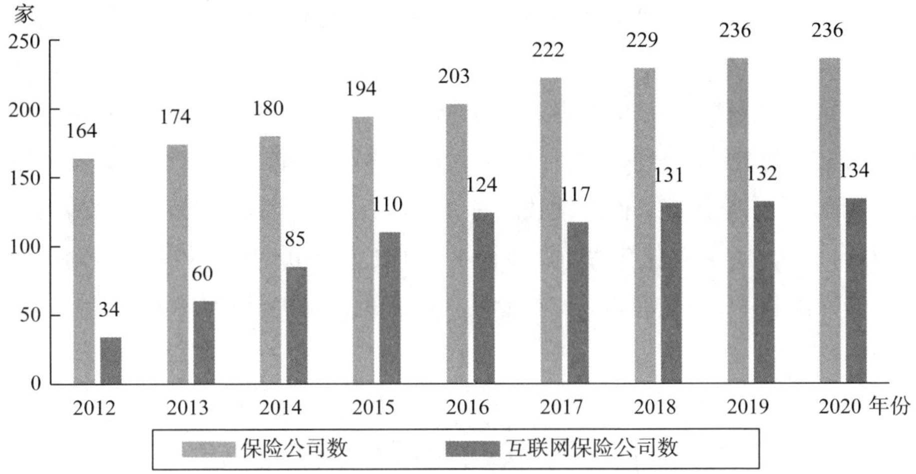

图 8–4 经营互联网保险的公司数量

资料来源：中国银保监会、中国保险行业协会、前瞻产业研究院。

互联网保险的快速发展，也吸引了一大批非保险企业“跨界”融合。各电商巨头和互联网企业纷纷涉足保险业务（见表 8–2）。此类企业在客户群体、场景模式以及数据和技术支持等方面拥有得天独厚的优势。

表 8–2 大型互联网企业涉足保险业情况

公司	事项
阿里巴巴	发起设立众安保险，与中国太平等发起设立阿里健康
腾讯	联合成立众安保险，旗下全资子公司英克必成科技联合中信国安等设立和泰人寿
百度	与德国安联、高瓴资本发起设立百安保险，与中国太保发起设立互联网车险公司
京东	发起设立互联网财险公司
苏宁云商	发起设立金诚财险
银之杰	参股互联网保险公司易安保险，发起设立安科人寿
恒生电子	参与设立粤财信用保证保险

资料来源：平安证券研究所及其他网络资料。

（四）互联网保险消费者不断增多

互联网保险的客户数及社会关注度也在显著提升。“互联网保民”这一群体从无到有，截至 2016 年 3 月，使用互联网保险服务的用户已超 3.3 亿人次，同比增长 42.5%，互联网保民人数是股民的 3 倍、基金用户的 1.5 倍。众安保险作为国内首家互联网保险公司，截至 2015 年 12 月 31 日，该公司累计服务客户数超过 3.69 亿人次，累计服务保单件数超过 36.31 亿件次。随着互联网保险的快速发展，社会资本也开始青睐互联网保险企业，2015 年互联网保险投资总额同比增长了 58 倍，其中，仅众安保险一家企业就获得了 9.34 亿美元的大额融资。

第二节　互联网保险的创新逻辑

互联网的高速发展改变着人们的生活方式，也改变着各行各业的产业形态。同其他传统金融行业一样，保险业也经历了互联网一次一次的冲击。从最初的销售渠道创新、服务水平提升，到客户信息的收集，乃至依靠数据挖掘进行客户的深度开发，互联网对保险业的影响日趋加深。

互联网带来的最大改变是思维和行为的改变。信息技术飞快发展，消费者预期和行为也随之变化，二者相互促进，驱动了互联网保险的高歌猛进。互联网正在推动一切，技术的进步、消费者行为的改变正在重塑保险业，对保险公司而言，机遇与挑战并存。

一、中国保险行业的现有问题

（一）大众保险意识依然薄弱

大众保险意识薄弱被公认为我国保险行业发展的重要阻力。从保险深度来看，中国保险深度在 2011—2017 年与全球平均水平的差距不断缩小，2017 年之后差距又不断扩大，到 2019 年中国保险深度为 4.32%，而全球保险深度预计为 7.17%（见图 8–5）。中国的保险深度仅相当于全球平均水平的 60.25%。

图 8-5　2011—2019 年中国与全球平均保险深度情况

资料来源：国家统计局、中国银保监会、前瞻产业研究院。
注：保险深度 = 原保险保费收入 /GDP 总值。

从地区来看，2019 年，中国大陆（内地）的保险深度与发达国家或地区相比差距非常明显（见图 8-6）。这表明我国保险业对国民经济相关领域的覆盖程度较低，保险业务的发展相对滞后。我国保险机构的国际竞争力、保险业的国际影响力还不够强，我国还不是保险强国。

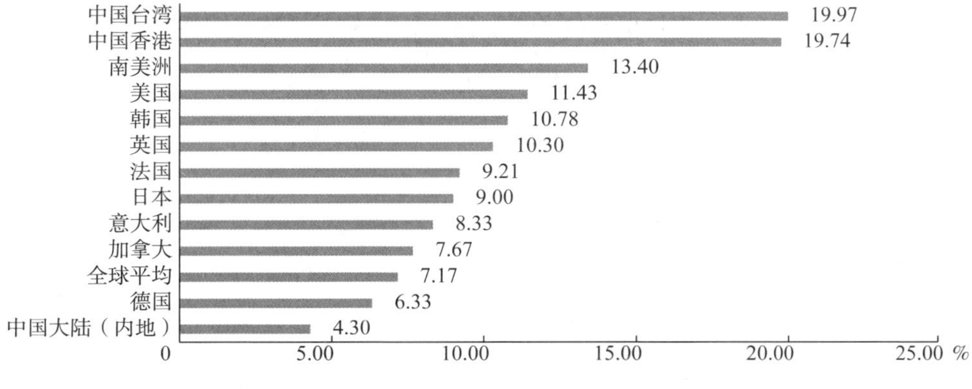

图 8-6　2019 年全球部分国家或地区保险深度

资料来源：Statista、前瞻产业研究院。

从保险密度来看，2011—2019 年中国人均保费不断增长，保险密度与全球人均水平差距不断缩小，但依然很大。2019 年，中国人均保险密度 441.01 美元 / 人，与全球保险密度（819.99 美元 / 人）相差 378.98 美元 / 人（见图 8-7）。中国人均保费与全球人均保费相比差距仍然很大，显示出巨大的市场潜力。

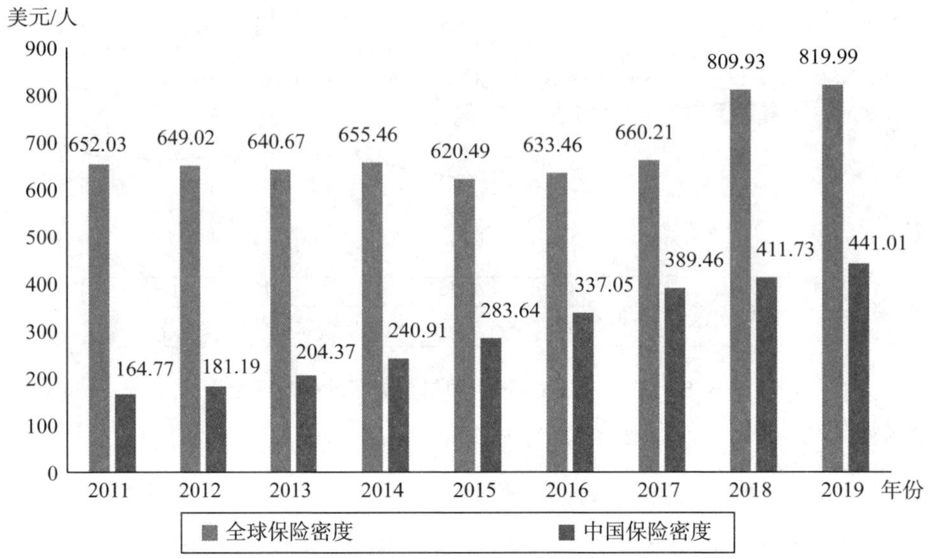

图 8–7　2011—2019 年全球与中国保险密度情况

资料来源：国家统计局、《中国保险年鉴》、联合国、前瞻产业研究院。

从国家和地区来看，2019 年，中国大陆（内地）人均保费与世界发达国家或地区相比有较大差距，人均保费仅 317 欧元（见图 8–8）。这表明我国运用保险机制的主动性还不够，全社会的保险意识还不强。

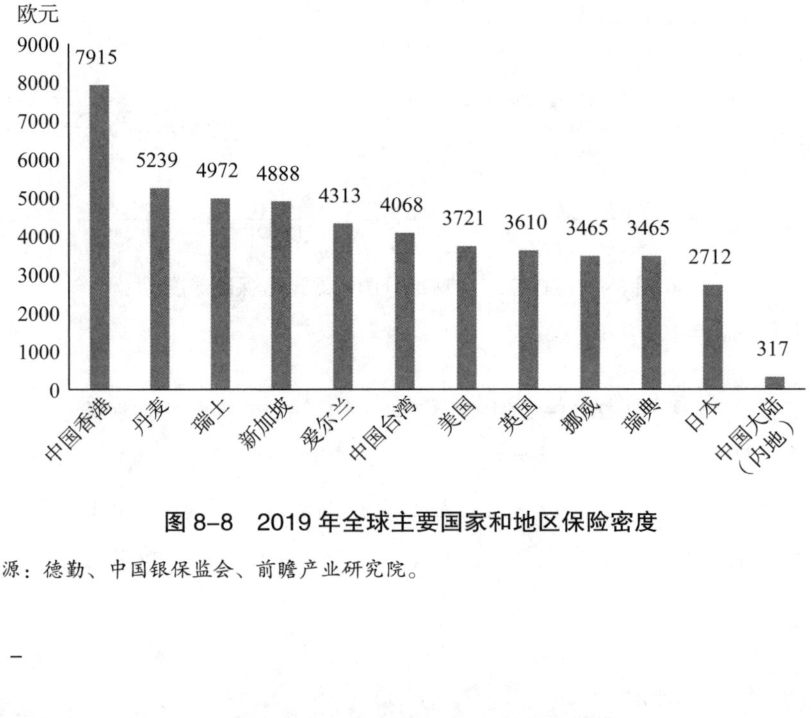

图 8–8　2019 年全球主要国家和地区保险密度

资料来源：德勤、中国银保监会、前瞻产业研究院。

（二）用户与保险机构权利不对等

保险机构由于占有相关的数据与资源，与用户之间存在巨大的信息不对称，又多为商业性机构，以营利为主要目的，因此，保险产品的推出、设计和操作，更多地以保险机构的利益为出发点，互助共济的保险理念经常不能落实。例如，用户需要更合理的理赔、支付服务，保险公司出于利益纠葛不予支持；用户购买了某些保险，在风险发生时却因其不理解、未被告知的免责条款而被拒绝理赔；等等。

（三）保险机构的信息透明度不足

在现代保险制度下，保险公司自身成为风险中介，截断了用户的信息通道。用户对于保险的唯一信息来源就是保险公司出具的保函（或保险合同），对于自己支付的保险金是否合理、风险事件发生时自己获得的赔偿是否合理一无所知，亦无能力进行确切评估。固然，保险公司可能存在因测算失误导致自身损失的情况，但是更有人为提高保费、提高赔付门槛、降低赔付金额的动机，从整体上侵犯了用户的利益，推升了整个社会的保险成本。信息不透明使得用户不能了解保险基金的运作，难以信任保险机构。这在我国表现得尤为突出，也是我国民众保险意识差、保险密度低的重要原因。

（四）保险机构庞大、臃肿、管理成本高

保险公司成为风险中介之后，需要以自己的资金能力为限，承担全部可能的理赔责任，这在保险标的的风险之上又增添了资金管理风险，进一步提升了风险管理的难度，导致保险公司机构庞大、人员众多。同一保险公司又会推出多种保险产品，这些保险产品需要横向管理，再次增加了管理成本。

（五）险资运用带来巨大道德风险

保险金被交予保险机构之后，本意是存储起来以备未来赔付时用，但为了保值增值，这部分资金经常被用来投资。甚至许多个人或组织成立保险公司的真正目的，并不在于为社会提供保险服务，而在于利用保险牌照获得低成本资金，导致了保险业务的巨大扭曲。险资的运用存在多方面的风险，首先，保险公司万一

亏损，将无力对用户进行赔付，导致保险不再“保险”；其次，险资来自用户，但用户往往不能获得险资投资的额外收益，收益大多归于保险公司，这就使得保险公司有充足的动力谋求较高收益，形成道德风险。

二、互联网保险对传统保险业务经营模式的影响

（一）对保险经营观念的颠覆

互联网对保险行业最大的颠覆，是从“客户思维”到“用户思维”的改变。传统的“客户思维”模式下，保险公司运用4P营销理论，将公司产品推销给消费者，关键因素是产品包装、价格优势、渠道实力和促销策略等。而在互联网时代，由于信息量大、信息流动快，能最大限度消除信息不对称，消费者购买决策过程发生巨大变化。消费者拥有了更多的知情权和选择权，买卖双方权力发生转移，行业加速进入“用户主权”时代。在“用户思维”模式下，个性化的产品、极致的消费体验、简约的形式、跨界的资源整合以及分析运用大数据等能力，成为竞争的关键。

（二）对行业销售入口的冲击

保险销售是对具有同样风险特征的个体进行聚合的过程。对个体的不同定义方式，派生出了营销、直销、代理等不同销售渠道。而互联网天生就是“连接”“聚合”的途径，可以轻易克服空间上的限制，将人群风险进行无限细分，充分利用小众人群的“长尾效应”，组合成个性化的“团单”进行承保。在此背景下，决定业务量的将是互联网平台的流量。依靠网点数量和人力规模进行一对一营销的传统优势，由于成本较高，必将受到一定的削弱和冲击。然而，保险固有的特性（标准化程度低、客户不能实时感知消费体验、存在道德风险等）决定了传统销售队伍不会消亡。

（三）对保险市场边界的扩展

互联网保险将从三个方面扩展保险的边界：一是互联网带来新的经济、生活方式，其中蕴含的新风险派生出新的保障需求，如网购退货险、盗刷险等；二是

大数据技术提升了行业风险定价与管理能力，从而将以前难以有效管理的风险纳入承保范围，如高温险、雾霾险、赏月险等；三是借助互联网强大的客户聚集能力，发挥“长尾效应”，将保险期间碎片化、保费碎片化，使得以往不具有高额投保能力的客户成为被保人群，如 1 元关爱险等。

（四）对行业服务要求的改变

“用户主权”形势下，消费者借助全新的信息环境，依据用户评价、亲友推荐、专家评论等信息，可以更为精确地预测目标产品或服务的实际体验品质。在此背景下，开发更加个性化和按需定制的产品，建立超过消费者预期的极致体验，将成为制胜根本，这必将促使保险行业更加注重服务品质，更为关注消费者的个性化需求。

（五）对运营流程革新的挑战

随着互联网对保险全产业链的渗透，为保持竞争优势，保险公司将不断加大运营全流程改造力度：一是行业外包将加快发展，保险公司将收缩日常活动范围，集中内部资源聚焦风险管理、客户服务及资金运用等核心领域；二是核心业务流程的网络化自助服务水平不断提高，在提升运营效率的同时迎合了客户消费习惯的改变；三是运营成本受到严格管控，节省下来的成本通过产品费率的下调回馈给客户，导致固定资产、人力资源投入等成本大幅减少，万元标准保费的运营成本成为一项重要竞争力。

三、互联网对传统保险行业的重塑

保险行业对于保险本质的偏离已非一朝一夕，其中存在商业环境、技术条件、监管政策、金融演化等多种因素，并不适宜归咎于某一团体或某一机构。互联网能否重塑保险行业，能否促进保险回归本质，可从保险行业的关键问题着手进行分析。

（一）用户需求

保险行业面对的最关键问题是漠视用户需求。由于低成本用户接触渠道受限和可获取的用户数量受限，因此提供服务的成本偏高，不能覆盖其运营成本。而这正是互联网最擅长之处。

互联网机构对于用户需求有着充分的敏感性，能以极低的成本接触到用户，同时，能够从大量传统机构手中抢到用户。用心把握用户需求，极致追求用户体验，也是其提高用户黏性、降低边际成本的首要手段。

互联网对于传统行业的重塑，一向从需求端发动，重在满足用户的长尾化、个性化需求。在满足了这部分用户的需求之后，传统的“主流用户”被吸引进来，带动行业前端交易环节的整体线上化。然后，以更加深入地满足用户需求为牵引，互联网开始对传统行业进行深层次的改造，包括生产方式、交付流程、金融支持等，甚至开始转向 C2B，即直接收集用户的个性化订单再进行生产。在此过程中，传统行业逐步实现了面向互联网的自我改造。

（二）信息对称

保险机构与用户之间的信息不对称包括两个方面，一个是对保险产品本身的信息不对称，保险公司掌握保险产品的全部信息而用户不掌握；另一个是对机构运营的信息不对称，用户难以了解保险机构运营的真实状况。

利用低成本的信息展现和传播能力降低信息不对称，是互联网的强项。正如电子商务用户可通过对店铺和商品的评价，提高店铺服务和产品质量的透明度，影响后来用户的决策，实现店铺和用户权利的平等化。保险机构和产品自然也可以采用类似方法，但是这种降低信息不对称的方式是低层次的。更深层次的信息（如经营信息、财务信息）披露往往受到行业规则、企业惯例和法规政策的影响，具有较大阻力。

（三）降低成本

保险机构的大量成本花费在销售渠道、资金管理、内部管理和监管应对上，导致用户缴纳的大部分保险金被非核心业务成本占据，真正投入风险保障的资金被严重侵蚀，脱离保险本质。

互联网在降低保险行业成本方面具有巨大优势，可表现于多个方面。例如：通过新型营销渠道和方式降低销售成本，通过线上报案、理赔、支付降低赔付成本，通过市场化的专业分工降低资金管理成本，通过互助组织降低内部管理成本，通过众包、众管降低监管成本，等等。互联网的交易效率优势和由此引发的组织形态调整，是降低保险行业成本的根本保障。

（四）积累数据

数据是传统保险机构对互联网技术的最大憧憬。一方面，互联网可以帮助保险机构高频次接触、获取、服务用户，得到大量的用户数据；另一方面，互联网引发的大数据积累在各行各业均在发生，为保险机构连接、汇集多方面的保险数据带来便利。大数据的获取和使用，有利于保险行业降低成本、提高效率。例如：精细化风险预测，提高产品设计与定价的效率；精准刻画用户行为特征，预测用户偏好，提高产品销售的效率；等等。

目前的银行业和借贷服务业正向大数据时代迈进，借助大数据和智能技术开展征信、审贷、反欺诈、精准营销、自动放款、贷后管理等各项业务。有足够的理由相信，保险行业的大数据时代也必然很快降临。

（五）提高效率

一旦大量用户的需求开始从互联网渠道得到满足，高频次的用户交互得以建立，互联网对保险行业的改造便不可避免。用户需求始终是互联网革新传统行业的发动机，为了抢到用户、留住用户，“触网”的保险机构不得不持续优化体验、改进产品设计。在用户体验被逐步优化的过程中，传统保险机构的响应机制、决策流程、产品操作、组织结构必然发生深刻变化，变得更像互联网机构，能够更快响应需求、更快交付产品、更快提供服务。

其中的关键在于组织流程再造和服务环节细分。保险机构通过“脱媒”或“去中介化”实现对保险资源的全网络调度，保持产品与服务的动态优化，将是大幅度提高效率的重中之重。

（六）重归互助

保险公司的组织流程再造和“去中介化”趋势，很有可能帮助保险行业重归互助形态。这一回归，一方面，可借助互助保险组织实现，互助保险组织天生具有适合互联网的运作机制，在互联网的推动下，有望短期内在我国发展壮大；另一方面，“去中介化”后的保险公司在实质上也会具有更多的互助组织特征——

通过众包和众管实现用户与机构之间的平等，显著提升用户在保险事务中的自主权和管理权。

（七）重归普惠

如果上述成本降低、效率提升、中介弱化、权利对等的推测均能发生，保险的普惠色彩将重新焕发，带来市场的极度扩大——保险人、被保险人齐心协力强化风险管理、扩展保险品类，将此前囿于技术、成本、机制等而不能覆盖的风险类型纳入保险范畴，使保险公司真正成为社会风险的保障人。

四、互联网保险的创新

互联网保险是互联网技术运用于保险活动所产生的一系列创新，主要体现在营销渠道创新、产品创新、服务创新和模式创新四个方面。

（一）营销渠道创新

一方面，互联网有助于加快交易进程，使新产品得到更快速的推广。网络能够快速、大量地整理和传递信息，而保险公司能够利用在线服务，使投保人在网上自主进行保险种类查询与了解，提高交易速度。同时，网络的应用也使保险公司的整体运行效率得到显著提升，进而各营销渠道能够及时、准确地了解客户的需求变化，从而加快营销渠道的拓宽与新产品的推广。另一方面，互联网有利于保险信息的透明化。互联网背景下，各家保险公司的产品都受到大众的监督，消费者则可以自由地在网上选择自己喜欢的产品，并且能够将多家产品进行对比，获得更大的选择范围。

（二）产品创新

保险公司依托互联网、大数据、物联网等技术，对传统产品的费率与保障内容进行优化设计；互联网保险以市场需求为切入点，在和互联网等其他行业的跨界合作与深度融合中开发新产品，满足互联网生态带来的新的风险及其保险需求；开发高频化产品，提升客户黏性；与第三方平台合作，对其巨大的客户流量进行数据挖掘，共同开发场景化的保险产品。产品创新使得保险的销售服务模式由传统的“营销推动型”向“客户需求驱动型”转变，消费者可以获得更多场景化、定制化、个性化的产品。

（三）服务创新

保险公司利用互联网和信息技术，实现了从投保到理赔的全业务流程的电子化与远程化操作，使服务超越了时间与空间的局限。这不仅降低了消费者获取保险服务的成本，还增强了保险服务的可得性与可及性，使得保险公司对消费者的诉求响应更快速，提升了消费者体验，有助于提升保险业的服务水平。

（四）模式创新

互联网保险领域涌现出多种创新的业务模式。第一，保险公司自建的网销平台。在该平台可以直接提供在线产品销售以及部分差异化、有针对性的增值服务。第二，保险中介机构建立的第三方平台。根据定位的不同，大致可以分为保险综合商城、特定细分市场保险商城以及基于第三方平台搭售保险等类型。第三，互联网企业建立的第三方平台。包括电子商务领域的 B2C 企业与互联网门户资讯网站建立的第三方平台企业。第四，专业互联网保险公司。如众安保险、易安财产、泰康在线和安心财产等，探索主要通过互联网提供销售和理赔服务。第五，网络互助。近年来，网络互助成为互联网保险企业的重要探索方向，提供了各种网络互助保障计划。业务模式的创新既促进了保险业的转型升级，又为消费者带来了更多的选择。

第三节　互联网保险的经营模式

保险行业的经营模式关乎整个行业的综合竞争力，是行业转型升级的重要推进力量。经过十多年的发展，截至目前，我国互联网保险已建立起以官方网站直销模式、第三方电子商务平台模式、专业中介代理模式和专业互联网保险公司模式等四种模式为主导的互联网保险经营模式体系。

一、官方网站直销模式

互联网保险的官方网站是指大中型保险企业、保险中介企业等为了更好地展现自身品牌、服务客户和销售产品所建立的自主经营的互联网网站。目前已有超过 60 家保险公司开通了官网销售保险的渠道，代表企业有人保财险官网直销、泰康在线、平安网上商城等。

（一）官网直销模式运作流程

官网直销模式的运作流程如表 8–3 所示。

表 8–3　官网直销模式运作流程

序号	流程	内容
1	展示保险产品详细信息	官网提供本公司所有保险产品的具体信息，同时配备在线客服提供具体咨询服务
2	接受在线保险购买	投保人输入简单信息后便可在网上直接支付购买保险产品
3	在线电子保单发送	网上投保成功后，保险公司会将有效保险合同以电子保单形式发送到投保人电子邮箱内
4	网上报案	小部分网上购买的保险支持网上报案，网上报案主要支持营销员和电话渠道购买的保险
5	线下评估	报案后投保人自己准备理赔需要的文件，递交线下保险公司，等待理赔结果
6	线下理赔	支付方式以投保人接受银行转账和去公司领款为主

（二）官网直销模式的特点

官网直销模式运营的特点是销售成本低廉，手续简单，流程极快，可以帮助保险公司获得价格优势。网站的客户不受线下销售渠道限制，可以有效扩大投保群体，发挥大样本中和风险的作用。销售手续简单，线上出售的产品高度标准化，但赔付和评估依然在线下，而且投保人在赔付过程中承担全部举证责任，保证了保险公司在快速扩张销售的同时控制赔付风险。因为线上销售并不要求获得投保人的详细信息，因此建立官方网站要求保险公司具备成熟的线上销售线下理赔模式系统、科学的保险产品设计，以及完善的内部风控，以避免缺乏投保人评估步骤带来的风险。

（三）官网产品销售情况

从渠道结构来看，人身保险公司 2020 年通过官网实现的业务保费规模累计 323.8 亿元，占互联网人身保险累计保费收入的 15.3%（见图 8–9）。

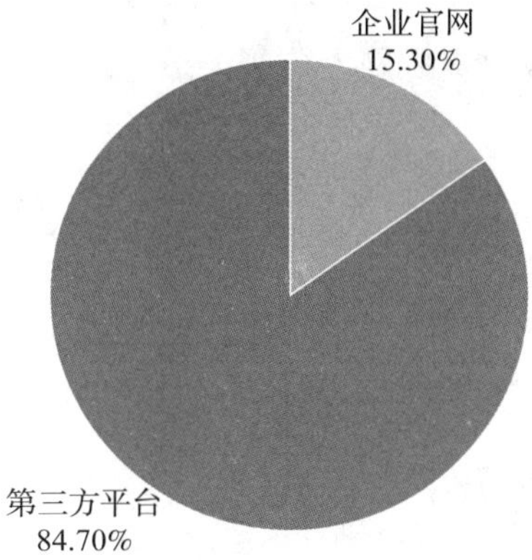

图 8–9　2020 年中国互联网人身保险官网收入占比

资料来源：中国保险行业协会。

在互联网财产保险业务中，2020 年自营网络平台保费收入 187.85 亿元，占比 23.54%（见图 8–10）。

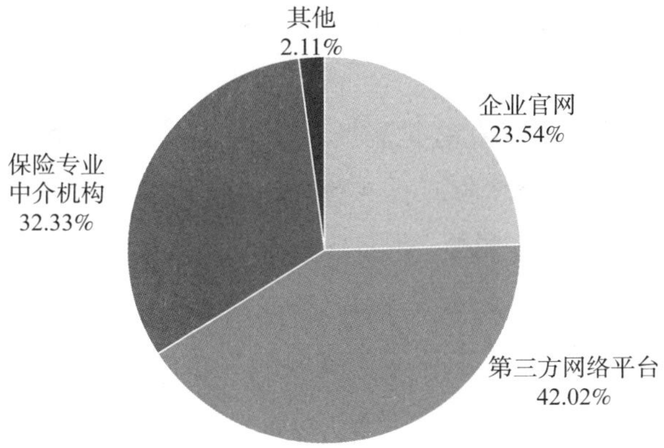

图 8–10　2020 年中国互联网财产保险官网收入占比

资料来源：中国保险行业协会。

以中国人寿官网商城为例，主要销售意外险、健康险、车险、家财险，购买流程包括选产品、算价格、填写投保信息、支付保费、下载电子保单或凭证等。车险实现了保单寄送。保单服务与理赔全过程实现了互联网服务。

（四）官网直销模式的优势与劣势

该模式的优势是有助于保险公司品牌建设与推广。官网销售注重品牌效应，可以为有品牌忠诚度的客户提供网上购买渠道，对产品的介绍较为专业、集中、详细。

该模式的劣势是网站建设和维护成本高，为了增加流量和获得广告投入，企业需要拥有雄厚的资本；访问流量有限，客户无法进行横向对比，销量无法保障。

二、第三方电子商务平台模式

第三方电子商务平台是指独立于商品或服务交易双方，使用互联网服务平台，依照一定的规范，为交易双方提供服务的电子商务企业或网站。通常来说，第三方电子商务平台具有相对独立、网络化程度较高和流程专业等特点。

以淘宝网为例，淘宝“保险理财”服务版块，销售车险、意外险、健康险和家财险。每一类目下，又有保险公司、保障类型、保额、期限等子类目。每一种产品的购买页面，有“宝贝详情”和“成交记录”，便于客户对比和选择产品。还有在线客服，方便客户与商家直接联系。与一般生活服务领域的网购体验相似。

第三方电商平台模式的优势是流量大，用户多；产品全，便于比较；销售成本降低；与多数生活服务领域的购买流程相似，购买体验好，为大众所普遍接受。而劣势则是服务流程不完整，保单服务和理赔服务仍需要线下完成，后续服务如理赔等仍需落地；存在误导性质的宣传，对产品风险提示存在疏漏，需要更到位的监管。

案例8-2

2013年，信泰保险开始发力网销，从单个项目的探索到信泰天猫官方旗舰店正式上线，再到全新官网商城的运行、启用全新域名……信泰保险不断摸索大数据时代互联网保险第三方电子商务平台模式。天猫的强大流量很快发挥了作用，在 2013 年 8 月的两天活动里，信泰保险的一款理财型万能险产品的销售额达到了近 5000 万元。到了 2013 年 12 月 12 日活动时，信泰保险又和天猫理财频道合作，在业界率先推出了“一元理财”一年期万能险产品。

三、专业中介代理模式

专业中介代理模式是指由保险专业经纪或代理公司建立的网络销售平台。保监会在 2012 年 2 月正式公布了第一批包括中民保险网在内的 19 家获得网上保险销售资格的网站，互联网保险公司中介网销的大门就此打开，此后互联网保险中介业务规模快速扩展。

该类平台的特征是搭建一个高效的信息交流平台，创建一个良好的第三方保险商业环境，不仅具有极强的专业性，还具备强大的服务性与公正性。代表网站有中民保险网、优保网、慧择网、大童网等。

该模式的优点是其功能类似于保险超市，可以提供多家保险公司的产品和服务，种类丰富，产品对比和筛选起来比较方便，咨询也更为便捷，用户在这里可以得到全面的一站式在线服务，相对而言专业化程度较高。

该模式的缺点是这一渠道尚未发展形成规模，广大消费者目前接受度低，主动寻找专业中介机构网站购买保险的欲望不高，因此受众面较窄。

案例8-3

“优保网”作为国内第一家引入外资的保险第三方平台，其母公司为美国最大的健康险投保在线平台、纳斯达克上市公司。借助其母公司的先进经验与网络运作模式，优保网自设立以来，在人身意外伤害保险、健康保险、人寿保险方面实现了全国跨地域销售。优保网引入“电子保单”形式即时投保、承保，最快保单条款可即时生效，支持网银、银联、支付宝付款，且通过中国电子商务诚信认证。

此外，还有于 2006 年在深圳成立的“慧择网”，热销产品主要集中在简易财产险、简易人身险、航意险、旅行短期意外保险等。该平台实现电子化保单与即时承保，支持网银、银联、支付宝付款，投保过程方便、快捷，性价比高，配备附加服务，在互联网保险平台中脱颖而出。

四、专业互联网保险公司模式

2013年开始，保监会开始有序推进专业互联网保险公司试点。2013年11月，首家专业互联网保险公司众安在线财产保险股份有限公司开业。随后，安心财产保险有限责任公司、泰康在线财产保险股份有限公司、易安财产保险股份有限公司相继获批成立。

专业互联网保险公司的优势有以下三个方面：

① 在数据的收集、归拢、分析方面有先天优势，使得个性化的保险服务成为可能。

② 可利用大数据技术分析消费者行为，挖掘新的需求，开发新的保险产品。

③ 引入信用评价机制作为承保标准的参照之一，有效解决道德风险问题。

与传统保险产品追求“大而全”截然不同，互联网保险公司的诸多产品是基于互联网生态圈的场景满足“碎片化”的保障需求。与越来越多的碎片化产生的风险相对应的是小额、高频、大量、碎片化的保险产品，而碎片化的新型保险产品可以嵌入互联网生态圈中的任何一个交易环节和应用场景。由于其涉及的场景太多，其成长空间很大。以众安保险为例，依托各类互联网场景，目前众安保险上线产品近200款，如国内首款互联网法律诉讼维权保险“维小宝”、与小米合作推出的“手机意外保”、与河狸家合作推出的“上门服务保障险”、与美团外卖合作推出的“食品安全责任险”等。这些碎片化的保险产品设计缩减了产品开发周期，使其产品上线的频率远高于传统保险公司。

中国首家互联网人寿保险公司和泰人寿2017年1月正式营业，是一家依托互联网共享经济、强化线上创新经营的专业寿险公司，中信与腾讯分别为第一大和第二大股东。其中，线上业务将依托大股东的海量用户、大数据、系统平台和云计算等优势，将产品服务融入用户的生活场景，大力发展保障型产品与业务。

第四节　互联网保险的风险

新兴事物的出现和发展往往具有两面性：一面是创新，一面是风险。保险行业在不断发展与进步的同时，也产生了诸多新形态风险。在肯定互联网保险积极意义的同时，也需要对风险进行客观剖析。只有这样，才能采取正确的应对措施，促进行业的持续健康发展。

一、欺诈风险

欺诈风险是保险业面临的主要风险之一，互联网的加入可能会加剧这一风险。保险欺诈的根源在于信息不对称，即交易参与者双方具备的信息条件不尽相同。从经济角度看，不同的市场交易主体可以通过自己的信息优势获得额外的利益，从而导致保险欺诈。

理论上，由于互联网能够实现信息的高效传递，可以消除或者减少信息不对称，但前提是传递的信息是有效的和真实的。在互联网环境下，交易主体并不直接面对面地交流，交易主体存在伪造和故意隐瞒信息的可能。这种道德风险可能会加剧信息的不对称，互联网强大的传播力反而可能成为欺诈风险的倍增器。

二、信用风险

信用风险主要指逆向选择风险。不管是传统保险还是互联网保险，都存在着大量的信息不对称问题，由此产生的道德风险和逆向选择风险一直都是保险公司发展的主要障碍。而在互联网保险的发展过程中，由于保险人与被保险人存在一定程度上的沟通不畅，可能引发更严重的逆向选择风险。

三、信息安全风险

互联网在重塑保险业的同时，也将带来新的信息安全风险。一是数据集中带来的安全风险。互联网为保险机构连接和汇集多方面数据提供了更大的便利性，但数据的集中也同时意味着安全风险的放大。二是保险合同电子化的风险。投保人与传统保险机构签订的保险合同往往是纸质的，私密性相对较高，但一些互联网保险业务只有电子保单，在一定程度上增加了信息安全风险。三是人为因素导致的信息泄露。从内部来看，在利益驱动下，个别单位及其工作人员存在非法出售、提供公民个人信息的可能性；从外部来看，存在着病毒侵袭以及黑客攻击等风险。四是技术问题带来的安全风险。网络平台可能存在设计缺陷、技术漏洞等问题，加之大数据、云计算等新技术发展不成熟，增加了信息安全风险。五是管理不善带来的操作风险。由于管理机制的不健全，可能增加流程衔接不到位、工作人员误操作的风险。

四、业务创新的风险

在互联网保险发展的过程中，出现了各种各样的“奇葩险”，如“赏月险”“雾霾险”“摇号险”“贴条险”“世界杯遗憾险”等。对“奇葩险”的质疑主要集中在以下几个方面：

① 部分险种违背了保险原理，带有赌博或博彩的性质。

② 部分险种费率厘定不合理，投保人获赔概率极小。

③ 部分险种可能助推违法违规行为。

④ 一些推出带“险”字产品的公司本身并没有保险牌照。

客观来看，在互联网日益发展的今天，许多“奇葩险”作为一种营销手段，增加了用户的互动性与参与性，能够达到很好的营销效果，并非没有合理性，但其存在两方面的问题：一是保费过低，在风险发生时没有相应的偿付能力；二是保费不合理，投保人获赔概率小，从而损害消费者的利益。

五、市场风险

市场风险是指利率、汇率、权益价格和商品价格等的不利变动而使公司遭受非预期损失的风险。以众安保险为例，其投资资产中，固定收益类品种占比较大，利率风险可能为近期众安保险面临的主要市场风险。

六、声誉风险

声誉风险是指公众对公司的评价降低给公司造成的损失。互联网便捷快速的信息流通也会导致事件的传播速度加快从而造成声誉风险。若保险公司不能很好地处理日常工作，提高客户满意度，保障客户信息安全，客户的不满一经互联网传播就可能给公司带来严重的声誉影响，流失大量客户。

七、法律监管风险

随着互联网保险的不断发展创新，法律监管的问题也越来越明显。这种风险会带来产品创新和监管之间的不匹配，造成产品创新成本提高。比如，众安保险之前投入大量人力、物力研发消费信用保险，承担银行信用卡透支风险，但后来相关监管部门叫停了虚拟信用卡业务，导致公司损失近百万元的保费收入。因此，保险公司在发展创新的同时，要时刻关注国家法律监管政策。

综合训练

一、简答题

1. 互联网保险的概念是什么？
2. 互联网保险的经营模式有哪些？分别有什么特点？
3. 互联网保险的风险有哪些？

二、案例分析题

阅读以下案例，结合网络资料，分析互联网时代下保险公司如何进行差异化竞争、赢取客户、提升绩效。

如何降低交易成本、减少中间成本与环节，是各大、中、小险企均需要重点考虑的问题之一。国华人寿对互联网销售的尝试与成功经验极具参考借鉴价值。2012年，国华人寿跳出传统寿险市场竞争惨烈的“红海”，在其他公司仍在拼高收益，倾尽所能推销理财型产品的时候，迅速转换经营思路与销售途径，借助互联网，开辟在线网销“蓝海”阵地。国华人寿经过精细的市场调研，确定了以客户需求为出发点，真正回归保险保障功能，借助电商平台达成销售转型的战略方针。近年来，国华人寿陆续高调推出多款极具性价比的保障类产品，只通过互联网平台销售，逐渐在保险电商中打响了自己的品牌。国华人寿抓住当前中国“养儿难”与“银发潮”的大背景，充分研究网络客户的消费需求导向与消费习惯，精准把握客户需求，再利用互联网受众广、传播快的特点，加大宣传力度，精准营销，成功借助几款收益稳健、条款简单易懂的保障年金产品，创造了多年“双11”保险销售“神话”。2012年，国华人寿网销额“三天过亿”；2013年，国华人寿天猫旗舰店销售额9分34秒“过亿”；2014年，国华人寿实现全年网上保费收入18亿元；2015年“双11”当天，国华人寿实现保费在线销售5.31亿元……国华人寿的成功经验可以归结为：借助互联网销售平台，将人工成本降到几近最低，使得日常维护开支缩减、场地租赁费最大化减少、费差成本降低，可以更好地让利于消费者，从而进一步提高保险公司自身的市场优势与竞争力。[①]

① 资料来源：黄晓明．互联网保险发展的研究［EB/OL］．福建保险网，［2016-09-05］.https://www.iaf.org.cn/dynamic/bbs/76965.html.

第九章
保险市场

学习目标

通过本章的学习，掌握保险市场的概念、构成要素、特征、模式及保险市场的组织形式；理解保险市场的供给与需求；了解制约保险市场供给与需求的因素。

案例导入

21世纪以前，日本大多数保险公司均以相互保险为公司组织形式。在此期间，日本一再登上世界保险王国的宝座。特别是20世纪90年代，世界最大的三家保险公司都在日本，分别是日本生命相互保险公司、第一生命相互保险公司以及明治生命相互保险公司，都是相互制公司。

然而，日本泡沫经济崩溃后，一再出现相互保险公司转变为股份制公司的事例。2002年，大同生命相互保险公司、大和生命相互保险公司圆满完成转制；2004年，太阳生命相互保险公司、三井生命相互保险公司也都完成转制并成功上市。迄今日本的46家寿险公司中，仅存日本生命相互保险、第一生命相互保险、明治生命相互保险、住友生命相互保险、富国生命相互保险和朝日生命相互保险6家相互公司，但这六家的业务占据了日本寿险的半壁江山。

2008年3月，日本寿险界爆出大冷门，具有百年以上历史、曾数十年居世界第二位的日本第二大寿险公司第一生命相互保险公司宣布将由相互制向股份制转变。转制于2010年4月完成，并一举上市。根据该公司测算，随着公司体制的转换，该公司的821万名投保人中，有150万名将拥有该公司的股份。此举使第一生命相互保险公司超越日本电信电话株式会社拥有103万名股东的纪录，成为日本拥有股民最多的公司。日本最大的股份制寿险公司横空出世，为世界金融界所瞩目。①

从上述案例可以看到，保险公司的组织形式不是一成不变的。

让我们通过本章的学习，一起来认识保险市场及其不同组织形式。

---

① 资料来源：《中国保险报》，2010年1月27日。

第一节　保险市场概述

一、保险市场的概念

保险市场有狭义和广义之分。狭义的保险市场是指人们进行保险经济活动的固定交易场所，如保险交易所；广义的保险市场是指所有实现保险商品交换关系的总和，既包括保险商品交易活动的场所，也包括保险商品在交换过程中的需求与供给关系及其相关活动。

二、保险市场的构成要素

（一）保险市场的主体

保险市场的主体是指保险市场交易活动的参与者，包括保险商品供给方和需求方以及为促成保险交易提供辅助作用的中介方。

1. 保险市场的供给方

保险市场的供给方是指在保险市场上提供各类保险商品，承担、分散和转移他人风险的各类保险人。

保险人以各类保险组织形式出现在保险市场上，如国有保险人、私营保险人、合营保险人、相互保险人、个人保险人等。通常保险人必须是经过国家有关部门审查认可，并获准专门经营保险业务的法人组织。根据我国保险法的规定，保险人的组织形式只能是国有独资公司和股份有限公司，即只能是法人组织，不允许个人经营保险。各类保险公司构成了我国保险市场的供给方。劳合社是目前世界上唯一一家可以由自然人经营保险业务的保险组织。

2. 保险市场的需求方

保险市场的需求方是指保险市场上所有现实的和潜在的保险商品的购买者，即各类投保人。他们有各自独特的保险保障需求。根据不同的需求特征，可以把保险市场需求方分为个人投保人、团体投保人、农村投保人、城市投保人等。根据保险需求的层次，还可以把保险需求方划分为当前的投保人与未来的投保人等。

3. 保险市场的中介方

保险市场的中介方又称市场辅助人，是指介于保险人与投保人之间，促成双方达成交易的媒介人。具体包括保险经纪人、保险代理人、保险公估人、保险律师、保险理算师、保险精算师、保险信用评级机构等。其服务范围广泛，能够提高保险市场效率，降低保险交易成本。

（二）保险市场的客体

保险市场的客体就是种类繁多的保险产品。保险产品是保险市场上供求双方的交易对象，并以保险合同为载体。它既然是商品，也就像一般商品那样，具有使用价值和价值。保险产品的使用价值体现在，它能够满足人们的某种需要。例如，财产保险可以补偿人们因财产受损后经济价值的减少；人身保险可以在人们的身体或生命出现风险时给予有效的保障。同时，保险产品也具有价值，保险人的劳动凝结在保险合同中，保险条款的规定，包括保险责任、除外责任的规定、保险费的计算、保险金额的给付方式等都是保险人智力劳动的结晶。

但是，与一般的实物商品相比，保险商品又具有自己的特点。

1. 保险产品是一种无形商品

实物商品是有形商品，看得见，摸得着，其形状、大小、颜色、功能、作用一目了然，消费者很容易根据自己的偏好，在与其他商品进行比较的基础上，作出买还是不买的决定。而保险产品是一种无形商品，保险企业经营的是看不见摸不着的风险，“生产”出来的产品仅仅是对保险消费者的一纸承诺，而且这种承诺只能在约定的事件发生或约定的期限届满时得到履行，不像一般商品可以真实性地感受到其价值和使用价值。

2. 保险产品消费的机会性与滞后性

普通实物商品在购买后就可以马上消费，但保险产品消费具有一定的机会性与滞后性。消费者在投保后，可能从不会进行实质性消费，也可能在将来某个时刻进行消费，或者在将来某个时期内长时间消费。例如，消费者购买了机动车辆损失保险，如果在保险期限内一直平安无事，那么他就没有享受任何服务，甚至可以说没有实质消费该商品。但如果消费者在保险期限内出险了，在索赔时就可以享受到保险人提供的理赔服务。又如，某消费者购买了年金保险，那么在缴费期结束开始返还时，他才开始消费这个商品，并且在保险期限结束之前一直享受此服务。可见，保险产品实际是一种向消费者提供未来经济保障服务的承诺，存在一定的机会性与滞后性。

3. 保险产品价格的固定性及隐蔽性

保险价格即保险费率，是指消费者为获得每一单位保额的保险保障而需交付的保险费比率。以人寿保险为例，其价格是综合考虑经验生命表中的死亡率、利息率和保险费用率等指标，根据科学计算得出的精算结果制定的，因此保险价格确定之后一般不会改变。在销售过程中也不允许讨价还价，没有议价余地，消费者只能作出买与不买的决定。

消费者判断购买某种保险产品是否划算是很难的。因为每家保险公司采用的预定利率、费用等因素都不同，其保险产品的实际价格也不同。要比较价格，需要具备一定的经济学和财务知识。但是，由于每家公司的服务、保险条款、偿还期限和偿还金额之间又不具有完全的可比性，因此保险产品的价格具有相对隐蔽性。

（三）交易价格

价格在市场经济中有着极其重要的作用，主要体现在以下几个方面：第一，价格是对市场供求进行调节的信号。价格的涨跌推动物品与劳务的需求量和供给量达到均衡状态。第二，价格具有激励作用。价格上涨会刺激生产者扩大生产；价格下跌，消费者会增加购买，但生产者会减少供给。第三，价格是配置稀缺资源的机制。价格既反映了一种物品的社会价格，也反映了生产该物品的社会成本，在大多数情况下能够指引个别决策者实现整个社会福利最大化。

保险产品的交易价格指的是保险费率，即保险人按保险金额向投保人或被保险人收取保险费的比例，通常用“‰”或“%”表示。是计算保险费的依据。

在保险市场上，交易价格是最敏感的因素，会深刻地影响供求双方。交易价格低，保险商品将易于出售；反之则需求乏力。因此，价格竞争是保险公司最基本的竞争手段，会淘汰竞争力弱的保险公司。

三、保险市场的特征

（一）保险市场是直接的风险市场

任何市场都有风险。但是，一般商品市场上交易的对象是商品与劳务，并不是风险本身，而保险市场本身就与风险直接相关联，即为投保人转嫁给保险人的各类风险提供保险保障。保险产品的交易过程，本质上就是保险人聚集与分散风险的过程，风险的客观存在和发展是保险市场形成和发展的基础与前提。没有风险，投保人或者被保险人就没有通过保险市场购买保险保障的必要。“无风险，无保险。”所以，保险市场是一个直接的风险市场。

（二）保险市场是典型的信息不对称市场

在普通商品市场上的信息不对称往往是单向的，即信息优势通常只存在于交易双方中的一方。然而在保险市场上由于保险机制的固有特性，信息不对称却是双向的，即被保险人和保险人都可能存在信息优势。被保险人的信息优势在于其对保险标的的风险状态总是比保险人更了解，因此被保险人在投保时容易通过隐藏信息作出有利于自己而不利于保险人的行为，即出现逆向选择；而在购买保险之后，被保险人可能会出现心理疏忽甚至欺诈等败德行为，或者在风险发生之后消极减损，即出现道德风险。保险人的信息优势在于保险合同的附和性。保险合同具有专业性、技术性较强的特点，保险人可能会利用被保险人的相关知识缺乏而对被保险人进行误导、隐瞒或欺骗，从而损害被保险人的利益。

（三）保险市场是非即时清结市场

所谓即时清结市场是指市场交易一旦结束，供需双方立刻就能够确切知道交易结果的市场。无论是一般的商品市场，还是一般的金融市场，都是即时清结市场。而在保险交易活动中，由于风险的不确定性和保险的射幸性，交易双方都不可能确切知道交易结果，因此不能立即清结。相反，还必须通过订立保险合同来确立双方当事人的保险关系，并且依据保险合同履行各自的权利与义务。保险单的签发，看似是保险交易的完成，实则是保险保障的开始，最终的交易结果还要看双方约定的保险事故是否发生。

（四）保险市场是政府严格监管的市场

在市场经济环境中，国家政府很少干预企业活动，崇尚的是“看不见的手”的作用，经济运行全凭市场调节。但由于保险在社会上的巨大影响力和广泛性，保险经营水平不仅具有经济意义，更具有深刻的社会意义。因此大多数国家会对保险市场进行严格监督与控制，如对保单格式、保险费率、责任准备金及保险投资渠道和比例等都有规定。政府的积极干预，是保险市场健康发展的必要保证。

四、保险市场的模式

按市场的竞争程度不同，可将保险市场分为完全竞争模式、完全垄断模式、垄断竞争模式、寡头垄断模式。

（一）完全竞争模式

保险市场的完全竞争模式是指保险市场上存在数量众多的保险公司，所有公司都可以自由进出市场。保险市场处于不受任何阻碍和干扰的状态，同时由于存在大量保险公司，且每家保险公司在保险市场上所占份额都很小，因而任何一家保险公司都不能够左右市场价格，保险市场自发地调节保险产品价格。在这种市场模式中，保险资本可以自由流动，价值规律和供求规律充分发挥作用；政府对保险业的监管力度较小，主要是保险行业协会在市场管理中发挥重要作用。

完全竞争模式是一种理想的保险市场模式，能使各种保险资源配置达到最优。但由于其要求的条件十分严格，真正意义上的完全竞争模式并不存在。在保险业发展的早期，西方国家出现过类似于这种模式的保险市场，发展至今，完全竞争模式已不复存在。

（二）完全垄断模式

完全垄断模式的保险市场是指保险市场完全由一家保险公司操纵，市场价格由该公司决定，其他公司无法进入保险市场。这家公司的性质既可是国有的，也可是私有的。在这种市场中，价值规律、供求规律和竞争规律受到极大的限制。市场上没有竞争，没有可替代产品，没有可供选择的保险人。这家保险公司可凭借其垄断地位获得超额利润。

完全垄断模式还有两种变通形式。一种是专业型完全垄断模式，即在一个保险市场上同时存在两家或两家以上的保险公司，各自垄断某类保险业务，相互之间业务不交叉，从而保持完全垄断模式的基本性质。另一种是地区型完全垄断模式，指在一国保险市场上同时存在两家或两家以上的保险公司，各自垄断某一地区的保险业务，相互间业务没有交叉。

（三）垄断竞争模式

完全竞争模式和完全垄断模式是两种极端模式，比较少见。常见的保险市场是指垄断竞争模式的保险市场和寡头垄断模式的保险市场。

垄断竞争模式的保险市场是大小保险公司在自由竞争中并存，少数大保险公司在市场上取得垄断地位。各公司提供有差别的同类产品，保险公司能够较自由地进出市场，各公司之间竞争激烈。但由于大公司的存在，市场中仍有较强的垄断势力，垄断因素与竞争因素并存。

（四）寡头垄断模式

寡头垄断模式的保险市场是指在一个保险市场上，只存在少数相互竞争的保险公司。在这种模式的市场中，保险业经营依然以市场为基础，但保险市场垄断程度较高，竞争不充分，形成相对封闭的国内保险市场。存在寡头垄断模式保险市场的国家既有发展中国家，也有发达国家。

第二节　保险市场的组织形式

一、保险公司的组织形式

保险公司采取何种组织形态，与一国保险业的发展水平密切相关。选择适合本国保险业发展要求的企业组织形式，不仅会促进保险业的发展和繁荣，也有助于保险企业自身的成熟、壮大。在不同的发展时期，每个国家的保险公司组织形式存在明显不同。

目前，从世界范围来看，按照经营者的性质来划分，保险公司的组织形式主要有保险股份有限公司、相互保险公司、相互保险社、保险合作社、个人保险机构和行业自保组织等，其中最主要的形式是保险股份有限公司和相互保险公司。

（一）保险股份有限公司

保险股份有限公司即采用股份有限公司组织形式的保险公司，一般简称“保险股份公司”。保险股份公司是世界上保险公司的主要组织形式，也是我国保险法规定的保险公司的组织形式之一。保险股份公司最早出现于荷兰，之后由于其组织较为严密健全，适合保险经营而逐渐为各国保险业普遍采用。

1. 保险股份公司的性质

保险股份公司的性质为组织资本性、资本股份性。股份公司以股东购买股票的形式募集资金，股东以领取股息或红利的方式分配公司的利润，并以自己认购的股份为限对公司的债务负责。

保险股份公司的适用法律在很大程度上与普通股份公司相同。在我国，主要有保险法和公司法予以规范。股东是公司的股票持有者，任何愿意成为股东者都可以成为股东，没有资格、入股资金、人员数量限制。股东以其持有的股份份额承担责任，即使公司破产，股东所承担的债务也只以其出资认购的股份为限，即有限责任。股份公司的股份是均等的一股一权，因此便于计算股东权益。股东不得少于法定人数。

2. 保险股份公司的特点

（1）公司资本分为等额的股份

保险股份公司的注册资本被划分为等额的股份，并对股份的流通不加限制，有利于社会公众对保险企业进行投资。

（2）资本额巨大

保险股份公司通过对社会发行股票的方式筹集股本，可以在较短的时间内募集到数额巨大的款项，集聚雄厚的财力和赔付能力，从而有效降低经营风险，保护被保险人利益。

（3）组织结构严密

保险股份公司的治理结构可以简要地概括为：以股东大会为最高权力机构；

以董事会为决策系统；以监事会为监察系统；以总经理为首的行政管理人员为执行系统。董事会和监事会向股东大会负责；总经理向董事会负责；监事会对董事会和以总经理为首的领导班子进行监督。这些方面相互联系、相互制约，组成了董事会领导下的总经理负责制管理模式。同时，保险股份公司大多拥有健全、规范的财务会计制度、审计制度和公示制度，既有利于其内部的规范经营，也有利于社会公众对其业务进展进行监督。

3. 保险股份公司的缺陷

（1）公司的决策权易被大股东控制

保险业具有特殊性，为防止股份过于集中导致少数大股东操纵或者控制保险股份公司，有些国家规定了每个股东所持股份的限额。

（2）以营利为目的，提供的保障范围受到限制

保险股份公司提供的产品一般只限于大多数被保险人需要且负担得起的险种，以使经营该业务的保险人在扣除各项费用支出后能赚取适当利润。因此，像农业保险等，在没有政府补助的情况下，一般不会列入保险股份公司的经营范围。

（3）被保险人难以得到足够的保障

保险股份公司对风险的控制十分严格，如对被保风险项目的选择过于挑剔，对给付条件加以过多限制，会使被保险人的保障受限。

（二）相互保险公司

相互保险公司是由保单持有人拥有和控制的。相互保险公司不发行股票，也没有股东。人们通过购买保单成为公司的所有人并从公司得到分红，利润由公司的所有人共享。相互保险公司的宗旨是为投保人提供低成本的保险，而不是追逐利润。

1. 相互保险公司的性质

相互保险公司尽管也叫作公司，但是并没有资本股权和股东。在这种组织形式下，公司的保单持有人叫作会员，同时是投保人、所有者、保险人和被保险人的统一体。相互保险公司由所有参加保险的人共同组成，基本特点是较明显的互助性。创立时的费用以及业务费用和保险基金来自社员事先缴纳的资金。此种资金是公司的债务，在一定条件下需要偿还，投保人还需按时缴纳保险费，以便共

同承担可能出现的风险损失。相互保险公司的组织机构类似于保险股份公司，其最高权力机关是会员大会或会员代表大会，即由保单持有人组成的代表大会，由他们选举董事会，再由董事会任命公司的高级管理人员。

在德、法、日等大陆法系国家，相互保险公司是一种重要的保险组织形态。德国《保险企业监督法》规定，相互保险公司是指按照相互性原则为其成员提供保险，并获得主管机关授权经营业务，以法人组织形态存在的公司。日本《保险业法》规定，设立相互保险公司，必须由发起人制定公司章程并签名。设立相互保险公司所需的成员人数为 100 人以上。公司成立后，成员召开创立大会，经出席大会成员的表决权 3/4 以上决议创立公司。公司成员也是投保人，以其交付的保险费为限承担责任。

2. 保险股份公司和相互保险公司的比较

在世界保险业历史上，相互保险有过辉煌的时代，在 20 世纪上半叶，各国均在法律层面上对相互保险公司给予认可，一部分保险股份公司转制为相互保险公司。

在 20 世纪后半叶，相互保险公司有式微的趋势，许多大型相互保险公司转制为保险股份公司，如法国安盛、美国大都会等。

但是无论怎样，相互保险在我国都是一个新鲜事物，至今仍在世界保险业中占据着重要地位。了解相互保险公司与保险股份公司的运作及其差异，对于思考如何在中国建立多元化的保险公司组织形式、满足消费者多样化的需要、提高经济效率，无疑是有益的。

可以从以下八个方面对保险股份公司和相互保险公司进行比较。

（1）公司主体

保险股份公司的主体是股东，而相互保险公司的主体是全体会员。保险股份公司的股东并不限于投保人（但股东和投保人也可以同为一人），是因投资关系而成为股东，但相互保险公司的会员必为投保人，会员与投保人同为一人。

（2）公司经营目的

保险股份公司是为了追逐利润，而相互保险公司则是为了向社员提供较低保费的保险。

（3）公司组织机构

保险股份公司的最高权力机构为股东大会，相互保险公司则为会员大会或会员代表大会。保险股份公司的董事与监事仅限于股东，而相互保险公司的理事并不限于会员，可以是非会员。为此，相互保险公司可以利用非会员理事的各种社会关系促进业务的发展。

（4）经营资金

保险股份公司的资金来源为股东所缴纳的股本，相互保险公司则为基金。基金的出资人并不限于会员，公司可以在创立时向会员以外的人借入资金，以后再进行偿还。相互保险公司的基金系债务性质，于创立时借入，必须偿还并支付利息。

（5）保险费的缴纳

保险股份公司大都采用定额保险费制，而相互保险公司则大都采用不定额保险费制。换句话说，保险股份公司的经营责任由股东承担。因此当由投保人缴纳的保费有剩余时，通常被计入盈利；若有不足时，则应由股东设法填补，投保人不负追补的义务。而相互保险公司则不同，如果所收的保费有剩余，可以予以摊还；如入不敷出，则需要向会员临时征收，也就是说，会员负有追补保费的义务。

（6）权益转让

保险股份公司的股东有权对股本所有的权益加以处分，可自行转让股份，无须公司同意；相互保险公司的会员如要转让其所持权益，必须经公司同意。

（7）风险的防范

保险股份公司由于股东的分散和股东与投保人在很多场合下的分离，其股东与投保人的目标函数是不一样的。股东追求较高的投资回报，而投保人追求的是较低的保费。由于这一冲突，保险股份公司投保人之间的利害关系较弱，易于发生欺诈行为。

相互保险公司的投保人同时为保险人，会员的利益同时就是投保人和保险公司的利益，可以有效避免保险人的不当经营和被保险人的欺诈导致的道德风险。

（8）利用资本市场的能力

保险股份公司由于可以上市筹资，并且易于进行兼并收购，因此相对来说利用资本市场的能力较强。相互保险公司不能以发行股票的形式向社会募集资金，主要依靠留存盈余来扩大承保能力，利用资本市场的能力受到一定的限制。

（三）相互保险社

相互保险社是最早出现的保险组织，也是最原始的保险组织形态，在当今欧美国家仍相当普遍。在德国也被称为小相互保险社，以区别于相互保险公司（即大相互保险社）。它是同一行业的人为了应对自然灾害和意外事故造成的经济损失而自愿组合起来的非公司组织。其中每个社员为其他社员提供保险，每个社员又同时获得其他社员提供的保险。

相互保险社在各个方面都存在。例如，在人寿保险方面，有英国的友爱社（Friendly Society）、美国的兄弟社（Fraternal Orders）；在火灾保险方面，有美国的Local Mutual（Country Or Town Mutual）、Factory Mutual；在海上保险方面，有英国的保护与赔偿协会（Protection and Indemnity Association）、船东战险协会（Ship-owner's War Risks Association，与保护与赔偿协会同属于船东相互保险协会）。中国船东互保协会（简称“中船保”）是我国有代表性的相互保险社之一。

相互保险社具有以下特点：

第一，参加相互保险社的社员之间相互提供保险保障，真正体现“我为人人，人人为我”的思想。

第二，相互保险社无股本，经营资本来源于社员缴纳的分担金。一般在每年年初按暂定分担额向社员预收，用于赔偿和管理，在年度结算时计算出实际的分担额后再多退少补。

第三，相互保险社的保费采取事后分摊制，事先并不确定。对承保业务保险费的计算，并无数理基础以及保险精算，而是采用共同分摊的方式，即保险费由各社员分摊，随着社员人数的增加，保费分摊额逐渐减少。

第四，相互保险社的最高管理机构是由社员选举出来的管理委员会。在通常情况下，委员会指定一个有法人资格的代理人主持社务，处理有关保险的一切事务，如选择风险、制定费率、分配契约、处理赔偿等。

（四）保险合作社

保险合作社是由社员共同出资、共同经营并共同享有利益的一种特殊的保险组织形态。

它与相互保险社很相似，而且相互保险社通常又是按照合作社的形式建立起来的，因此人们常常将两者等同起来。其实保险合作社与相互保险社还是存在很大区别的。

首先，相互保险社无股本，而保险合作社的社员在加入时必须缴纳一定金额的股本。社员是保险合作社的股东，其权利和义务以其认购的股本为限。

其次，相互保险社的社员关系是一种暂时性的结合，随着保险关系的终止，社员关系也自动解除；而在保险合作社中，社员关系会长期存在，即社员关系与保险关系各自独立，社员关系因缴纳股本入社而产生，保险关系因购买本社的保险而产生，社员关系并不随保险关系的消灭而解除。

再次，相互保险社的保费采取事后分摊制，依据实际需要和实际损失分摊，事先并不确定；而保险合作社则采用固定保费制，事后不再补缴。

最后，相互保险社的资金来源于社员缴纳的分担金；而保险合作社的资金来源有两个：一是社员缴纳的股本，二是合作社向社员或非社员借入的基金。

（五）个人保险机构

个人保险机构是以个人名义承保保险业务的一种组织。从保险历史上看，个人承办保险曾存在了相当长的时间。但随着社会经济的发展，保险金额日渐扩大，个人资本能力和信誉有限，因此目前世界上的个人保险机构很少。最为典型的是英国的劳合社，全称是劳埃德保险人组织。它不是一家保险公司，而是个人承保人的集合体。

劳合社是从 1688 年在伦敦泰晤士河畔开设的咖啡馆发展起来的。最初定期以通讯形式发布海事信息，1691 年后逐渐成为船、货物和海上保险交易的中心。1871 年，英国议会通过法案，批准劳合社为一社团组织，更确切地说是一个保险市场，与纽约证券交易所相似，但只向其成员提供交易场所和有关服务，本身并不承保业务。劳合社市场的建立可以被看作国际保险跃入全面创新时期的一个标志。

劳合社拥有众多的成员，这些成员能够利用劳合社进行保险经营活动。劳合社的成员可分为以下几种：① 承保会员，是经营保险业务的主体，有权以自己的名义承保风险。但承保会员自身并不参与具体业务活动，而是委托保险代理人办理。② 非承保会员，主要是指保险经纪人。和承保会员一样，他们能使用劳合社的一切设施，但不能开展承保业务。③ 年费会员，是指每年通过捐助一部分钱而获得保险经纪人资格的会员。④ 准会员，指为会员与年费会员提供保险服务的人员，如海险理算师、精算员、律师等。

承保会员常常通过辛迪加的形式进行经营活动。辛迪加由若干承保会员组成，通过一个或多个代理人来办理业务；代理人可参加辛迪加，也可不参加；辛迪加的每个会员按事先确定的承保比例分担赔偿责任。每个会员都对损失负无限责任，当某一会员无法履行其赔偿责任时，其他会员将代其赔偿。这一做法无疑确保了劳合社的信誉。

劳合社享誉世界数百年，重要原因之一就在于它有一套完备的财务制度。每个加入劳合社的会员都要有雄厚的财力并愿意承担无限责任。加入后，劳合社将对其账目实行定期检查。另外，劳合社还成立了各种基金来保障被保险人的权益，如存款保证金保费信托基金、中央保证基金、保险业务准备金等。为进一步保证其安全性，各辛迪加之间还相互提供再保险，辛迪加内的会员本来就只承担一部分责任，经过辛迪加之间的再保险后，会员承担的责任就更小了。

（六）行业自保组织

1. 行业自保组织的概念

行业自保组织是指为特定目的，由非保险业的企业机构投资设立的保险机构，来承保母公司或其关系企业的保险业务。第一次和第二次世界大战期间，行业自保公司首先在英国兴起；到 20 世纪 50 年代，美国也开始出现这种专业性自保公司。欧美国家的许多大型企业集团，都有自己的专业自保公司，经营母公司的保险业务。我国的新疆生产建设兵团保险公司在成立时就属于这一性质的保险组织。

2. 行业自保组织的类型

行业自保组织可以分为三类，即纯粹的行业自保组织、协会行业自保组织以及以营利为中心的自保组织。

（1）纯粹的行业自保组织

主要是指为了减轻税负或减少开支而由大企业自设的保险组织。按照美国税法的规定，保险费可以作为费用列支，从而可以减少应纳税额、降低税负；同时，自保组织还可以起到承保自身一定业务的作用。

（2）协会行业自保组织

由多家企业共同设立，主要目的是解决大家共同面临的，商业保险公司通常不予承保的风险和责任问题。

（3）以营利为中心的自保组织

由保险经营者所设，其目的不是承保母公司的业务，而是要承保各方面的保险业务以谋取利益。

3. 行业自保组织的优点

第一，可以节省保险费支出。

第二，在损失发生后能迅速获得补偿。

第三，有利于减轻税收负担。自保组织设立的重要动机就是获得税收方面的利益。

第四，能够增加承保弹性。自保组织承保业务的弹性较大，对于传统保险市场不愿意承保的风险也可以承保，因此可以解决母公司在风险管理上的困难。

第五，可以加强损失控制。通过建立自保组织，可以降低商业保险引起的道德风险，母公司会更加主动地监督其风险管理方案。

4. 行业自保组织的缺点

第一，业务范围有限。业务来源主要是其母公司，危险单位有限，难以适用大数法则进行精确计算，影响保险功能的发挥。

第二，风险品质较差。自保组织承保的业务多为财产保险，以及若干不易从传统保险市场上获得保障的责任保险，不仅易于导致风险过分集中，且易导致责任保险的风险品质较差，如损失频率高、损失额度大、损失补偿所需的时间甚久等，增加业务经营的困难。

第三，组织结构简陋。因自保组织资本规模较小，组织结构较为简陋，不易网罗专业人才，亦无法采用各种损失预防或财产维护的措施，难以创造良好的业绩。

第四，可能发生财务调度困难。自保基金由逐年提存累积而成，如果在累积之初发生超过累积基金的巨大损失，则需以其他财源进行弥补，此时就可能发生财务调度的困难。

二、保险中介人的组织形式

保险中介人是指介于保险经营机构之间或者保险经营机构与投保人之间，专门从事保险业务咨询与招揽、风险管理与安排、价值衡量与评估、损失鉴定与理算等中介服务活动，并依法从中取得佣金或手续费的单位或个人。

保险中介人的种类主要有保险代理人、保险经纪人、保险公估人等。

（一）保险代理人及其组织形式

1. 保险代理人的分类

保险代理人是指根据保险人的委托，向保险人收取代理费用，在保险人授权范围内代为办理保险业务的单位或个人。保险代理人所从事的代理活动是一种民事行为，具有民事代理的一般特征。

保险代理人的种类很多，根据不同的标准可以把保险代理人作不同的划分。

（1）根据销售险种不同，可分为产险代理人和寿险代理人

产险代理人是指接受保险人的委托，从事财产保险业务销售的代理人。由于一些财产保险，如卫星保险、航空器保险、巨型船舶保险等的技术性很强，因此，产险代理人必须具备相关的专业知识和技能，才能与投保人进行良好的沟通，促成保险合同的签订。

寿险代理人是指接受保险人的委托，从事人寿保险业务销售的代理人。寿险市场相对分散，其业务对象往往是个人或家庭，这决定了寿险代理人一般以个人代理为主，以方便为投保人提供服务。

（2）根据业务工作范围不同，可分为承保代理人、理赔代理人和追偿代理人

承保代理人是指接受保险人的委托代为办理承保业务的代理人。理赔代理人是指接受保险人的委托，从事保险事故现场的检验、索赔计算、追偿和处理损余的保险代理人。追偿代理人是指接受保险人的委托，专门从事向第三者责任方或其他责任方追偿的保险代理人。

（3）根据服务对象不同，可分为专用代理人和独立代理人

专用代理人是指仅为一个保险人或者一个保险集团代理保险业务，且由保险人保留其占有、使用和控制保险单记录权利的保险代理人。专用代理人的酬金一般要比独立代理人高，另外由于其只代表一个保险人，其满足保险人专业要求的

能力和愿望一般也较高。

独立代理人是指同时独立地为多个保险人代理保险业务的保险代理人。独立代理人的权限一般为签发保单、收取保险费、招揽续保的独占权等。其酬金一般比专用代理人要低。与专用代理人的最大区别在于，独立代理人拥有保单续保的权利。通常，独立代理人只适用于财产保险中，人寿保险多采用专用代理人的形式。

2. 保险代理人的组织形式

（1）保险专业代理人

保险专业代理人的组织形式是保险代理公司。保险代理公司是指依据公司法、保险法、《保险专业代理机构监管规定》设立的专门从事保险代理业务的有限责任公司和股份有限公司。我国法律对保险代理公司的设立采取审批主义，即设立保险代理机构必须经过中国银保监会的批准，取得经营保险代理业务经营许可证，并办理工商登记手续，领取营业执照后，方可从事保险代理业务活动。保险代理公司经授权后，可以代理销售保单、收取保险费、保险和风险管理咨询服务、损失勘查和理赔等业务。

（2）保险兼业代理人

中国保监会2000年8月4日颁布的《保险兼业代理管理暂行办法》中，对保险兼业代理人作了如下定义："保险兼业代理人是指受保险人委托，在从事自身业务的同时，为保险人代办保险业务的单位。"目前，中国保险兼业代理人的形式主要有以下四种：

① 金融机构兼业代理。即利用银行、邮政储蓄机构、信用社、证券等金融机构与各行各业接触广泛的特点，在其柜台为客户代办保险业务。这种形式最常见的是银行代理，即银行作为中介人代理销售保险公司的产品。

② 行业兼业代理。即利用某一行业对保险的特殊需求以及该行业业务开展的便利条件为保险人代理保险业务，如旅行社代理客户旅游险、铁路部门代理货运险、民航部门代理民航旅客意外险、汽车销售商代理机动车辆保险等。

③ 企业兼业代理。企业的主管部门受保险人委托兼办下属企业的保险业务，或企业代办企业内部职工的保险业务，如企业代理职工养老保险、简易人身保险、家庭财产保险等。

④ 群众团体兼业代理。即通过某些群众组织的特殊职能进行保险业务的代

理。中国曾经出现过通过计划生育协会代办母婴安康保险、通过个体劳动者协会代办人身保险或财产保险等兼业代理形式。

（3）保险个人代理人

保险个人代理人是根据保险人委托，向保险人收取代理手续费，并在保险人授权范围内代为办理保险业务的个人。

2020 年 11 月，银保监会正式印发《保险代理人监管规定》，并于 2021 年 1 月 1 日起施行。其中提出了“独立个人保险代理人”概念，表明了市场发展趋势和监管引领方向。银保监会发布的《关于发展独立个人保险代理人有关事项的通知》，对保险公司、保险中介公司发展独立个人保险代理人进行了规范。

（二）保险经纪人及其组织形式

1. 保险经纪人的分类

我国保险法第一百一十八条规定，保险经纪人是基于投保人的利益，为投保人与保险人订立保险合同提供中介服务，并依法收取佣金的机构。在我国，保险经纪人依照不同的划分标准，可以分为以下几类。

（1）根据委托方划分，可分为直接保险经纪人和再保险经纪人

直接保险经纪人是指直接介于投保人和原保险人之间，直接接受投保人委托的保险经纪人。按业务性质的不同，直接保险经纪人又可分为寿险经纪人和非寿险经纪人。寿险经纪人指在人身保险市场上代表投保人选择保险人、代办保险手续并从保险人处收取佣金的保险经纪人。非寿险经纪人指为投保人安排各种财产、责任保险，在保险合同双方间斡旋，促成保险合同订立并从保险人处收取佣金的保险经纪人。

再保险经纪人是指促成再保险分出公司与分入公司建立再保险关系的保险经纪人。再保险经纪人把分出公司作为客户，在为分出公司争取较优惠条件的前提下选择分入公司并收取由后者支付的佣金。再保险经纪人不仅介绍再保险业务、提供保险信息，而且在再保险合同有效期间对再保险合同进行管理，继续为分出公司提供诸如合同续订、变更、终止等服务，并向再保险分入公司及时提供账单并进行估算。再保险经纪人对保险市场极为了解，具有相当强的专业知识和能力，并与众多投保人、保险人和再保险人保持着广泛的联系。在实务中，许多巨额的再保险业务都是通过再保险经纪人之手促成的。在保险业发达的国家，拥有

特殊有利条件的再保险经纪人能够为本国巨额保险的投保人提出很多有吸引力的保险和再保险方案，从而把许多资金不多、规模有限的保险人组织起来，成立再保险集团，承接巨额再保险业务。

（2）根据人员规模划分，可分为小型保险经纪人和大型保险经纪人

小型保险经纪人是指公司员工少于25人的保险经纪人。由于它的所有人或经营者非常了解本公司的日常经营，小型保险经纪人往往不需要建立正式的组织机构。一般地，小型保险经纪人的传统业务有三类：① 个人业务，主要是家庭保险和私人汽车保险；② 商业业务，包括制造业及工商业保险；③ 人寿保险及年金业务。

大型保险经纪人是相对于小型保险经纪人而言的，其特点是人员多、机构全和业务广。大型保险经纪人通常都采用公司形式的组织机构，有健全的管理层次和组织机构，从而可以从财务、预算、费用、管理权限等多方面对企业进行更好的管理，以适应不断变化的市场环境。

（3）根据组织形式划分，可分为个人保险经纪人、合伙制保险经纪人和公司制保险经纪人

个人保险经纪人是指以个人名义从事经纪业的保险经纪人。很多国家，如美、英、日、韩等都允许个人保险经纪人的存在。但由于个人的经济力量有限，为保护投保人的利益，各国都会要求个人保险经纪人缴存一定数额的保证金或者购买职业责任保险。

合伙制保险经纪人是由各合伙人订立合伙协议，共同出资、合伙经营、共担风险、共享利益的保险经纪人。

公司制保险经纪人又叫保险经纪公司，是指采取公司形式设立的保险经纪人，一般采取有限责任公司形式，这是所有国家都认可的保险经纪人组织形式。

2. 保险经纪人与保险代理人的区别

保险经纪人与保险代理人都是保险合同订立的辅助人，同属于保险中介人，凭借自身的保险专业知识和优势活跃于保险人与被保险人之间，成为保险市场的重要组成部分，但两者有很大的区别。

（1）代表的立场不同

保险经纪人需基于投保人的利益，进行相关经纪活动，即保持与投保人利益一致的立场；而保险代理人与保险公司属于代理关系，其在保险人授权范围内的

行为应视为保险公司的行为。

（2）业务范围不同

保险代理人的业务经营受到其与保险人签订的代理合同或授权范围的限制，只能销售成形的保险产品；而保险经纪人则可根据客户的需要设计个性化的保险方案，并在更广泛的范围内选择保险人。

（3）提供服务的性质不同

保险经纪人提供的是一种居间服务，即居于保险人与投保人之间，为双方当事人签订保险合同创造机会；而保险代理人提供的是一种专门的服务，即依据保险人的授权，为保险公司展业提供推广、销售服务。

（4）承担的责任不同

客户与保险经纪人是委托与受托关系，一旦给客户造成损失，保险经纪人应该承担损失责任。保险代理人与保险公司是代理与被代理关系，保险公司对代理人在授权范围内的行为后果负责。

（5）专业程度不同

保险经纪人往往是由各方面专家组成的团队，为客户提供全方位的保险服务。在我国，保险经纪人都是专业机构，而保险代理人包括专业代理机构、兼业代理机构以及个人代理人。相对而言，保险经纪人提供的服务比保险代理人更加专业、全面。

（三）保险公估人及其组织形式

保险公估人是指依照法律规定设立，受保险公司、投保人或被保险人委托办理保险标的的查勘、鉴定、估损以及赔款的理算，并向委托人收取酬金的保险中介人。保险公估人与保险合同双方都没有利害关系，其地位超然，不代表任何一方的利益，独立于保险合同的当事人之外，既可以接受保险人的委托，也可以接受被保险人的委托，使保险赔付趋于公平、合理，有利于调停保险当事人之间关于保险理赔方面的矛盾。

保险公估人的出现与保险市场的发展密不可分，是保险市场发展的必然产物。保险公司理赔事务的日益增多和复杂化，催生出了对其专业性的需求。保险公估人通常具有行业专门的知识和技术，同时熟悉金融、保险、法律、会计业务，凭借其专业特长公正地为保险人或被保险人提供服务。

1. 保险公估人的种类

（1）根据执业顺序不同，可分为承保公估人和理赔公估人

承保公估人主要从事保险标的承保公估，即对保险标的进行现时价值评估和承保风险评估。由承保公估人提供的查勘报告是保险人评估保险标的风险，审核其自身承保能力的重要参考。

理赔公估人是在保险合同约定的保险事故发生后，受托处理保险标的检验、估损及理算的专业公估人。理赔公估人包括损失理算师、损失鉴定人和损失评估人。

（2）根据业务性质不同，可分为保险型公估人、技术型公估人和综合型公估人

保险型公估人侧重于解决保险方面的问题，熟悉保险、金融、经济等方面的知识，但对其他专业技术知识知之甚少或者完全不知，对于技术型问题的解决只能作为辅助。英国的保险公估人多属此类。

技术型公估人侧重于解决技术方面的问题，其他保险方面的问题涉及较少。德国的保险公估人多属此类。

综合型公估人不仅解决保险性问题，同时解决保险业务中的技术性问题。他们由于知识全面，经验丰富，越来越为社会所需。欧洲其他国家的保险公估人多属此类。

（3）根据从事活动范围不同，可分为海上保险公估人、火灾及特种保险公估人和汽车保险公估人

海上保险公估人主要处理海上保险、航空运输保险等方面的业务。海上保险和航空运输保险均为国际型保险。国际上，船舶保险中的船身价值或其修理规模和费用的确定均与船舶的种类、吨位、用途直接相关，船上设备、机器、引擎、发电机等也有专业要求，保险公司必须请船舶公估公司处理；航空运输保险中的货运检验涉及发货人、收货人、承运人和保险公司多方利益和责任，各方当事人难以达成一致意见，保险公司通常委托居于独立地位的保险公估人处理，海上保险公估人应运而生。

火灾及特种保险公估人主要处理火灾及物质特种保险等方面的业务。随着经济的发展和科学技术的进步，财产保险的承保范围日益扩大，保险理赔的技术含量不断提高，保险公司自行处理理赔的难度加大。大量拥有专业技术的保险公估

人的出现，满足了火灾和特种保险的需要。

汽车保险公估人既需要具备从事保险公估的资格与技能，又需要具备丰富的汽车保险专业知识，还需要具备汽车保险投保、估损、理赔方面的相应资质和能力。汽车保险公估人参与汽车保险理赔公估，不仅可以减少保险公司和被保险人之间在修理费用、重置价值方面的直接冲突，避免保险公司理赔人员与被保险人、汽车修理行会合谋骗取保险赔款，还可以有效制止汽车保险理赔中的不正当行为，使各保险公司在公平的市场环境中平等竞争。

（4）根据委托方的不同，可分为受托于保险人的保险公估人与受托于被保险人的保险公估人

例如，在德国和意大利，保险公估人可以为保险人或被保险人服务，而在法国、日本和韩国，保险公估人不可以为被保险人服务，只能受聘于保险人。

（5）根据保险公估人与委托方关系的不同，可分为雇佣保险公估人与独立保险公估人

雇佣保险公估人一般长期固定受雇于某一家保险公司，按照该保险公司的委托或指令处理各项理赔业务，这类公估人一般不能接受其他保险公司的委托业务。独立保险公估人可以同时接受数家保险公司的委托，处理理赔事务。

2. 保险公估人的组织形式

从国际上看，保险公估人的组织形式主要包括保险公估有限责任公司、合伙制保险公估行和合作制保险公估行等几种。

（1）保险公估有限责任公司

保险公估有限责任公司是指股东以其出资额为限对公司承担责任，公司以其全部资产对公司债务承担责任并开展保险公估业务的企业法人。这是保险公估人的主要组织形式。

（2）合伙制保险公估行

合伙制保险公估行是指由各合伙人订立合伙协议，共同出资、合伙经营、共享收益、共担风险，对合伙企业债务承担无限连带责任，并开展保险公估业务的营利性组织。

合伙制保险公估行的优点包括：组织形式简单，集资迅速灵活，创办手续简便且费用低廉，合伙内部关系紧密，成员较稳定，内部凝聚力较强，合伙人员对债务承担无限责任，有利于刺激合伙成员的责任心和巩固合伙组织的对外信用。

但是，合伙制保险公估行也存在缺点：合伙人对合伙债务负无限连带责任，合伙人承担的风险很大，合伙协议引起买卖份额的法定程序复杂化。只要一个合伙人退伙，就可以使一个合伙制企业解散。合伙制的法律也使得如果没有全体合伙人的同意，原有合伙人不能对外转让其出资。

由于合伙人对合伙制保险公估行的债务承担无限连带责任，因此对合伙制保险公估行的注册资本要求可以适当降低，以利于取得保险公估人资格的公民个人通过设立合伙制保险公估行进入保险公估市场，增加保险公估市场的供给主体。

（3）合作制保险公估行

合作制保险公估行是指由两个以上投资者，以合伙企业方式开展保险公估业务的营利性组织。合作制保险公估行是契约式企业，即以合同作为投资者各方之间权利、义务关系基础的企业。在合作企业中，合作双方的投资一般不以货币单位进行计算，也不把投资折算成股份，而是按所持股份比例分享利润和承担风险。合作双方的权利、义务由当事人在合作企业合同中自由约定。

合作制保险公估行具有国际性。合作制保险公估行的投资主体拥有不同国籍，属于同一国籍的个人或法人不能成为合作制保险公估行的主体。正是由于合作制保险公估行的国际性，可以吸引外商投资者进入本国保险公估市场，从而繁荣本国保险公估市场，促进本国保险公估业的发展。

第三节　保险市场的供给与需求

一、保险市场的供给

（一）保险市场供给的含义

保险市场供给是指在一定的保险价格条件下，保险供给者愿意并且能够提供的保险商品数量总和。保险市场的供给可以用保险市场上的承保能力来表示，它是各个保险企业承保能力之和。

保险市场供给的形式有两种：一种是有形的经济保障，即保险人对遭受损失或损害的被保险人，按照保险合同规定的责任范围，给予一定金额的经济补偿或给付，体现在物质方面，是保险供给的有形形态。另一种是无形的经济保障，即保险人为所有被保险人提供的心理上的安全感，体现在精神方面。对被保险人来说，拥有保险保障意味着若发生保险责任范围的事故，可以得到补偿或给付，或多或少减轻了心理上的压力，有更多的精力投入事业中。

保险市场供给的内容包括质和量两个方面。保险市场供给的质是指保险市场供给者提供的多样化的保险险种，如财产保险、人身保险、信用保证保险等，也指每一具体的保险险种的质量；保险市场供给的量既包括保险企业为某一保险险种提供的经济保障额度，也包括保险企业为全社会提供的保险经济保障总额。

（二）制约保险市场供给的因素

1. 保险费率

保险费率直接决定保险价格水平。对保险企业来说，价格是最敏感的一个因素。保险费率上升，即保险价格上涨，会刺激保险供给增加；反之就会减少保险供给。

2. 偿付能力和业务量

由于保险经营的特殊性，各国法律对于保险企业都有最低偿付能力标准的规定，因而保险供给会受到偿付能力的制约。另外，保险企业的业务容量比例，也就是净保费收入与净资产的比例，同样制约着保险企业的供给。

3. 保险供给方的数量和质量

通常，保险供给方的数量越多，保险供应量就越大。在现代社会，保险供给不仅要讲求数量，更要讲求质量。质量的关键在于保险供给方的素质。如果保险供给方的素质高，保险经营管理中的险种开发、条款设计、费率厘定、风险管理、准备金提存、再保险、理赔、投资等业务都会开展得比较好，从而扩大保险供给。

4. 互补品与替代品的价格

互补品价格和保险供给呈正相关关系。互补品价格上升，引起保险需求减少，保险费率上升，使保险供给增加；互补品价格下降，引起保险需求增加，保险费率下降，使保险供给减少。替代品价格和保险供给呈负相关关系。替代品价格下降，保险需求减少，保险费率上升，使保险供给增加；反之，保险供给减少。

5. 保险技术水平

保险业是一个专业性、技术性很强的行业，有些险种难以设计，因而即使有保险市场需求，也难以有保险市场供给。保险业的技术水平制约着保险市场供给。

6. 市场的规范程度

竞争无序的市场会抑制保险需求，从而减少保险供给；竞争有序，行为规范，会使保险市场信誉提高，从而刺激保险需求，扩大保险供给。因而，规范的保险市场会促进保险供给扩大，而不成熟不规范的市场则会使保险供给受到抑制。

7. 国家法律与政策

健全的法制能为保险业提供良好的经营环境，能够让保险供给维持在与经济发展相适应的正常水平，同时可直接增加责任保险、法定保险等业务的供给。此外，国家对保险业发展实施的宏观政策也直接影响着保险供给。如果国家采取积极的、宽松的宏观保险政策（如政府对保险供给者实施较优惠的税率），保险市场的供给总量就会增加；相反，如果国家采取压抑的宏观保险政策，保险市场的供给总量就会减少。

二、保险市场的需求

（一）保险市场需求的含义

保险市场需求是指在一定的费率水平下，保险消费者愿意并有能力从保险市场上购买保险商品的数量。从此定义可以看出，保险市场需求由两个要素构成：① 有保险需要意愿的人；② 有支付能力以满足保险需要。人口众多但收入很低，购买力有限，不能形成容量很大的保险市场需求；购买力虽然很大，但人口很少，也不能形成很大的保险市场需求。既有众多的人口，又有很强的缴费能力，才能形成有潜力的保险市场需求。

（二）制约保险市场需求的因素

1. 风险因素

“无风险，无保险”。风险是保险产生、存在和发展的前提条件与客观依据，从而也就成为保险需求的触发条件。风险程度越高，范围越广，保险需求的总量也就越大；反之，保险需求就越小。

2. 保险费率

保险费率既会影响保险市场供给，也会影响保险市场需求。人们总是希望用尽可能少的钱，获得尽可能大的经济保障，因而从总体上讲，费率上升会带来保险需求的减少，费率下降则会导致保险需求的增加。保险需求与保险费率反向变化的原因：一是自保效应。若保险费率过高，保险需求者会选择自己承担部分或全部风险。二是转移效应。随着保险费率提高，保险需求者会转向投保费率较低的险种。

3. 国内生产总值和消费者的货币收入

当国内生产总值增加时，保险产品消费者的个人货币收入、企业利润也会随之增多，会有更强的缴费能力，保险需求也会扩大。

4. 人口因素

人口状况对保险需求有着重要影响，尤其是对人身保险的需求。人口总量越大，保险需求的总量就越多。人口结构也会影响保险需求，如年龄结构、文化程度结构、职业结构等。

5. 文化传统

保险需求在一定意义上受人们风险意识和保险意识的直接影响，而人们的风险意识与保险意识又受特定的文化环境的影响和控制。

6. 科学技术水平

随着现代科学技术的不断进步，出现了越来越多的新经济领域，从而创造出更多的新保险需求。同时，科学技术的进步，尤其是互联网的迅速普及，使得保险的宣传与业务运转越来越快，人们可以更方便地了解保险，接触保险，从而激发更多的保险需求。

7. 利率与通货膨胀

现代保险中很大一部分具有投资属性，特别是长期性人身险业务。银行利率影响着人们手中闲置资金的流向。当利率高于保险收益时，资金就会投向银行，导致保险需求减少；反之，则会投向保险公司，使得保险需求扩大。因此，保险需求与利率呈负相关关系。通货膨胀也会抑制保险需求，尤其是对中长期人身保险的需求。

综合训练

一、单项选择题

1. 保险市场的客体是（　　）。

A. 被保险人　　B. 保险标的　　C. 保险利益　　D. 保险商品

2.（　　）是保险商品的价格。

A. 保费　　B. 保险金额　　C. 现金价值　　D. 保险费率

3. 国际上保险公司的组织形式有多种，其中由所有参加保险的人为自己办理保险而合作设立的法人组织是（　　）。

A. 股份保险公司　　B. 相互保险公司　　C. 自保保险公司　　D. 劳合社

4. 保险市场是保险商品（　　）。

A. 交换关系的总和　　B. 生产关系的总和

C. 分配关系的总和　　D. 消费关系的总和

5. 保险市场是直接的风险市场，这是因为（　　）。

A. 保险市场的信息不对称性

B. 保险市场对投保人转嫁于保险人的各类风险提供保险保障

C. 保险市场交易对象是保险保障

D. 保险人和被保险人在保险市场的交易中有损失的不确定性

6. 保险市场的供给用（　　）表示。

A. 保险公司的数量　　B. 保险公司的偿付能力

C. 保险公司承保保单的数额　　D. 保险市场上的承保能力

二、简答题

1. 保险市场的构成要素有哪些？

2. 根据保险市场的竞争程度不同，保险市场可划分为哪些模式？

3. 比较保险股份公司和相互保险公司的差异性。

4. 保险公估人的组织形式有哪些?

5. 制约保险市场供给的因素有哪些?

6. 制约保险市场需求的因素有哪些?

三、案例分析题

相互保险是最早的保险形式之一，在全球保险市场上占有举足轻重的位置。2015 年 1 月，保监会发布《关于印发〈相互保险组织监管试行办法〉的通知》（保监发〔2015〕11 号），确立了我国相互保险组织的监管框架，并于 2016 年 6 月批准众惠财产、汇友建工和信美人寿三家相互保险社筹建。2017 年三家相互保险社相继成立开始营业。请查阅相关资料，对三家试点相互保险社的经营情况进行分析，并对我国相互保险社的未来发展作出展望。

第十章
保险监管

学习目标

通过本章的学习，掌握保险监管的概念和原因、原则和目标，区分不同的监管方式；理解保险监管的不同体系；掌握保险监管的具体内容，尤其是偿付能力监管的具体规定；了解我国保险监管的发展历程。

案例导入

银保监会江苏监管局于 2019 年 12 月 31 日对百年人寿作出行政处罚。其中，对百年人寿江苏分公司处 39 万元罚款。其违法违规行为包括：第一，业务数据记载不真实。在该局现场检查时随机抽查的 100 笔退保保全业务中，有 10 笔未准确记载退保资料和核心业务系统中申请日期。上述 10 笔业务中，还有 8 笔业务存在对退保资料中《百年人寿顾销保单退保劝阻确认书》保全申请日期进行涂改的情形。第二，错误介绍保险产品重要内容，欺骗投保人。在该局现场检查调取的 2018 年 1 月 1 日至 2019 年 6 月 30 日承保投保人年龄在 60 周岁以上所有 34 份保单的同步录音录像资料中，有 16 份保单存在错误介绍保险产品重要内容的情况。

上述案例中涉及的保险监管的方式及保险监管的内容有哪些呢？让我们一起通过本章的学习，探寻问题的答案。

第一节　保险监管概述

一、保险监管的概念和原因

（一）保险监管的概念

保险监管是金融监管的一部分，有广义与狭义之分。广义的保险监管是指在一个国家的范围内，为达到一定目标，在国家、社会、保险行业、保险企业等各个层次上对保险企业、保险经营活动及保险市场的监督与管理。狭义的保险监管则仅指国家对保险企业、保险经营活动及保险市场的监督与管理。无论是广义的还是狭义的保险监管，都可以理解为对保险业的监管。

在监管层次上，保险监管又有宏观层次、中观层次及微观层次之别。

宏观层次的监管是指国家对保险业的监管，是国家管理经济的职能在保险业中的体现。国家通过法律、经济和行政手段对保险企业的组织、业务经营、财务等各项活动及保险市场秩序进行直接或间接的指导、协调、监督和干预。这种监管的重心在于对保险市场准入和退出的监管，并以保险企业偿付能力为核心，在不同程度上对保险合同格式与条款、费率以及保险资金运用等方面进行监管。

中观层次的监管是指保险人的行业自律和社会监督。这一层次的监管可以发挥横向协调作用，从而进一步规范保险市场。保险行业自律组织是保险人或保险中介自己组织的社团组织，组织成员大部分是保险行业内部具有专业技术和行业管理经验的专业人士，与各保险机构有着广泛的联系，可以加强各保险机构之间的交流与合作，及时了解行业动向，发现行业内部存在和可能出现的问题，及时采取相应措施，维护保险市场正常的秩序竞争。保险经营会直接影响社会的方方面面，因此也要受到来自社会各方面的监督，主要是保险信用评级机构、独立审计机构和社会媒体的监督。社会监督作为一种辅助力量，在保险监管中发挥着独特的作用。

微观层次的监管则是指保险企业内部的自我约束与监管，即保险企业要建立一套完整的内部评价体系，提高自身经营管理水平，增强提供保险产品的能力。

（二）保险监管的原因

纵观世界各国，保险行业都是受到严格监管的行业之一。保险监管之所以具有国际普遍性，主要是因为以下三个方面。

1. 保险业的公众性

保险业对整个社会有较大的影响和渗透，各国都将保险业看作“受公众利益影响”的行业。从范围上看，一家保险公司可能涉及众多家庭和企业的安全问题；从期限上看，一张保险单可能涉及投保人的终身保障。如果“安全网”出现问题，比如一家保险公司经营失败，众多家庭和企业将失去保障，将直接影响社会再生产的正常进行和人民生活的安定，进而影响社会安定。保险业的公众性决定了国家对其监管的必要性，以维护众多家庭和企业的利益，保证社会的稳定。

2. 保险活动中的信息不对称

保险合同是附和性合同，保险合同的内容即主要条款由保险人一方确定。保险人根据自身的承保能力和技术特点，确定承保的基本条件，规定双方的权利与义务。投保人只能从保险人设定的不同险种的标准合同中进行选择，一般情况下难以对合同的内容进行变更。从表面上看，保险合同是在保险关系双方自愿的基础上签订而成的，实际上，这种保险关系是保险合同双方当事人在一种信息不对称、交易力量不对称的基础上建立起来的。投保人无法准确了解保险人制定的条款的含义、保险公司的经营状况等。在这种情况下，政府从保护被保险人的权益角度出发，对保险合同的条款、保险费率等内容进行严格审核，以达到公平合理的目的。

3. 保险技术的复杂性

保险产品的设计和定价以数学和统计学为基础，需要专门的技术和操作经验。另外，为调整保险关系而形成的保险法规、保险条款和保险惯例，涉及专门术语和技术，并非一般投保人所能完全了解，因而需要保险监管机关对保单条款和费率水平进行审核，以保护投保人的利益。

二、保险监管的原则和目标

（一）保险监管的原则

我国保险法第一百三十三条规定："保险监督管理机构依照本法和国务院规定的职责，遵循依法、公开、公正的原则，对保险业实施监督管理，维护保险市场秩序，保护投保人、被保险人和受益人的合法权益。"

1. 依法监管原则

依法监管原则是指保险监督管理部门必须依照有关的法律或行政法规实施保险监督管理的行为。保险监管部门不得超越职权实施监督管理行为，同时又必须履行其职责，否则属于失职行为。

2. 公开性原则

公开性原则指保险监管的各种信息，除了涉及国家秘密、企业商业秘密和个人隐私以外，应尽可能向社会公开，增加保险监管的透明度。这样既有利于提高保险监管的效率，也有利于促进保险市场的有效竞争。

3. 公平性原则

公平性原则是民法的一项基本原则，要求当事人在民事活动中以社会公义、公平的观念指导自己的行为，平衡各方利益，并以此来处理当事人之间的纠纷。公平性原则强调在市场经济中，所有经营者都只能以市场交易规则为准则，享受公平合理的待遇，既不享有任何特权，也不履行任何不公平的义务，权利与义务相一致。

保险监管的公平性是指保险监管部门对各监管对象要公平，对各保险公司和各保险中介人必须采用同样的标准，不能对一些监管对象宽松，而对其他监管对象严格。监管对象在法律面前应平等，在服从监管的问题上也应平等。市场经济要求公平竞争，公平监管可以创造公平竞争的市场环境。

（二）保险监管的目标

虽然各国设立的保险监管机构存在一定的差别，但监管的目标是基本一致的，主要包含以下三个方面内容。

1. 维护被保险人的合法权益

维护被保险人的合法权益是保险监管的首要目标。保险业是经营风险的行业，投保人缴费在前，保险人赔付在后，一旦保险人偿付能力不足甚至破产，就会使得被保险人在保险事故发生时不能得到补偿，从而极大地损害投保人和被保险人的利益。为保证保险人具有足够的偿付能力，各国保险法规对保险公司的最低资本金、资本充足性、保证金及各项责任准备金的提取、业务分保、偿付能力的计算标准等都作出了明确规定。

2. 维护正常的市场秩序

保险市场秩序的正常，直接关系到保险市场各利益主体的切身利益和经济社会的安全与稳定。保险业务行为不规范和保险欺诈是保险市场秩序紊乱的两大征兆。保险业务行为不规范主要表现为保险费率、保险赔付、异地出单、强行推销、代理手续费等方面业务活动的不规范。保险欺诈行为可能表现为保险人方面的欺诈，如非法经营保险业务，承保动机不良，制造、利用虚假证词恶意拒赔，等等；也可能表现为投保人方面的欺诈，如故意制造保险事故、故意夸大保险事故造成的经济损失等；还有可能表现为社会方面的欺诈，如保险公司以外的单位或个人未经主管机关批准，非法从事保险经营活动，盗用保险人或代理人的名义骗取客户，等等。因此，为促使保险市场各方遵守市场运行规则，营造一个公平竞争的市场环境，切实保证保险双方的合法利益不受侵犯和经济社会的安全与稳定，维护保险市场的正常秩序成为保险监管的一个重要目标。

3. 促进保险业的健康发展

保险业的健康发展，是维护消费者合法权益、维护保险业公平竞争的市场环境的客观要求。为此，保险监管应尊重保险业发展的自身规律，制定适应保险业长远发展规划的政策法规，如市场准入政策、保险业并购重组政策、混业经营政策等，为保险业的健康发展创造有利条件。

三、监管方式

由于各国经济、法律环境不同，对保险业实施监管的方式并不完全相同。根据监管严厉程度不同，大致可分为以下三种方式。

（一）公示监管方式

公示监管方式是一种宽松的保险监管方式。在公示方式下，政府对保险业的经营不作直接监督，只是规定保险人按照政府规定的格式及内容，将营业结果定期呈报机关，并予以公布。公示监管的内容包括：公告财务报表，规定最低资本金与保证金；订立边际偿付能力标准。这种监管方式将政府与大众联系起来，有利于保险人在较为宽松的环境中自由发展，但也存在一些弊端。处于信息不对称劣势一方的投保人和一般公众难以准确判定保险企业的优劣，对不正当的经营无能为力。

采用这种方式对保险业实行监管应具备一定的前提条件。首先，国民经济发展水平较高，保险机构发达，投保人可自主选择保险人；其次，保险业行为规范，市场公平竞争；最后，国民具有较高的文化水平和风险意识，投保人对承保人的业绩具有适当的判断能力和评判标准。

英国曾是采用这种方式的典型国家，但到了20世纪六七十年代，许多保险公司相继破产倒闭，英国对保险监管方式的看法发生了变化。公示监管方式因难以有效地保护广大投保人的利益而逐渐被许多国家放弃。

（二）准则监管方式

准则监管方式又称规范监管方式或形式监管方式，是指由政府规定保险业经营管理的一些基本准则，要求各保险公司共同遵守，并在形式上监督实施。如保险业的经营，只要在形式上符合规定条件，即予核准。政府对保险经营的重大事项，如最低资本金额、资产负债表的审核、保险资金运用等方面，均有明确的规定。这种监管方式注重保险经营形式上的合法性，较公示监管严格。由于保险经营专业技术性强，有关法规很难适应各个方面，在实务中，形式上合法而实质上不合法的现象时有发生，因而难以达到有效监管的目的。荷兰自1922年以后采用这一监管方式，但目前大部分国家不采取这一监管方式。

（三）实体监管方式

实体监管方式又称严格监管方式或许可监管方式，是指国家通过立法明确规定保险业的设立、经营、退出等监管制度，保险监管机构依法对保险市场特别是保险机构进行全面有效的监管。

实体监管方式的过程大致可分为三个阶段：第一阶段为保险业设立时的监管。即保险许可证监管，保险主管机关依照法律规定核准设立企业的营业登记并颁发营业执照。第二阶段为保险业经营期间的监管。此阶段为实体监管的核心。采用实体监管方式的国家，大都通过保险法、保险业管理法、外国保险业许可管理法等对保险经营过程予以规范，并对保险业进行实体监督和检查。第三阶段为保险业破产的监管。即在保险公司经营失败时，对其破产和清算进行监督。

这种监管方式最早由瑞士于1885年创立，现已被许多国家采用，相对于前两种更严格、更全面。

四、中国保险监管的发展历程

中国保险监管体系经历了从审批到监管，从中国人民银行和财政部交替监管、中国人民银行监管，到中国保险监督管理委员会监管，再到目前的中国银行保险监督管理委员会监管的变迁。目前，在中国银保监会的独立管理下，我国形成了以偿付能力监管、公司治理结构监管、市场行为监管为“三大支柱”的现代保险监管框架，建立了以公司治理和内控为基础、以偿付能力监管为核心、以现场检查为重要手段、以资金运用监管为关键环节、以保险保障基金为屏障的防范风险的“五道防线”。从管理部门的更替来看，中国保险监管大致经历了四个阶段。

（一）中国人民银行和财政部交替监管阶段（1949—1978 年）

中华人民共和国成立初期，中国人民银行和财政部分别对保险业行使领导和管理职能。根据国务院批准的《中国人民银行试行组织条例》规定，保险业归中国人民银行领导和主管。1952 年 6 月，保险业划归财政部领导，成为国家财政体系中的独立核算单位。1959 年，国内保险业务相继停办，仅保留了涉外保险业务，保险业被再次划归中国人民银行领导。中国人民保险公司行政上隶属中国人民银行国外局下属的保险处。1965 年 3 月，中国人民银行决定恢复中国人民保险公司的建制，保险处升级为局级机构。

（二）中国人民银行监管阶段（1979—1998 年）

1979 年，国内保险业务全面开始恢复，由中国人民银行领导和监督管理。1983 年，根据中国人民银行专职行使中央银行和金融监管职能的要求，中国人民保险公司成为国务院直属的局级独立经济实体。

1985 年，国务院颁布了《保险企业管理暂行条例》，明确规定国家的保险管理机关为中国人民银行，财政部负责监督保险业的财务会计制度，国家计划委员会行使制定国家保险业发展规划的职能。

1992 年，中国人民银行颁布了《保险代理机构管理暂行办法》和《上海外资保险机构暂行管理办法》。1993 年，中共中央和国务院分别下发《关于建设社会主义市场经济体制若干问题的决定》和《关于金融体制改革的决定》，要求加强金融监管并实施分业经营。

1994 年 5 月，中国人民银行在非银行金融机构管理司单独设立保险处，负责保险业等非银行金融机构监管。1995 年 7 月，中国人民银行设立专门行使保险监管职能的保险司。1995 年 6 月 30 日，第八届全国人大常委会通过了《中华人民共和国保险法》，并于 1995 年 10 月 1 日正式施行。该保险法是新中国成立以来第一部保险大法，它的颁布标志着新中国保险业步入崭新的发展阶段。

为了配合《中华人民共和国保险法》的实施，保护消费者的合法权益，1996年2月，中国人民银行颁布了《保险代理人管理暂行规定》，7月，颁布了《保险管理暂行规定》。1997年11月，中国人民银行修订并颁布了《保险经纪人暂行规定（试行）》。1998年2月，中国人民银行颁布了《保险经纪人管理规定（试行）》。此外，中国人民银行于1998年9月制定了《保险业监管指标》；1996年6月颁布了《中国人寿保险业经验生命表（1990—1993）》，建立了人身保险准备金评估报告制度等。

（三）中国保险监督管理委员会监管阶段（1998—2018年）

1998年11月18日，国务院批准设立中国保险监督管理委员会，专司保险监管职能，并于2003年升格为正部级单位。中国保监会的成立，标志着保险监管迈入了专业化、规范化的新阶段，有利于促进保险业的健康协调发展。

1999年，中国保监会颁布了《保险公司管理规定（试行）》。2000年颁布了《保险公司管理规定》，明确提出“市场行为监管和偿付能力监管并重”的监管目标。2002年10月28日，第九届全国人大常委会修订并通过了保险法，再次强调了保险偿付能力的监管手段。2004年，中国保监会再次修订了《保险公司管理规定》。

2005年10月，中国保监会主席在国际保险监督官协会2005年年会上正式宣布，在防范风险方面，要参照国际保险监督官协会的三支柱监管框架——偿付能力监管、公司治理监管和市场行为监管，建设具有中国特色的保险监管体系，努力构筑以公司内控和治理结构监管为基础、以偿付能力监管为核心、以现场检查为重要手段、以资金运用监管为关键环节、以保险保障基金为屏障的防范保险业风险的“五道防线”，促进中国保险业稳定、持续、协调、健康发展。

为适应保险市场扩大开放和保险业加快发展的需要，我国在继续坚持市场行为监管和偿付能力监管并重的前提下，逐步向以偿付能力监管为核心过渡。2008年7月10日，中国保监会颁布了《保险公司偿付能力管理规定》；2009年10月1日开始施行新保险法，对保险偿付能力监管进行了更全面系统的诠释，以偿付能力监管为核心的保险监管体系得以逐步确立和完善。2012年，中国保监会发布了《中国第二代偿付能力监管制度体系建设规划》（以下简称“偿二代”），提出要形成一套既与国际接轨，又与我国保险业发展阶段相适应的偿付能力监管制度体系。自 2016 年一季度起，偿二代监管体系正式实施，意味着我国保险监管全面实行“风险导向”的新制度。

2015 年，第十二届全国人大常委会第十四次会议决议中，提高了对部分违法违规行为的处罚点极限，还对保险公司的偿付能力、资金运用、公司治理、流动性监管、信息保护等方面进行了相关规定。

随着互联网保险业务的高速发展，为规范互联网保险经营行为，促进互联网保险健康规范发展，2015 年，中国保监会印发了《互联网保险业务监管暂行办法》，标志着我国互联网保险业务监管制度正式出台。

（四）中国银行保险监督管理委员会监管阶段（2018 年至今）

2018 年 3 月，中央发布《深化党和国家机构改革方案》，决定将银监会和保监会的职责整合，组建中国银行保险监督管理委员会，不再保留银监会和保监会，保险监管开始踏上新时代的新征程。

第二节　保险监管体系与监管内容

一、保险监管体系的构建

保险监管体系是指控制保险市场参与者市场行为的完整体系。这个系统由保险监管者和被监管者及其行为构成。一方面，国家保险监管机关、保险行业自律组织、保险信用评级机构、独立审计机构和社会媒体等作为保险监管的主体，实施监督和管理。当然，这些主体中有的具有监督权和管理权，有的仅拥有监督权，它们的约束力是不同的。另一方面，各保险公司、保险中介人（保险代理人、经纪人、公估人）、投保人、被保险人、受益人等作为保险监管的客体，接受各方的监督管理。构建完善的保险监管体系有助于提高保险公司的经营管理水平，防范和化解保险业的整体经营风险，确保监管目标的顺利实现。

一般而言，政府监管是保险监管的基础，保险行业自律是保险监管的补充，社会监督是对保险监管的有效辅助。

（一）政府监管

政府对保险业的监管在三个层次上进行：立法监管、司法监管和行政监管。

1. 立法监管

立法机关以立法手段，以及对法律的立法解释对保险业进行监管。由于各国的法律制度不同，各国保险法律法规的性质和范围也有所不同。但一般而言，监管事项包括保险业务许可、保险企业的组织形式、最低偿付能力、保险准备金、再保险安排、保险资金的运用、保险企业的资产评估、会计制度、审计制度、财务报表、破产和清算、保险中介人的管理等。

2. 司法监管

法院是国家监管的第二层机制，主要解决保险活动中有关各方的争议，保证保险法律的贯彻实施。它通过保险判例及其解释法律的特权对保险业实施监管，在实施判例法的国家表现得尤为明显。如在美国，由于法院作出的判例具有法律效力，因此，法院在很大程度上对保险行业起到监管作用。另外，司法机关甚至可以利用其对保险监管机构的监管行为合法性的裁决，干预保险监管机构的行政行为。

3. 行政监管

行政监管是国家监管的第三层机制，也是承担保险监管职能的最主要层次。它通常享有广泛的行政权、准立法权和准司法权。由于各国具体的政治经济环境不同，各国的保险监管机构有很大差异。保险监管机构作为一国保险的主管机构，形式多样，名称不一，不同国家有不同的称谓，同一国家在不同时期也有不同的主管机构。

例如，在英国，保险监管机构是工贸部下设的保险局，负责监管及核准在英国执行保险业务的保险公司，部长对国会负责。保险局的监管目标，一是营造保险经营环境，激励保险业繁荣发展；二是在国际上营造一个开放且具有竞争性的保险市场；三是确保保险市场稳健经营，使保单持有人在保险公司无法履行义务时也能够获得保障。美国的保险监管机构是各州政府的保险署。保险署的工作由保险监督官领导。

（二）保险行业自律

保险行业自律又称保险行业自我监管，是指通过建立行业公会等行业组织形式，在遵守国家关于保险业的法律法规的前提下，进行内部协作、调节与约束，实行自我管理、自我监督，以解决保险组织内部的问题，并协调保险组织与国家保险监管机构的关系、保险业与其他行业的关系。

保险行业自律的具体实施机构是保险行业协会或者保险同业公会。在市场经济条件下，保险行业自律成为保险监管活动的重要组成部分，其作用主要有以下几个方面。

1. 有利于国家对保险业的监督管理

保险行业组织是保险监管主体与监管客体之间的中介，是联系政府与保险公司的桥梁。保险监管部门可以通过行业组织贯彻国家关于保险的法律、法规及政策，行业组织可以通过自律机制有效地解决保险活动中的具体问题，从而对国家在宏观监管活动中的不足之处进行弥补，协助政府加强对保险业的管理。

2. 有利于协调保险行业内部的各种关系

保险行业不仅政策性强，技术性也很强，保险业经营的数理基础——大数法则要求有足够多的风险集合，以保证保险经营的稳定。这就要求保险的承保条件一致，保险费分担合理。然而，由于市场经济各种客观规律的作用，保险人为了各自的利益会在市场上展开激烈竞争，甚至出现一些不正当竞争行为，不仅损害了广大被保险人的利益，还影响了保险组织的偿付能力，造成整个保险市场的混乱。为了解决这个问题，维护保险市场的正常秩序，防止盲目竞争，必须制定共同遵守的费率，共同协作分散风险。这就需要将不同的保险人组织起来，开展保险行业自我监管。保险行业只有强化自我监管、自我约束的机制，才能既积极开展竞争，激发保险企业的活力，又能积极协作，提高保险企业和整个保险行业生存与发展的能力。

3. 有利于协调社会关系和提供社会服务

保险行业的社会联络面极为广泛。一方面，依据保险合同，保险行业组织不仅要承担对各行各业被保险人实行经济补偿的义务，还要协助被保险人防灾防损，保障社会财富和公民人身安全。另一方面，保险行业组织在经营活动中与政府有关行政部门以及社会防灾防损部门等具有紧密的联系。保险行业组织作为行业利益的代表，可以以行业的名义与社会各行业、各有关部门发生横向联系，妥善协调、处理彼此之间的关系，从而保证保险业严格依法经营，充分发挥保险的职能作用。此外，保险行业组织作为社团法人，还可以兴办保险咨询服务公司等第三产业，为社会公众服务，从而进一步提高保险的经济效益和社会效益。

中国保险行业协会于2001年2月23日在北京宣告成立。《中华人民共和国保险法》第一百八十条规定："保险公司应当加入保险行业协会。保险代理人、保险经纪人、保险公估机构可以加入保险行业协会。"截至2020年12月31日，保险业协会共有会员339家，其中保险集团（控股）公司13家、财产保险公司85家、人身保险公司89家、再保险公司13家、资产管理公司15家、保险中介机构62家、地方保险协会（含中介协会）45家、保险相关机构17家。

（三）社会监督

社会监督包含非常丰富的内容，可能来自不同的渠道，如保险信用评级机构、独立审计机构及社会媒体等，在此主要介绍保险信用评级机构这一社会监督形式。

保险信用评级是指独立的社会信用评级机构，采用一定的评级方法对保险公司的财务能力和经营稳定能力进行评价，在此基础上对保险公司信用等级进行评定，并用一定的符号予以表示，从而为市场参与者提供服务的一种机制。信用评级机构的评判结果不具有强制力，其自身的信用决定了其评定结果的可信度。

世界范围内的保险信用评级是在债券、股票等信用评级的基础上发展起来的。1899年，第一家保险信用评级机构——贝氏公司（A.M.Best）成立，并于1900年出版了保险业的第一份评级报告——《Best保险报告：财产/意外险版》，对在美国营业的850家财产险公司的经营情况进行了评估，随后在1906年出版了《Best保险报告：寿险/健康险版》，评估了95家寿险公司。此后每年均出版这两份报告，向业内人士提供在美国营业的保险公司的财务信息，逐渐成为美国保险界重要的信息来源。目前世界著名的信用评级机构有贝氏公司、标准普尔（Standard & Poor's，S&P）、穆迪（Moody's）。尽管各评级机构对保险公司信用评级的界定不同，但保险信用评级的核心都是保险人的偿付能力。评级是对保险公司承担的赔偿或给付责任的整体财务能力的综合评价，并不说明某类或某份保单能否获得偿付。

在评级过程中，首先从保险公司获得报告资料，对其进行严格的交叉检验程序来确保这些数据的算术准确性，然后利用定性分析和定量分析的方法，对保险公司的经营状况、发展趋势作出客观评价。虽然，评级结果仅仅是评级机构根据自己的标准提出的独立意见，是保险交易中的第三方意见，但事实上，一些信誉卓著的大评级机构的评级结果的确构成了保险交易中非常重要的建议。

二、保险监管的内容

保险监管涉及范围甚广，各国监管的侧重点也不相同。我国保险法规定的保险监管内容主要包括保险机构监管、保险业务监管和保险财务监管等。

（一）保险机构监管

保险机构监管是指对保险市场上各市场供给主体准入与退出保险市场的监管，主要围绕机构设立、变更、整顿、接管、退出等方面进行。

1. 保险机构的设立

创设一家保险企业必须得到主管机关的批准，这是当今世界各国的普遍做法。申请人申请设立时必须向主管机关递交有关文件，以证明申请人具备从事保险经营的资格。但在需要递交何种文件上，各国的规定不尽相同。

我国保险法第六十八条规定，设立保险公司应当具备下列条件：① 主要股东具有持续盈利能力，信誉良好，最近三年内无重大违法违规记录，净资产不低于人民币 2 亿元；② 有符合《中华人民共和国保险法》和《中华人民共和国公司法》规定的章程；③ 有符合《中华人民共和国保险法》规定的注册资本；④ 有具备任职专业知识和业务工作经验的董事、监事和高级管理人员；⑤ 有健全的组织机构和管理制度；⑥ 有符合要求的营业场所和与经营业务有关的其他设施；⑦ 法律、行政法规和国务院保险监督管理机构规定的其他条件。

我国保险法第六十九条规定：设立保险公司，其注册资本的最低限额为人民币 2 亿元。国务院保险监督管理机构根据保险公司的业务范围、经营规模，可以调整其注册资本的最低限额，但不得低于人民币 2 亿元。保险公司的注册资本必须为实缴货币资本。

2. 保险公司的变更

保险公司的变更，是指保险公司的合并、分立以及其他事项的变化更改等。保险公司的变更，必须经过保险监督管理部门的批准方为有效。我国保险法第八十四条规定，保险公司有下列情形之一的，应当经保险监督管理机构批准：① 变更名称；② 变更注册资本；③ 变更公司或者分支机构的营业场所；④ 撤销分支机构；⑤ 公司分立或者合并；⑥ 修改公司章程；⑦ 变更出资额占有限责任公司资本总额百分之五以上的股东，或者变更持有股份有限公司股份百分之五以上的股东；⑧ 国务院保险监督管理机构规定的其他情形。

3. 保险公司的整顿

对保险公司进行整顿是指保险公司不能在限期内执行保险监管部门纠正其不法行为的措施，由保险监管部门监督其清理业务状况、财务状况或者资金运用状况、经营管理状况的行为。它是保险监管部门采取的比限期改正措施更为严厉的措施。我国保险法第一百四十条第一款规定："保险监督管理机构依照本法第一百三十九条的规定作出限期改正的决定后，保险公司逾期未改正的，国务院保险监督管理机构可以决定选派保险专业人员和指定该保险公司的有关人员组成整顿组，对公司进行整顿。"

（1）保险公司整顿原因

对保险公司进行整顿是由于保险公司在整改期限内，未能做到以下某点或几点要求：① 依法提取或者结转各项责任准备金；② 依法办理再保险；③ 纠正违反资金运用规定的行为；④ 调整负责人及有关管理人员。

（2）保险公司整顿措施

保险监管部门在作出整顿保险公司的决定时，应当选派保险专业人员和指定保险公司的有关人员，组成整顿组织，对该保险公司进行整顿，整顿决定应当载明被整顿保险公司的名称、整顿理由、整顿组织和整顿期限，并予以公告。

在整顿过程中，整顿组织有权监督被整顿保险公司的日常业务。该保险公司的负责人及有关管理人员，应当在整顿组织的监督下行使自己的职权。保险公司的原有业务继续进行，但保险监管部门有权停止开展新的业务或者停止部分原有业务，调整资金运用。

（3）保险公司整顿结束

若被整顿保险公司经整顿后，已经纠正其违法行为，恢复了正常经营状况，则由整顿组织提出报告，经保险监管部门批准，可以结束整顿，解散整顿组织，把保险公司的日常经营管理权完整地交还该保险公司。

我国保险法第一百四十三条规定：“被整顿保险公司经整顿已纠正其违反本法规定的行为，恢复正常经营状况的，由整顿组提出报告，经国务院保险监督管理机构批准，结束整顿，并由国务院保险监督管理机构予以公告。”

如果在整顿过程中，整顿组织发现公司经营管理人员不配合整顿工作，或有其他接管事由出现，整顿组织可以建议保险监管部门对该公司进行接管。或者，整顿组织发现保险公司已经资不抵债，没有偿付能力，则可向保险监管部门报告，建议通过法院宣告该保险公司破产，并进行破产清算。

4. 保险公司的接管

保险公司的接管是指保险监管部门采取的清理保险公司经营状况相当严厉的措施。它与整顿的区别在于：接管过程中，接管组织直接介入保险公司的日常经营活动，保险公司的经营管理权完全由接管组织行使，公司原领导班子停止行使其权力；而在整顿过程中，整顿组织只对保险公司的经营活动进行监督，不直接介入。

（1）接管原因

保险公司被接管的原因主要有以下两个：一是公司的偿付能力严重不足；二是违反保险法规定，损害社会公共利益，可能严重危及或者已经严重危及公司的偿付能力。

（2）接管终止

我国保险法第一百四十六条规定：“接管期限届满，国务院保险监督管理机构可以决定延长接管期限，但接管期限最长不得超过二年。”

我国保险法第一百四十七条规定：“接管期限届满，被接管的保险公司已恢复正常经营能力的，由国务院保险监督管理机构决定终止接管，并予以公告。”

5. 保险公司的退出

保险公司的退出包括解散、撤销和破产三种形式，而且必须经过保险监管部门批准后，方可退出市场。特别是经营人寿保险业务的保险公司，除因分立、合并或者被依法撤销外，不得解散。

（1）保险公司的解散和清算

保险公司的解散是指依法设立的保险公司因法定事由的出现，经保险监管部门批准，关闭其营业机构，停止其从事保险业务的行为。我国保险法第八十九条规定："保险公司因分立、合并需要解散，或者股东会、股东大会决议解散，或者公司章程规定的解散事由出现，经国务院保险监督管理机构批准后解散。经营有人寿保险业务的保险公司，除因分立、合并或者被依法撤销外，不得解散。保险公司解散，应当依法成立清算组进行清算。"

（2）保险公司的撤销和清算

保险公司的撤销是指保险公司违反法律、行政法规，被保险监督管理部门吊销经营保险业务许可证，强制关闭的行为。我国保险法第一百四十九条规定："保险公司因违法经营被依法吊销经营保险业务许可证的，或者偿付能力低于国务院保险监督管理机构规定标准，不予撤销将严重危害保险市场秩序、损害公共利益的，由国务院保险监督管理机构予以撤销并公告，依法及时组织清算组进行清算。"

（3）保险公司的破产和清算

破产是在债务人不能清偿到期债务时，由法院强制执行其全部财产，公平清偿全体债权人，或者在法院监督下，由债务人和债权人达成和解协议或重整计划，整顿复苏企业，清偿债务，避免倒闭清算的法律制度。保险公司被宣告破产后，由人民法院组织保险监管部门有关人员成立清算组，进行破产清算。

保险公司宣告破产大致有以下几种情形：① 保险公司不能清偿到期债务，由此向法院申请宣告破产；② 保险公司不能清偿到期债务，债权人向法院申请宣告破产；③ 保险公司依法被解散或撤销的，清算组在清算过程中发现，保险公司的资产不足以清偿其全部债务的，应向法院申请宣告破产。

根据我国保险法第九十一条第一款和第二款的规定，破产财产在优先清偿破产费用和共益债务后，按照下列顺序清偿：① 所欠职工工资和医疗、伤残补助、抚恤费用，所欠应当划入职工个人账户的基本养老保险、基本医疗保险费用，以及法律、行政法规规定应当支付给职工的补偿金；② 赔偿或者给付保险金；③ 保险公司欠缴的除第 ① 项规定以外的社会保险费用和所欠税款；④ 普通破产债权。破产财产不足以清偿同一顺序的清偿要求的，按照比例分配。

（二）保险业务监管

1. 保险业务范围的监管

保险业务范围的监管是指政府通过法律或行政命令，规定保险企业能经营的业务种类和范围，其内容包括两个方面：一是兼业问题，即保险人可否兼营保险以外的业务，非保险人可否兼营保险或类似保险的业务；二是兼营问题，即同一保险企业可否经营性质不同的数种保险业务。

关于兼业问题，为保障广大被保险人的利益，绝大多数国家均通过立法确立商业保险专营原则，未经国家主管机关批准，擅自开办保险业务的法人或个人属于非法经营，国家主管机关可勒令其停业并给予经济乃至刑事上的处罚。但也有例外，比如英国、美国的纽约等四个州允许兼业。

我国保险法明确规定，经营保险业务，必须是依法设立的保险公司，其他单位和个人不得经营商业保险业务。

关于兼营问题，保险监管部门对保险业务范围的监管通常遵循产寿险分业经营的原则，即同一保险公司不得同时兼营财产保险和人寿保险业务。但对于健康保险和意外伤害保险业务的经营权，各国规定存在差异。美国各州将保险业划分为财产保险、人寿保险、意外伤害保险及健康保险三大类，各州保险法基本上都规定，同一保险公司不得兼营财产保险业务和人寿保险业务，但可以兼营意外伤害保险及健康保险业务。英国将保险业务划分为长期业务和一般业务两大类，其中，长期业务包括人寿保险、长期健康保险和年金保险，一般业务包括财产保险、意外伤害保险和短期健康保险，其保险法规定，同一保险公司不得同时经营长期业务和一般业务。

我国保险法按照保险标的的不同，将保险公司的业务范围分为财产保险业务与人身保险业务两大类。其中，财产保险业务主要包括财产损失保险、责任保险、信用保险、保证保险等保险业务；人身保险业务主要包括人寿保险、健康保险、意外伤害保险等保险业务。我国保险法第九十五条第二款规定："保险人不得兼营人身保险业务和财产保险业务。但是，经营财产保险业务的保险公司经国务院保险监督管理机构批准，可以经营短期健康保险业务和意外伤害保险业务。"

2. 保险条款的监管

随着保险业的发展，保险条款的标准化程度越来越高，同时，保险合同是一种格式化合同，一般由保险人事先拟定，投保人很难对保险条款进行修改。相比专业性较强的保险人而言，广大消费者处于相对弱势的地位。为保护投保人的利益，维护公平交易，保险监管部门需要对保险条款进行严格监管。

对保险条款的监管，首先是对保险条款内容的监管。一般各国保险监管部门都对保险条款的内容加以规范。我国保险法规定，保险条款的内容主要包括保险标的、保险责任与责任免除、保险价值与保险金额、保费及交付方式、保险期限、保险赔款及保险金给付办法、违约责任及争议处理、订立合同日期等。除对内容进行监管外，不少国家还对保险条款的格式、条件和用词作出严格的规定。

3. 保险费率的监管

保险费率是各险种中每个危险单位的保险价格。由于费率的确定、保险费的缴纳先于实际损失的发生，因此对保险公司来说，确定合理的费率水平至关重要。它不仅要求保险公司考虑预期经营成本和预期损失等因素，还是保险公司参与保险市场竞争的重要工具。如果费率过高，会影响保险公司产品的市场竞争力，同时也对投保人不公；如果费率过低，虽然容易占领市场份额，但会导致公司准备金不足，财务状况不稳定，甚至影响其偿付能力。鉴于此，为保障保险费率具有合理性、公平性和适当性，保险监管部门对保险费率的厘定实施必要的监管。

保险费率的监管方式因保险业务的性质不同而不同，即使同一性质的保险业务，不同国家也有不同的做法。归纳起来，保险费率的监管方式大致可以分为强制费率、规章费率、事先核定费率、事先报批费率、事后报批费率和自由竞争费率等。多数国家并不直接管理人寿保险费率，各保险企业的费率因竞争而有高有低，但间接控制还是普遍存在的。至于财产保险费率的厘定和调整，各国政府大多规定必须先经过核定，方可生效。

我国保险法第一百三十五条第一款规定："关系社会公众利益的保险险种、依法实行强制保险的险种和新开发的人寿保险险种等的保险条款和保险费率，应当报国务院保险监督管理机构批准。国务院保险监督管理机构审批时，应当遵循保护社会公众利益和防止不正当竞争的原则。其他保险险种的保险条款和保险费率，应当报保险监督管理机构备案。"

（三）保险财务监管

1. 资本金的监管

保险企业申请开业必须有一定数量的开业资本金，达不到法定最低资本金限额者，不得开业。资本金属于一种备用资金，当发生特大自然灾害，各种准备金不足以支付赔款时，保险公司可动用资本金来承担保险责任。

保险监管部门对保险公司资本金的监管主要是对其筹集方式、数量、期限、责任、真实性以及运营等进行监管。我国保险法规定，设立保险公司，其注册资本的最低限额为人民币2亿元，且注册资本必须为实缴货币资本。经营财产保险业务的保险公司当年自留保险费，不得超过其实收资本金加公积金总和的4倍。另外，我国保险法还对保险公司就每次保险事故可能承担的最大赔偿责任进行了规定，不得超过其实有资本金加公积金总和的10%，超过部分应当办理再保险。

2. 准备金的监管

保险准备金是指保险人根据政府有关法律规定或业务特定需要，从保费收入或盈余中提存的一定数量的资金。保险准备金主要有总准备金、未到期责任准备金、未决赔款准备金、再保险准备金等。为了保证保险公司的正常经营，保护被保险人的利益，各国一般都以保险立法的形式规定保险公司应提存保险准备金，以确保保险公司具备与其保险业务规模相应的偿付能力。

我国保险法和《保险公司管理规定》明确规定，除人寿保险业务外，经营其他保险业务，应当从当年的自留保费中提取未到期责任准备金；提取和结转的数额应相当于当年自留保费的50%；经营人寿保险业务的保险公司应当按照有效的人寿保险单的全部净值提取未到期责任准备金，同时保险公司应当按照已经提出的保险赔偿或者给付金额，以及已经发生保险事故但尚未提出的保险赔偿或者给付金额，提取未决赔款准备金。

3. 资金运用的监管

国家对保险资金运用进行监管的目的在于规范保险资金运用行为，防范保险资金运用风险，保护保险当事人合法权益，维护保险市场秩序；提高资金运用的收益，增强保险公司的经营能力；提高资金运用的流动性，维持保险公司的变现能力；防止投机性或不当投资行为的发生，促进保险业履行社会责任。

2018年，保监会对《保险资金运用管理暂行办法》进行了修订，发布《保险资金运用管理办法》(以下简称《办法》)，其中第三条规定："本办法所称保险资金，是指保险集团（控股）公司、保险公司以本外币计价的资本金、公积金、未分配利润、各项准备金以及其他资金。"第六条规定："保险资金运用限于下列形式：（一）银行存款；（二）买卖债券、股票、证券投资基金份额等有价证券；（三）投资不动产；（四）投资股权；（五）国务院规定的其他资金运用形式。保险资金从事境外投资的，应当符合中国保监会、中国人民银行和国家外汇管理局的相关规定。"

而且，投资于以上产品还有具体的规定。《办法》第七条规定：“保险资金办理银行存款的，应当选择符合下列条件的商业银行作为存款银行：（一）资本充足率、净资产和拨备覆盖率等符合监管要求；（二）治理结构规范、内控体系健全、经营业绩良好；（三）最近三年未发现重大违法违规行为；（四）信用等级达到中国保监会规定的标准。”

《办法》第十八条还明确限定保险公司的行为：“除中国保监会另有规定以外，保险集团（控股）公司、保险公司从事保险资金运用，不得有下列行为：（一）存款于非银行金融机构；（二）买入被交易所实行‘特别处理’‘警示存在终止上市风险的特别处理’的股票；（三）投资不符合国家产业政策的企业股权和不动产；（四）直接从事房地产开发建设；（五）将保险资金运用形成的投资资产用于向他人提供担保或者发放贷款，个人保单质押贷款除外；（六）中国保监会禁止的其他投资行为。”

4. 偿付能力的监管

保险公司的偿付能力是保证其履行保险合同的基础，如果保险公司丧失偿付能力，将危害到广大投保人的利益，因此，对偿付能力的监管是国家对保险市场进行监督管理的核心内容。

保险公司的偿付能力分为最低偿付能力和实际偿付能力两种。最低偿付能力是保险公司必须满足的偿付能力要求，即由我国保险法规定的保险公司在存续期间必须达到的保险公司认可资产与认可负债的差额。实际偿付能力是指根据监管法规、会计准则调整后的认可资本，也就是某一时点上认可资产减去认可负债的差额。保险公司的认可资产减去认可负债的差额必须大于保险法规规定的金额，否则保险公司即被认定为偿付能力不足。

从各国保险监管实践看，偿付能力的监管手段主要有以下几种：第一，规定资本充足率要求。即要求保险公司设立时具有一定金额的实收资本金与公积金，在经营过程中要满足一定的风险资本管理的要求。第二，非现场检查。即由保险监管部门制定一系列保险偿付能力信息监管指标，由保险监管人员对其经营状况进行检查分析，及时掌握监管信息，制定监管措施。第三，现场检查。即保险监管部门派人到保险公司，对其经营管理活动及业务、财务情况进行检查，重点检查其资产和负债的真实性、资产负债的匹配性以及偿付能力的适当性。现场检查一般分为常规检查（如年度检查）、特别检查和专项检查。

（3）偿付能力监管的相关规定

我国《保险公司偿付能力管理规定》第六条规定："偿付能力监管指标包括：（一）核心偿付能力充足率，即核心资本与最低资本的比值，衡量保险公司高质量资本的充足状况；（二）综合偿付能力充足率，即实际资本与最低资本的比值，衡量保险公司资本的总体充足状况；（三）风险综合评级，即对保险公司偿付能力综合风险的评价，衡量保险公司总体偿付能力风险的大小。"

第八条规定："保险公司同时符合以下三项监管要求的，为偿付能力达标公司：（一）核心偿付能力充足率不低于50%；（二）综合偿付能力充足率不低于100%；（三）风险综合评级在B类及以上。不符合上述任意一项要求的，为偿付能力不达标公司。"

第二十三条规定："中国银保监会及其派出机构建立以下偿付能力数据核查机制，包括：（一）每季度对保险公司报送的季度偿付能力报告的真实性、完整性和合规性进行核查；（二）每季度对保险公司公开披露的偿付能力季度报告摘要的真实性、完整性和合规性进行核查；（三）对保险公司报送的其他偿付能力信息和数据进行核查。核心偿付能力充足率低于60%或综合偿付能力充足率低于120%的保险公司为重点核查对象。"

第二十四条规定："中国银保监会及其派出机构对保险公司偿付能力管理实施现场检查，包括：（一）偿付能力管理的合规性和有效性；（二）偿付能力报告的真实性、完整性和合规性；（三）风险综合评级数据的真实性、完整性和合规性；（四）偿付能力信息公开披露的真实性、完整性和合规性；（五）对中国银保监会及其派出机构监管措施的落实情况；（六）中国银保监会及其派出机构认为需要检查的其他方面。"

第二十六条规定："对于核心偿付能力充足率低于50%或综合偿付能力充足率低于100%的保险公司，中国银保监会应当采取以下第（一）项至第（四）项的全部措施：（一）监管谈话。（二）要求保险公司提交预防偿付能力充足率恶化或完善风险管理的计划。（三）限制董事、监事、高级管理人员的薪酬水平。（四）限制向股东分红。

"中国银保监会还可以根据其偿付能力充足率下降的具体原因，采取以下第（五）项至第（十二）项的措施：（五）责令增加资本金。（六）责令停止部分或全部新业务。（七）责令调整业务结构，限制增设分支机构，限制商业性广告。

（八）限制业务范围、责令转让保险业务或责令办理分出业务。（九）责令调整资产结构，限制投资形式或比例。（十）对风险和损失负有责任的董事和高级管理人员，责令保险公司根据聘用协议、书面承诺等追回其薪酬。（十一）依法责令调整公司负责人及有关管理人员。（十二）中国银保监会依法根据保险公司的风险成因和风险程度认为必要的其他监管措施。

“对于采取上述措施后偿付能力未明显改善或进一步恶化的，由中国银保监会依法采取接管、申请破产等监管措施。

“中国银保监会可以视具体情况，依法授权其派出机构实施必要的监管措施。”

第二十七条规定：“对于核心偿付能力充足率和综合偿付能力充足率达标，但操作风险、战略风险、声誉风险、流动性风险中某一类或某几类风险较大或严重的C类和D类保险公司，中国银保监会及其派出机构应根据风险成因和风险程度，采取针对性的监管措施。”

为了保障保险公司的最低偿付能力，我国对保险公司的业务量进行了限制。我国保险法第一百零一条、第一百零二条、第一百零三条第一款规定：保险公司应当具有与其业务规模和风险程度相适应的最低偿付能力。保险公司的认可资产减去认可负债的差额不得低于国务院保险监督管理机构规定的数额；低于规定数额的，应当按照国务院保险监督管理机构的要求采取相应措施达到规定的数额。经营财产保险业务的保险公司当年自留保险费，不得超过其实有资本金加公积金总和的4倍。保险公司对每一危险单位，即对一次保险事故可能造成的最大损失范围所承担的责任，不得超过其实有资本金加公积金总和的10%；超过的部分应当办理再保险。

综合训练

一、单项选择题

1. 实行保险监督管理的根本依据是（　　）。

A. 社会道德规范　　B. 保险法规

C. 保险行业协会规定　　D. 行政手段

2. 政府对保险业的经营不作直接监督，只是规定保险人按照政府规定的格式及内容，将营业结果定期呈报机关，并予以公布。这种监管方式为（　　）。

A. 公示方式　　B. 准则方式　　C. 实体方式　　D. 许可方式

3. 中国保险监督管理委员会成立于（　　）。

A. 1997 年　　B. 1998 年　　C. 1996 年　　D. 2003 年

4. 保险公司实际偿付能力等于（　　）。

A. 资产 – 负债　　B. 认可资产 – 认可负债

C. 资本 – 负债　　D. 认可资本 – 认可负债

5. 在我国，通常商业保险的险种和费率由（　　）制订。

A. 保险行业协会　　B. 保险信用评级公司

C. 中国保监会　　D. 各商业保险公司

6. 保险监管的核心是（　　）。

A. 保险公司法人治理结构监管　　B. 保险市场行业监管

C. 保险公司偿付能力监管　　D. 保险费率的监管

二、简答题

1. 保险行业自律的作用主要有哪些？

2. 为什么保险监管具有国际普遍性？

3. 什么是偿付能力？对偿付能力进行监管的手段主要有哪些？

三、案例分析题

2009 年 11 月，匿名信访人反映：平顶山市某财产险公司经理何某于 2008 年 12 月至 2009 年 5 月，利用收入保费不入账，对已收回应收保费保单进行违规注销处理。

经查，2008 年 5 月，何某为应付上级机构对其应收保费指标的考核，以清理死滞应收为名，向平顶山市公司车险部请求清理垃圾数据。经上级公司批准后，分两次对公司 190 笔商业车险和 43 笔交强险业务进行违规批改，批退保费共计 124.19 万元。由于部分业务保险责任未终了，该公司又采取补录短期保单的方式，对未到期责任予以承保，以防止这些保单出险后无法赔付。经核实，该公司违规批退的应收以及现有存量应收中，部分保费已经收回，这部分保费未入公司财务系统，被用于账外列支。

问题：请依据保险法相关法规，分析保险监督管理部门应如何处理。

参考文献

［1］2021年中国互联网保险行业市场现状及发展前景分析 市场渗透较低、发展空间较大［EB/OL］. 东方财富网，［2021-06-16］.https：//baijiahao.baidu.com/s?id=1702716351111356697&wfr=spider&for=pc.

［2］艾菲尔.《汉谟拉比法典》与保险业的起源［N/OL］. 羊城晚报，（2020-06-27）［2021-12-04］.http：//culture.ycwb.com/2020-06/27/content_905859.htm.

［3］保监会发布《保险公司信息化工作管理指引（试行）》［J］. 金融电子化，2010（2）：107.

［4］曹雪琴. 保险学概论［M］. 上海：立信会计出版社，2000.

［5］程太和. 浅析保险最大诚信原则（上）［EB/OL］. 中国银行保险报，［2014-09-05］.http：//chsh.cbimc.cn/2014-09/05/content_128309.htm.

［6］董方冉. 监管加码 互联网保险新规出炉［J］. 中国金融家，2021（Z1）：135-136.

［7］傅廷中. 保险法学［M］. 北京：清华大学出版社，2015.

［8］宫艳. 论保险法上的可保利益原则［D］. 北京：对外经济贸易大学，2004.

［9］谷杰. 保险在宏观经济和微观经济中的作用分析［J］. 时代经贸：下旬，2006（11Z）：2.

［10］郭建勋. 海上可保利益原则研究［D］. 济南：山东大学，2013.

［11］海洋运输货物保险条款（中英文对照）［EB/OL］. 百度文库，［2010-10-08］.https：//wenku.baidu.com/view/9a9879ccda38376baf1faefc.html.

［12］何盛明. 财经大辞典［M］. 北京：中国财政经济出版社，1990.

［13］何文炯. 保险学［M］. 浙江：浙江大学出版社，2003.

［14］侯丽艳. 经济法概论［M］. 北京：中国政法大学出版社，2012.

［15］互联网保险业务监管办法［J］. 中华人民共和国国务院公报，2021（8）：48-59.

［16］荆涛. 人寿与健康保险［M］. 北京：北京大学出版社，2011.

［17］克拉克．保险合同法［M］．何美欢，吴志攀，等，译．北京：北京大学出版社，2002.
［18］力度空前！银保监会重点整治互联网保险5大乱象［EB/OL］．东方财富网，［2021-08-12］.https：//baijiahao.baidu.com/s?id=1707893398997004140&wfr=spider&for=pc.
［19］李乐，周林毅．互联网保险概论［M］．山东：中国海洋大学出版社，2018.
［20］李民，刘连生．保险原理与实务［M］．北京：中国人民大学出版社，2013.
［21］李伟民．金融大辞典［M］．哈尔滨：黑龙江人民出版社，2002.
［22］零壹研究院·零壹财经．《互联网保险新模式》报告精华版［EB/OL］．零壹财经·零壹智库，［2015-11-30］.https://www.01caijing.com/article/2209.htm.
［23］刘连生．保险概论［M］．北京：中国金融出版社，2000.
［24］刘永刚．保险学（第2版）［M］．北京：人民邮电出版社，2016.
［25］刘志刚．简明保险教程［M］．北京：清华大学出版社，2005.
［26］陆玉，傅廷中．保险法近因原则相关问题研究［J］．南京社会科学，2016（4）：6.
［27］马广文．交通大辞典［M］．上海：上海交通大学出版社，2005.
［28］祁敬宇．金融监管学［M］．陕西：西安交通大学出版社，2007.
［29］任自力．保险法学［M］．北京：清华大学出版社，2010.
［30］瑞达，麦克纳马拉．风险管理与保险原理（第十二版）［M］．刘春江，译．北京：中国人民大学出版社，2015：4-5.
［31］上海艾瑞市场咨询有限公司.2019年中国互联网保险行业研究报告［EB/OL］．搜狐网，［2019-07-15］.https：//www.sohu.com/a/326946454_800248.
［32］深度解读！2020年全球保险行业市场现状与发展趋势分析，中国保险业与世界差距甚远［EB/OL］．金融界，［2021-03-09］.https：//baijiahao.baidu.com/s?id=1693731510431439644&wfr=spider&for=pc.
［33］首家保费破百亿互联网保险公司诞生！众安去年保费收入增长89%，超半数员工为工程师技术人员［EB/OL］．券商中国，［2020-12-14］.https：//baijiahao.baidu.com/s?id=1629059221544267134&wfr=spider&for=pc.
［34］粟芳，许谨良．保险学（第2版）［M］．北京：清华大学出版社，2011.
［35］孙祁祥．保险学（第五版）［M］．北京：北京大学出版社，2013.

[36] 汤媛媛 . 保险法近因原则研究 [D]. 长春：吉林大学，2011.

[37] 唐金成 . 现代保险理论与实践 [M]. 北京：中国人民大学出版社，2018.

[38] 王雨静 . 探析保险损失补偿原则 [J]. 时代报告：学术版，2020(3)：2.

[39] 王悦，刘慧，沈婷 . 中国互联网保险发展现状与问题分析 [J]. 时代金融，2019(06)：140–143.

[40] 魏丽，李朝锋 . 保险学 [M]. 大连：东北财经大学出版社，2015.

[41] 魏晓莉 . 人身保险合同中的保险利益问题研究 [D]. 青岛：中国海洋大学，2010.

[42] 温世扬 . 保险法 [M]. 北京：法律出版社，2003.

[43] 温雅慧 . 保险法中的最大诚信原则研究 [D]. 北京：首都经济贸易大学，2016.

[44] 吴丹 . 保险科技发展对互联网保险公司经营模式影响的研究 [D]. 广州：广东外语外贸大学，2020.

[45] 吴祖谋 . 法学概念（第十一版）[M]. 北京：法律出版社，2013.

[46] 许谨良 . 保险学 [M]. 北京：高等教育出版社，2004.

[47] 许谨良 . 人身保险原理和实务 [M]. 上海：上海财经大学出版社，2015.

[48] 央行等十部委发布《关于促进互联网金融健康发展的指导意见》[J]. 金融世界，2015(8)：8–8.

[49] 张洪涛，张俊岩 . 保险学（第四版）[M]. 北京：中国人民大学出版社，2014.

[50] 张丽娟 . 保险法律制度研究 [M]. 太原：山西经济出版社，2014.

[51] 赵温 . 互联网保险对传统保险企业的五大影响 [N/OL]. 中保网，[2015–03–24]. http://www.cbimc.cn/content/2015-03/24/content_149625.html.

[52] 中国保险行业协会：2020 年互联网人身保险同比增 13.6% [EB/OL]. 新浪财经，[2021–03–03]. https://baijiahao.baidu.com/s?id=1693208330542727228&wfr=spider&for=pc.

[53] 中国保险行业协会发布《2020 年互联网财产保险市场分析报告》[EB/OL]. 金融界，[2021–03–26]. http://insurance.jrj.com.cn/2021/03/26084132226392.shtml.

[54] 朱南军 . 财产与责任保险 [M]. 北京：中国人民大学出版社，2016.

[53] 邹瑜 . 法学大辞典 [M]. 北京：中国政法大学出版社，1991.